船舶主体工种岗位培训教材

船 舶 电 工

主编　陈胜林　陈国民　林华峰
主审　贾金华

国防工业出版社

·北京·

内 容 简 介

本书由基本知识、船舶电气安装工艺、船舶电气设备、码头系泊试验、电工安全生产共五章组成。着重讲解了船舶电气安装的工艺流程和操作要领;船舶电气系统和设备的组成、功能;码头试验、提交验收的一般程序和方法;各个工艺阶段的生产安全应注意的事项等。

本教材为刚从事船舶电工工作的人员和已有数年电工工作经历的员工上岗应掌握的生产知识和技能而编写。也可作为非船舶电气员工的学习参考。

图书在版编目(CIP)数据

船舶电工/陈胜林,陈国民,林华峰主编.—北京:国
防工业出版社,2008.8(2015.9 重印)
船舶主体工种岗位培训教材
ISBN 978-7-118-05856-7

Ⅰ. 船… Ⅱ.①陈…②陈…③林… Ⅲ. 船
用电气设备—电工技术—技术培训—教材 Ⅳ. U665

中国版本图书馆 CIP 数据核字(2008)第 103083 号

※

国防工业出版社出版发行
(北京市海淀区紫竹院南路 23 号 邮政编码 100044)
天利华印刷装订有限公司印刷
新华书店经售
*
开本 787×1092 1/16 印张 14 字数 313 千字
2015 年 9 月第 1 版第 4 次印刷 印数 13001—16000 册 定价 25.00 元

(本书如有印装错误,我社负责调换)

国防书店:(010)68428422 发行邮购:(010)68414474
发行传真:(010)68411535 发行业务:(010)68472764

船舶主体工种岗位培训教材
编著委员会

序

经过改革开放三十年,特别是新世纪以来近八年的发展,我国造船工业不仅在造船产量、能力规模方面实现了跨越式发展,而且在产品结构、造船效率、技术研发等方面有了长足进步,取得了令世人瞩目的历史成就。作为我国船舶工业的主力军,中船集团公司用短短几年时间提前实现了"五强"、"三强"目标,2007年造船完工量、新船接单量和手持定单量均跃居世界造船集团第二位。

当前,中船集团公司已经站在了从做大迈向更加注重做强的历史新起点。集团公司第六次工作会议明确提出,到2015年,我们不仅要成为世界第一造船集团,全面实现"五三一"目标,而且要推动做强的新跨越,达到"五个世界领先"。这个宏伟目标,既为我们各项工作进一步指明了方向,也提出了新的要求。其中,人才队伍世界领先更具战略意义,需要付出更多努力。我们要紧紧围绕集团公司改革发展实际需要,创新人力资源管理机制,以建设职业化的管理经营人才队伍、创新型科技人才队伍以及技艺精湛的高技能人才队伍为重点,建设世界领先的人才队伍。

加强员工培训,是提高人才队伍素质的重要手段。深入系统地开展岗位技能培训,提升企业员工尤其是造船生产一线员工的技能水平和业务素质,对于不断壮大集团公司技艺精湛的高技能人才队伍,更好地适应集团公司新的跨越式发展具有重要意义。为此,集团公司委托上海地区公司组织编著了《船舶主体工种岗位培训教材》系列丛书。这套书比较完整地汇集了集团公司各单位造船技术和工艺的精华,凝聚着集团公司造船专家们的经验和智慧,是一套难得的员工技能培训教材。希望集团公司各单位结合工作实际,真正学好、用好,取得实效。

谨向编著本套教材的专家和同志们表示衷心感谢。

中国船舶工业集团公司总经理

2008.4.10

编 者 的 话

近年来,随着我国船舶工业的快速发展,各造船企业的造船能力和产量迅速提升,各类新建造船企业如雨后春笋般涌现,由此带来造船员工队伍尤其是劳务工队伍的需求持续增长。伴随造船员工队伍总量的迅猛扩大,员工队伍的技能素质越来越难以适应造船总量的快速提升,在一定程度上已成为我国造船工业进一步发展的瓶颈。为了适应我国造船工业的快速发展,满足造船企业培训技能员工尤其是劳务工的需求,全面提升企业员工队伍整体技能素质,编写一套造船主体工种岗位培训教材已成为当务之急。

受中国船舶工业集团公司的委托,上海船舶工业公司从 2005 年开始筹划,并组织上海地区所属江南造船(集团)有限责任公司、沪东中华造船(集团)有限公司、上海外高桥造船有限公司、上海船厂船舶有限公司、中船澄西船舶修造有限公司等造船企业的几十名造船专家开展了船舶主体工种岗位培训教材的编写。

本套岗位培训教材共 10 本,囊括了造船生产中员工相对需求量较大的所有工种的岗位培训要求,是一套主体工种齐全、内容全面的上岗培训教材。它们是《船舶切割工》、《船体装配工》、《船舶电焊工》、《船舶管系工》、《船体火工》、《船体冷加工》、《船舶除锈涂装工》、《船舶起重工》、《船舶钳工》、《船舶电工》。

本套岗位培训教材的编写,以造船企业对技能人才的需求为导向,以造船工种岗位技能需求为依据,以现代造船流程和工艺为标准,以新入企业员工(劳务工)培训为对象,以模块化教学为单元。在编著过程中着力把握以下原则:一是实用性。突出标准操作流程和作业要领,教会员工正确的作业方法和操作步骤,并辅以基础理论知识。二是通用性。在内容上以现代造船模式的流程和新技术、新工艺、新设备为主,兼顾传统生产管理模式、流程和老设备。在深度上以适用文化程度较低的劳务工初级培训为主,兼顾已掌握一定技能员工进一步提高的再次培训。三是先进性。以建立现代造船模式为基础,广泛吸收国内外先进造船理念、技术和工艺,体现技术、管理和生产一体化思想,结合"HSE"和"5S"要求,使员工充分了解和掌握先进、规范的作业要求以及安全生产和产品质量的基本知识。

　　如有可能，我们还将陆续制作影像教学光盘，以便使教学更直观、更形象、更生动。我们真诚希望本套教材的出版，为加速培养我国造船工业更多、更优技能人才起到积极的推动和促进作用，同时衷心希望从事造船岗位培训教学人员和广大读者对本套教材提出宝贵意见和建议。

船舶主体工种岗位培训教材编著委员会

2008 年 3 月

前　言

　　本书是根据中国船舶工业集团公司岗位培训教材编著委员会审定的《船舶主体工种岗位培训教材》编写大纲，并在编委会统一组织下编著而成的。作为刚从事船舶电工作业的员工和已有一定操作经验的电工上岗或岗位再培训教材，也可作为有兴趣学习船舶电工操作技能的人员的参考书。本书分为基本知识、船舶电气安装工艺、船舶电气设备、码头系泊试验和船舶电工安全生产等五章。考虑到培训安排可能因对象不同，可选择章节讲授，各章内容有一定的独立性。

　　第一章基本知识，对船舶的分类、主要技术参数、主要动力设备、主要电气设备、船舶建造和船舶电气安装等作概况的介绍。

　　第二章船舶电气安装工艺是本教材的重点，涉及船舶结构、船舶建造的主要流程和工作内容。按照船舶电气安装的工艺流程逐一介绍，从看图、安装准备、电缆敷设、设备安装到码头试验各工艺阶段的工作内容和操作要领。随着新技术、新材料的应用，船舶电气安装工艺也在不断改进，各船厂所采用的安装工艺也不尽相同。但制定工艺所依据的规范、标准和原则是一致的。

　　通过第三章船舶电气设备的学习，使学员对主要的船舶电气系统和设备的组成、功能以及基本原理有较全面的了解，如船舶电站、电力拖动辅机、舵机、机舱监视报警系统等。

　　第四章介绍主要的船舶电气系统和设备的码头试验、提交验收的一般程序和方法。对已有数年电工工作经历、参加过某些系统设备试验的员工，可以从中获得系统设备调试的基本原理和一般操作程序。

　　第五章电工安全生产按安装的工艺流程，叙述每一工艺阶段的生产安全应注意的事项，列举了生产中所发生的事故案例，以告诫学员。

　　本书由沪东中华造船(集团)有限公司陈胜林、陈国民、林华峰主编。在编写过程中得到庄友华和瞿永高主任及有关部门的大力支持，主审贾金华专家对初稿提出了不少宝贵意见。在此，向支持和关心本书编写工作的各级领导及主审表示感谢。

　　由于资料来源的局限性，编者知识水平有限、实际经验欠缺，错误在所难免。恳请批评指正。

编　者

2008 年 3 月

目　录

第一章 基础知识

第一节 船舶概述

一、中国现代造船工业的发展

新中国成立之初,恢复和建设了一大批修造船厂和专业配套设备厂,在全国逐渐形成比较完整的配套协作网。新中国民用造船的发展大致可以分为三个时期。

1. 艰苦创业时期(1949年—1966年)

建国初期,百废待兴,工业基础薄弱,造船工业从修旧利废、改建旧船开始。20世纪50年代初,将20世纪初建造的长江下游客货船加以改建后作为营运的交通工具直至70年代。当时,我国水运以发展内河航运为主,建造了一大批内河拖船、驳船和机帆船。为配合航道疏浚和水利建设,各地也建造一些挖泥、抛石等工程船舶。

50年代,京沪铁路运输繁忙,设计和建造了一批火车渡船,船长约为110m,可装运20余节车厢,载客936人,首次采用我国自行设计制造的电动液压舵机并首次采用了极U形首部横剖线并配以弧形折角线,造型美观,航速也大为提高。1955年,建成建国后第一艘沿海客货船,航速为11.5kn,载客500人,载货700t。1960年建成柴油机沿海客货船,可载客800余人,航速约为16kn,舱室设备和布置装潢方面达到了一个新水平。这一时期还设计建造了5000t沿海货船,主机采用当时较为先进的单流式蒸汽机,除雷达、测向仪购自国外,舾装、电气设备均是自行研制的。

50年代末,我国研制的万吨级远洋货船,载货量10000t,采用我国自行研制的直流扫气低速重型船用柴油机,除柴油发电机组为进口,船体材料和所有机电设备、各种配套机件都是我国自行研制的,航速达17.3kn,该船在航速、装载量、钢材消耗量等方面均达到了当时较先进的水平。表明我国在船舶建造技术和配套设备的生产上有重大进步,为以后建造大型船舶打下了基础。

2. 曲折前进时期(1966年—1978年)

开始于1966年的文化大革命,严重干扰了船舶工业的正常发展,其间步履艰难、道路曲折。这个时间段为满足国内航运和对外贸易的需要,建造了主要以柴油机为动力的第二代运输船型。

1971年建成中型客货船,载客970人,具有较好的适用性和经济性,作为定型船舶批量建造了多艘。1974年设计建成大型客货船,是当时我国长江上尺度最大、载客最多的大型客货船。首次开辟了甲板中线内走廊,提高了客船的适用性与舒适性,航速也有显著提高。定型后先后建造了20艘,曾一度成为长江中下游客运的主力。

这一时期海洋船舶建造也得到快速发展,建成当时我国最大的沿海客货船,船长为

1

138m,载客 960 人,载货 2000t,航速为 18kn。1969 年完成 15000t 级油船,航速为 15.5kn;1973 年经改型设计,将载荷量提高到 24000t,航速为 15.77kn,先后批量建造 16 艘,这批油船在沿海油运方面发挥了很大作用;1973 年建成尺度最大的、载重量 25000t 散货船,采用球鼻首;1974 年建造的载重量 16000t 的矿煤船,超载时可载货 19000t,先后建造 20 多艘;1976 年还建成载油量 50000t 的油船。

3. 改革开放时期(1978 年以后)

1978 年我国开始实行改革开放政策,国内、国际市场的开拓促进了我国第三代内河及海洋运输船舶以及海洋建筑物的创新与开发。新船型的技术性能、经济指标、生产工艺、建造质量已提高到同期的国际水平;能按国际上任何一种建造规范,设计建造满足用户入级保险要求的符合国际公约、标准的各种类型现代化船舶;采用船机集控、遥控,或实现无人机舱,自动化程度有显著提高。

1986 年建造两艘 64000t 巴拿马型散货船因质量上乘受到了航运界的称赞;1987 年建成 69000t 成品/化学品油船,以装载成品油为主,还可装化学产品,航行于无限航区的国际航线。该船有球鼻首,尾柱带有尾球体。货油舱区域从甲板舷侧至底部均为双层焊接结构。设无人机舱,14 个油舱及 2 个污油舱均采用特种涂装工艺处理,具有惰性气体保护设施。迄今为止,世界上只有少数造船大国能够设计制造这样的船舶。

1988 年建成 7000t 级滚装船,实测航速为 16kn,采用双机双桨,通过减速器用可变螺距螺旋桨推进。在正常航行情况下,可在驾驶室进行遥控操纵。同年建造的 24000t 级汽车滚装船,载车 4000 辆,其性能达到世界同类型汽车滚装船的先进技术水平,堪称"世界未来型"船舶。同年,为联邦德国建造的 4 万 t 级全格栅大型冷风集装箱船,采用不对称尾型,其综合导航系统可实行从启运港到目的港全程自动导航,全船只需 16 名船员,可载 2700 个标准集装箱,其中 544 个冷藏箱可自动调温,被国际航运界誉为"未来型"的大型集装箱船。

近 20 年来,中国船舶工业成功地实现了由军转民的战略大调整,造船生产获得较大发展。1982 年船舶总公司刚成立时造船产量为 42 万 t,到 2006 年,造船产量提高到 1452 万载重吨,占世界造船产量的份额由 1982 年的 0.8%,世界第 17 位,提高到 2006 年的 19%,连续 12 年成为仅次于日本、韩国之后的世界第三造船大国。至 2007 年 6 月底,新接船舶订单 4262 万载重吨,同比增 165%,占世界市场份额 42%,手持船舶订单 1.054 亿载重吨,占世界市场份额 28%。目前,已有三家造船企业手持船舶订单入围世界造船企业前 10 强。产品结构得到进一步优化,不仅主流船型大型化、批量化、系列化特点更加突出,而且船舶技术含量和附加值大幅提高;承接油船比例大幅上升;集装箱船已形成系列化建造;高新技术船舶比重明显增加,首次承接万箱级集装箱船和 30 万 t 级矿砂船;成功进入海洋工程国际高端市场,美国康菲石油公司 30 万 t 超大型海上浮式生产储油船(FPSO)项目已顺利交船;还首次承接了第六代深水半潜式钻井平台改装工程。中国船舶工业综合竞争力有很大提高,中国船舶工业整体发展形势正由"快"转变为"又好又快",增长方式则由"做大"转变为"大强并举"。上海江南长兴造船基地、广州龙穴造船基地、青岛海西湾造修船基地等正在建设的大型造船基地已陆续接单,将推动中国造船产量产生巨大飞跃,中国成为世界第一造船大国指日可待。

二、造船模式的演变

船舶制造是一个极为复杂的制造工程,它由船体、舾装和涂装工程组成,具有作业面广、工作量大、工种多、安装复杂、设计和制造周期长等特点。如何高效率、高质量、安全地建造船舶是造船工作者长期以来孜孜以求的目标。

造船模式的演变实际上是人们在不断追求提高造船的生产效率,确保建造质量和缩短造船周期的过程,也就是如何用科学的、先进的造船模式来解决"怎样造船"和"怎样合理组织造船生产"的问题。

造船模式是不断发展变化的,但相对地在一定的时期内又是稳定的、不变的。追溯世界造船史我们可以看到大体经历了四个阶段,形成了四种模式:

第一个阶段(20 世纪 40 年代以前的铆接船时代):按功能系统组织生产的造船模式;

第二个阶段(20 世纪 40 年代中后期全焊接船初期):按区域、系统组织生产的造船模式;

第三个阶段(20 世纪 50 年代末,60 年代初形成):按区域、阶段、类型组织生产的造船模式;

第四个阶段(20 世纪 70 年代初期形成):按区域、阶段、类型一体化组织生产的造船模式。此种模式一直沿用至今,已被国内外造船界公认为当今最先进的造船模式。

以上四种模式从本质上看又可分为两大类:前两种可归为一类,称为系统导向型的造船模式,统称传统造船模式;后两种可归为一类,称为产品导向型的造船模式,统称现代造船模式。

1. 现代造船模式的一般概念

现代造船模式的主要特征就是把传统造船按功能、系统和专业的设计、生产、管理方式改变为按区域、阶段和类型的设计、生产、管理方式,又把传统造船的全能厂性质改变为总装厂性质。可形象化地认为,现代造船模式是一种以"块"(区域)代"条"(系统)的造船模式,就是把"块"作为船舶建造过程中的一个产品,以"块"的合格质量的"产品"与有效提供完成"块"所需的一切生产资源(含人、财、物),进行合理的空间分道、时间上有序的船体建造、舾装、涂装同步作业,以确保船舶建造质量与生产效率的提高、建造周期的缩短,以及生产成本的控制。为此,这种模式业已成为现代造船行之有效的一种造船模式。

现代造船模式运用了许多新理论、新技术,如统筹优化理论、系统工程技术、成组技术等。所以,现代造船模式可理解为以统筹优化理论为指导,以中间产品为导向,按区域组织生产,壳、舾、涂作业在空间上分道、时间上有序,实现设计、生产、管理一体化,均衡、连续地总装造船,已为国内船舶行业所认同。

2. 现代造船模式的内涵

现代造船模式是通过科学管理,特别是通过工程计划对各类中间产品在船舶建造过程中的人员、资材、任务和信息的强化管理,以实现作业的空间分道、时间有序、逐级制造、均衡连续地总装造船。现代造船模式的基础是区域造船(按区域、阶段、类型组织生产),目标则是以中间产品为导向,实现两个"一体化"区域造船,其主要基础则是生产设计和科学管理,它犹如两个车轮推动着传统造船模式向现代造船模式的转变。其内涵主要有以下几个方面:

(1)成组技术的制造原理和相似性原理,以及系统工程技术的统筹优化理论,是形成现代造船模式的理论基础。

(2)应用成组技术的制造原理,建立以中间产品为导向的生产作业体系,是现代造船模式的主要标志。

(3)中间产品导向型的生产作业体系的基本特征,是以中间产品的生产任务包形式体现的。

(4)应用成组技术的制造原理进行产品作业任务分解,以及应用相似性原理按作业性质(壳、舾、涂)、区域、阶段、类型分类成组,必须通过生产设计加以规划。其中按区域分类成组,建立区域造船的生产组织形式,是形成现代造船模式的基础和必要条件。

(5)用系统工程的统筹优化理论,是协调用成组技术原理建立起来的现代造船生产作业体系相互关系的准则。该准则可形象化地概括为两个"一体化"。

其中,壳、舾、涂一体化,指以"船体为基础,舾装为中心,涂装为重点"的管理思想,把壳、舾、涂不同性质的三大作业类型,建立在空间上分道、在时间上有序的立体优化排序。而设计、生产、管理一体化,指设计、生产、管理三者的有机结合,在设计思想、建造策略和管理思想的有机结合中,以正确的管理思想作为三者结合的主导。两个"一体化"是组织整个系统工程极为重要的一种管理思想。

3. 现代化造船模式的特点

(1)对生产设计工作进行变革。生产设计的过程是在图面上完成"模拟造船"的过程。

(2)以中间产品为导向,实现分段区域化制造。

(3)在分段制造过程中,最大限度地实现壳、舾、涂一体化作业。

(4)作业者的专业分工逐渐消失,向一专多能方向发展。

(5)资料、设备的采购、供应实现纳期管理、托盘化管理。

(6)造船生产计划实行节点管理,造船生产的计划性得到了有效的加强。

(7)船舶制造过程逐步实行有条件的集成化、模块化、标准化。

(8)船舶制造厂向总装厂发展。

现代化造船摸式的推行和有效实施,必将把造船企业的制造技术和生产、管理的水平推向一个新的高度。

三、船舶的分类

凡从事水上运输、作业、作战以及各种水中运载的工具统称为"船舶"。

按用途船舶可分为军用船舶和民用船舶两大类。

军用船舶也称为军舰或舰艇。按担负的任务分为战斗舰艇和辅助舰船;战斗舰艇又分为水面舰艇和水下舰艇即潜艇。

1. 民用船舶

民用船舶按业务用途分为运输船、工程船、渔业船、工作船和海洋开发船等。

民用船舶按航行区域分为内河船、沿海船和远洋船。

运输船分为客船和货船两大类。

1)客船

客船以载客为主兼带少量货物。载客也载一部分货物的称为客货船。载客旅游的称为旅游船或游船。一般有多层上层建筑。以人为本的客船是一座各种设施一应俱全的水上城市。载客周游各国旅游观光的游船更是富丽堂皇,称为豪华游船。如图 1-1-1 所示。

图 1-1-1　豪华旅游船

客船的结构强度、航行性能、稳定性、抗沉性以及安全设施都比其他船舶要求高。除良好的居住环境和服务设施外,在确保旅客的生命安全方面有更高的要求。

2)货船

货船是运载货物的船舶,以装载的货物分类。例如:杂货船、散货船、油船、集装箱船、冷藏船、滚装船、车渡船、化学品船和液化气船、拖船等。

根据装载货物的种类,货舱的结构、舱盖的形式、装卸机械以及安全设施有不同的要求。

(1)杂货船是干货船,装载日用杂货。甲板上开货舱口,装有起重设备。

(2)散货船用于装载无包装的货物。例如:粮食、矿砂、煤炭、水泥等干货。装载货物单一。装有起重设备。货舱舱口较大,可以用港口设备装卸货物,提高装卸效率、缩短停靠码头的时间。散货船一般采用尾机型,上层建筑在尾部,如图 1-1-2 所示。

图 1-1-2　好望角散货船

（3）油船是液货船，专门运输石油及石油制品的船舶。有原油船和成品油船。

油船对火灾的防范特别严格，即使一颗火星都可能酿成火灾。海船建造规范对油船的设计和建造有特殊的要求。

油船的上层建筑和机舱集中设在尾部，避免主机轴通过油舱。一般是单层甲板，甲板上布置大量输油管道，纵通首尾的步桥。电气设备的开关、电缆的破损都可能产生火化、电弧。在危险区域安装的电气设备和电缆都有严格的防护要求。纵通首尾步桥的电缆除防护要求外，敷设时还要考虑到足够的伸缩，以适应航行时船体可能的变形。石油分别装在油密的油舱内，设有圆形油气膨胀舱口和油密性好的舱口盖。石油装卸用油泵和输油管道，一般不设起货设备。油船的载重已达几十万吨。超大型油船如图1-1-3所示。

图 1-1-3　超大型油船

（4）集装箱船是装载规格统一的标准货物箱的货船。预先在陆地上把不同种类和规格的货物装入标准的箱内，然后再装船运输。这种标准箱称为集装箱。港口有专用的码头，专用的集装箱装卸机械设备，缩短船舶装卸的时间，改善劳动条件，提高经济效益。目前，各国航运部门已广泛采用。集装箱船货舱舱口大，便于集装箱装卸，舱盖盖上，甲板上再安放集装箱。装载的箱数从几百箱发展到近万箱。大型集装箱船如图1-1-4所示。

（5）冷藏集装箱船也广泛采用。冷藏的集装箱有两种，带冷藏单元和无冷藏单元。如图 1-1-5 所示。

图 1-1-4　集装箱船

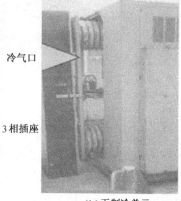

冷气口

3相插座

（a）带制冷单元　　　　　　　　　（b）无制冷单元

图 1-1-5　集装箱的两种形式

带冷藏单元的冷藏集装箱，带有制冷机，相当于大型的电冰箱。集装箱吊放到船上定位后，用电源插头线与附近的插座连接，进行制冷。一般集装箱船在某几个部位安装冷藏电源插座，供带冷藏单元的冷藏集装箱使用。

无冷藏单元的集装箱只能用冷藏集装箱船运输。冷藏集装箱船有数套制冷设备，通过管路与各集装箱舱舱壁上的专用口连接。无冷藏单元的集装箱上下有冷气输送口，集装箱放入集装箱舱的专用位置后，用柔性的伸缩管嵌入舱壁口与箱口之间，成为冷气通道。用船上固定的冷气设备对集装箱制冷。非冷藏的集装箱安放在甲板上。

（6）滚装船是装载、运输滚装货物的货船。滚装货物是有轮滚动的货物，即货物装在汽车或拖车上，以一车货物作为装载单元。就像货物装入集装箱作为装载单元一样。

滚装船的出入口通常设于尾部，用铰接跳板与码头搭接，用于滚装货上下船。或在尾部安装活动的尾封板，航行封闭成船尾，靠码头放下，作为装卸通道。现在都是用汽车装货。汽车在货物堆放处或仓库装载，直接驶入舱内。到达目的港，货车驶出船，直接开往收货地点。实现从发货点到收货点的直接运输，不动用码头起重设备，大大提高装卸效率。

船上设有一定的客舱，供开车和随车人员居住，也可以搭载旅客。图 1-1-6 所示是车辆正在下船的情况。

7

图 1-1-6　滚装船

　　(7)车渡船是装载、运输汽车或火车的货船。渡船是航行在江河两岸、海峡之间、陆地与岛屿之间的运输船,航程较短,实际也是一种滚装船。

　　国外有很多汽车渡船。目前我国主要用于火车渡。例如:渤海湾来往大连与烟台的火车渡船,横渡琼州海峡来往广东与海南岛的火车渡船。

　　火车渡船有良好的操纵性能、良好的稳性、快速的锚泊作业、平稳的装卸控制。图 1-1-7 所示是渤海湾的火车渡船。该船可以载运火车、汽车和旅客。在上甲板下面的主车厢甲板上有 5 条铁轨,可载 50 节、总质量为 4000t 的火车厢。火车通过尾部的引桥装卸。上甲板可以载运 50 辆货车和 25 辆轿车。上面两层旅客甲板,可容 480 位旅客居住。装有减摇鳍可以降低大浪中的横摇。有一套横倾控制装置,装卸时质量发生变化,保持渡船与引桥平滑的连接。

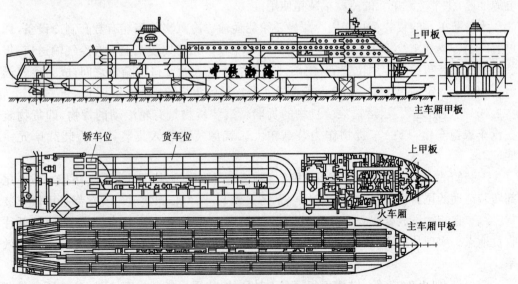

图 1-1-7　火车渡船

(8)液化气船是用来载运液化气体的液货船。使气体液化的方法有加压和冷冻两种。气体加压液化是气体在一定的压力(如100kPa~750kPa)下成为液体的方法。液化气灌装入球形和圆筒形耐压容器中,在常温下运输。气体冷冻液化是气体在一定的低温(如−160℃)下成为液体的方法。液化气灌装入耐低温特殊钢材制成的球式容器内。船上的冷冻系统保持所需的低温。在常温下运输。

小型液化气船采用加压的方法,大型的一般采用冷冻的方法。

现在运输的液化气体有液化石油气(LPG)和液化天然气(LNG)两种。图1-1-8是液化天然气船。

图1-1-8 液化气船

(9)拖船是拖曳其他船舶或水上浮动的建筑物的工具船。拖船船身小、机动性好、功率大。

港口、内河拖船用来拖曳驳船,协助船舶进出、带浮筒、靠离码头等。近海拖船用来参与海上救助、海上作业。图1-1-9是1000匹马力(1P=735.5W)多用途拖船,用来支持钻井平台的作业。拖曳平台、拖锚定位、接送船员、输送物品、输送水泥以及消防等。

图1-1-9 (1000匹马力)多用途拖船

3)工程船

(1)挖泥船用来进行水下挖泥,加宽和清理航道。有多种形式,如耙吸式、链斗式、抓斗式等。大型挖泥船采用耙吸式。施工时吸泥管斜靠河床,吸泥管端部的耙头将泥耙松,吸泥管吸泥输入到泥舱。船缓慢航行,边耙、边吸。图1-1-10是耙吸式挖泥船。

(2)起重船也称为浮吊,起重能力从几百吨到上千吨。用于码头、船坞、桥梁等建设吊装重型构件,码头主机整机吊装,上层建筑整体吊装等。图1-1-11是大型起重船。

图 1-1-10　耙吸式挖泥船

图 1-1-11　大型起重船

2. 军用船舶

军用船舶分为战斗舰艇和辅助舰船两类。

战斗舰艇分为水面舰艇和水下舰艇(潜艇)两类。

辅助舰船是专门为战斗舰艇提供各种战勤保障的舰船。

战斗舰艇有各类舰种,执行不同的任务。例如:巡洋舰、驱逐舰、护卫舰、登陆舰、航空母舰和潜水艇等。

1)巡洋舰

巡洋舰是仅次于航空母舰的大型军舰。第二次世界大战时是海军战斗舰艇的主要舰种。随着航空母舰和其他中小型舰艇的发展,其地位已下降。

巡洋舰是远洋作战的大型水面战舰,具有多种作战能力。主要用于海上攻防作战,掩护航空母舰编队和其他舰队编队,保卫己方或破坏敌方的海上交通线,攻击敌方舰艇、基地、港口和岸上目标。登陆作战中进行火力支援,担负海上编队指挥舰等。

巡洋舰装备有与其排水量相称的攻防武器系统、精密的探测计算设备和指挥控制通信系统。按排水量分为:轻型导弹巡洋舰和重型导弹巡洋舰;按动力装置分为:常规动力巡洋舰和核动力巡洋舰。其满载排水量为 0.5 万吨~3 万吨,最大航速为 30kn~35kn。具有较高的航速,较大的续航力和较好的耐波性。

巡洋舰原来是以大口径火炮为主,现在以导弹为主。目前世界上的巡洋舰都是导弹巡洋舰。外形如图 1-1-12 所示。

图 1-1-12　巡洋舰

2)驱逐舰

驱逐舰是以导弹、鱼雷、舰炮等为主要武器,具有多种作战能力的中型军舰。常规驱逐舰的排水量为 2000t～5000t,航速为 30kn～35kn。导弹驱逐舰的排水量为 3000t～9000t。

驱逐舰是海军舰队中突击力较强的舰种之一,具有较好的机动性和攻击力。用于攻击潜艇和水面舰船、舰队防空,以及护航、侦察巡逻警戒、布雷、袭击岸上目标等。外形如图 1-1-13 所示。

图 1-1-13　驱逐舰

3）护卫舰

护卫舰是以反潜武器、舰炮和导弹为主要武器的轻型水面战斗军舰。主要任务是巡逻、警戒和护卫。护卫海上战斗舰艇、运输船队、登陆作战编队，防止敌潜艇、鱼雷艇和航空兵的袭击。担负防空、对海和反潜多方面任务。

护卫舰相对驱逐舰武备较弱，续航力较小，但具有目标小、机动性好、造价低等优点。

护卫舰的排水量一般为1000t～3000t，航速为25kn～30kn。装备中小口径火炮，舰对舰、舰对空导弹，反潜导弹、反潜鱼雷和深水炸弹等武备。外形如图1-1-14所示。

图1-1-14　导弹护卫舰

4）登陆舰艇

登陆舰艇又称两栖舰艇，它是为输送登陆兵及其武器装备、补给品登陆而专门制造的舰艇。它包括多种不同类型的舰艇，排水量从几十吨到上万吨。大型的称为舰、小型的称为艇。登陆运输舰有登陆兵运输舰、登陆物资运输舰、坞式登陆舰和综合登陆运输舰等。

登陆型的舰艇是直接靠滩运输部队、物资装备、车辆、坦克上岸，首部有大开门和吊桥，尾部有尾锚，用于退滩和保持船位。这种舰艇的吃水浅、底部平，排水量一般不大。外形如图1-1-15所示。图1-1-16表示登陆后，打开门、放下吊桥运输车辆的情况。

图1-1-15　大型登陆舰

两栖战型舰的排水量大，适航性好、续航力高，用于远距离作战。运送部队、物资准备到近岸处，由运载的登陆艇和直升飞机转送上岸。

图 1-1-16　登陆舰登陆运输车辆

　　坞式登陆舰内有一个或两个巨大的坞室,在尾或首部有一活动水闸,水闸打开,尾(首)部分沉入海水中,装载的登陆艇或两栖车辆可从坞室驶出。现代坞式登陆舰的满载排水量一般在万吨左右,航速 30km/h~40km/h,可载 10 艘~22 艘各类登陆艇或 20 辆~80 辆两栖车辆。有的还设有直升机平台,载运直升机数架,可实施机降登陆作战。外形如图 1-1-17 所示。

图 1-1-17　坞式登陆舰

5)航空母舰

　　航空母舰是一种以舰载机为主要作战武器的大型水面舰只。它攻防兼备,作战能力强,能执行多种战役战术任务,很具威慑力,因而倍受世界海军的器重。现代航空母舰及舰载机已成为高技术密集的军事系统工程。

　　航空母舰主要用于攻击水面舰艇、潜艇和运输舰船,袭击海岸设施和陆上目标,夺取作战海区的制空权和制海权。排水量为数万吨,航速约为 26kn～35kn,续航力高。有供飞机起落的飞行甲板、弹射装置、阻拦装置和升降机等。机库在飞行甲板下面。上层建筑在中部或后部的一侧。一般以舰载机为主,装备导弹、火炮、反潜武器等。动力装置有常规动力和核动力两种。图 1-1-18 是正在游弋的航空母舰。

图 1-1-18　航空母舰

6)潜水艇

潜水艇也称潜艇,是能潜入水下活动和作战的舰艇。利用调节压载水舱的水来控制艇的浮力,既可以在水面又可以在水下航行。具有良好的隐蔽性、机动性和突击力。

主要用于攻击水面和水下舰艇、袭击岸上设施和重要目标、破坏海上交通线,也用于布雷和侦察。图 1-1-19 所示是正在发射鱼雷的潜水艇。

图 1-1-19　潜水艇

潜水艇有常规动力和核动力两种。常规动力潜水艇水面航行用柴油机作为主机,水

14

下航行用蓄电池向电动机供电运转推进。排水量较小在 3000t 以下,水下航速为 15kn～20kn。核动力潜水艇排水量达几千至上万吨,水下航速可达 30kn～40kn。

潜艇按武器准备分为鱼雷潜艇和导弹潜艇;按战斗使命分为战略导弹潜艇和攻击潜艇。战略导弹潜艇一般是核动力。

一般的无线通信、导航设备只能在水面航行用,水下航行观察困难,无法使用无线电通信。下潜一定深度可以用潜望镜观察水面情况,用声呐探测水下情况。

四、主要技术参数

1. 船体的主要尺度

(1)船长。表示船长有三种数据:

①总长,是指首端至尾端的最大水平距离。

②垂线间长,又称两柱间长,是指船首垂线与尾垂线之间的水平距离。

③设计水线长,是指设计水线与船首、尾轮廓线交点之间的水平距离。

船长一般是指设计水线长或垂线间长。如图 1-1-20(a)纵中剖面所示。

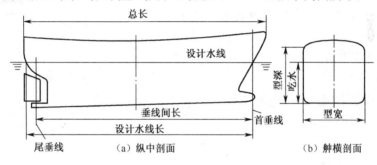

图 1-1-20　船舶主要尺度

(2)型宽。见图 1-1-20(b)舯横剖面。一般民船是指舯横剖面内设计水线处的最大宽度。

(3)型深。是指舯横剖面内船底基线至上甲板边线的垂直距离。

(4)吃水。是指舯横剖面内船底基线至设计水线的垂直距离。

2. 排水量

船舶的质量等于所排开水的质量。淡水的密度为 1,排开 1m³ 淡水的质量为 1t、海水的密度为 1.025,排开 1m³ 海水的质量为 1.025t。船的质量和排水量都以“吨”来计量。

船舶在水中因重力作用下沉,被排开的水产生向上的浮力,重力等于浮力,船不再下沉而浮在水面上。船越重、浸(吃)水越多;船越轻、浸水越少。

船舶的排水量是空船质量与载重质量之和。

空载排水量是指船舶全部建成后交船时的排水量,即空船质量。

满载排水量是指在船舶上装载预先规定的设计载重量的排水量。

空载和满载排水量分为出港和到港两种。

出港时,满载货物(包括人员)并带足燃料、滑油、淡水、粮食以及各种必需的给养物品等消耗物品,航行过程中,除货物和人员外,所带物品都在消耗,到港假设还剩余 10%,显然,出港满载排水量大于到港满载排水量。同样,出港空载排水量也大于到港空载排水量。

民用船舶的设计排水量是指最大排水量即出港满载排水量。

3. 储备浮力与载重线标志

船舶装载到设计水线,表示已满载。航行中遭遇破损事故,舷外水进入船舱,增加船舶的质量,吃水会超过设计水线。吃水超过上甲板,引起船舶全部浸水而沉没。

设计水线至上甲板边线的距离(即图 1-1-20(b)中型深与吃水之间的距离)正常情况下不浸水,是干的,称为干舷。干舷这部分体积排水所产生的浮力,称为"储备浮力"。考虑到航行安全,必需有足够的干舷。干舷这部分体积的大小用满载排水量的百分比表示。海船一般要求 20%～25%,军用船舶要求更高,甚至 100%。

储备浮力的要求随着航行区域与季节而变化。夏季、冬季不同,淡水、海水不同等。每艘船需要标志出在各种情况下的允许吃水即允许的载重。在海船船体的舯部两舷按船检部门规定,按规定的标准尺寸画出"载重标志线"。如图 1-1-21 所示。由圆圈和几根线段成。

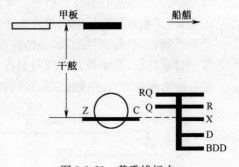

图 1-1-21 载重线标志

载重符号我国用汉语拼音(括号中为英语缩写)。含义如下:

ZC——中华人民共和国船舶检验局;

X(S)——夏季载重线;

R(T)——热带载重线;

Q(F)——淡水载重线;

RQ(TF)——热带淡水载重线;

D(W)——冬季载重线;

SDD(WNA)——北大西洋冬季载重线。

圆圈称为载重圆盘。圆盘上的水平线与夏季(X)载重线平。两侧 Z 和 C 表示中国船检局。

4. 稳性

船舶稳性是指船舶受到外力(如风、浪和载荷的移动)的作用产生倾斜,当外力消除后仍能恢复到原来的平衡位置的性能。

船舶倾斜有左右的"横倾"和首尾的"纵倾"。

船舶稳性主要由船舶设计决定。提高稳性的措施主要是降低船舶的重心。另外,增加船宽、减小受风面积、加大型深等都可以提高稳性。

5. 抗沉性

船舶抗沉性是指船舶在一舱或数舱破损进水,保证不沉、不翻的能力。即船舶在破损进水后仍有一定的浮性和稳性。

船舶航行发生碰撞、触礁或搁浅,引起破损,上甲板以下的部位会进水。

提高抗沉性的措施有设置水密舱壁和储备浮力。

设置水密舱壁是将水线下的各部位用水密舱壁分隔,一旦船舶发生破损进水,可将水

16

限制在一定的范围内,不致漫延到其他部位甚至全船。

储备浮力上面已提到,设置足够的干舷可以保证足够的储备浮力。

6. 耐波性

船舶耐波性是指船舶在风浪中遭受由于外力干扰所产生的各种运动以及砰击上浪、失速飞车和波浪弯矩等,仍能维持一定航速在水面安全航行的性能。

船舶经常会在风浪中航行,受风浪的影响会发生摇摆、航速降低、甲板上浪、船底砰击、螺旋桨部分出水使转速剧增(即飞车)等现象。

风浪的影响主要表现在船舶摇荡上。一般注意到的是横摇和纵摇、摇摆的幅度和周期。

减小横摇的措施有三种:在船中舷部装舭龙骨、设减摇水舱和在船中舷部装减摇鳍。

1)舭龙骨

舭龙骨是在船中舷部两侧与外板垂直处安装的长条形板材。长度为船长的1/3~2/3。船舶发生横摇时,舭龙骨产生与横摇方向相反的阻力矩,使横摇振幅减小。

舭龙骨结构简单,应用较广。如图1-1-22(a)所示。

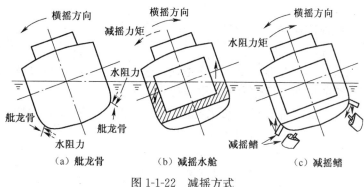

图 1-1-22　减摇方式

2)减摇水舱

减摇水舱是设在内部左右两舷的水舱,两舷水舱下部有水管相连,上部有空气管相通。船在波浪上发生共振时,水舱内的水柱振荡落后于波浪振荡180°相位角。因此,水舱内水柱所造成的减摇力矩于波浪的倾侧力矩方向总是相反的,使横摇振幅减小。如图1-1-22(b)所示。

3)减摇鳍

减摇鳍又称侧舵,是安装在两舷舷部的可转动的机翼形装置。如图1-1-22(c)所示。船舶发生横摇,通过船内的操纵机构,调节鳍到一定的角度,使水流在鳍上产生作用力来减小摇摆。不使用时可以收入船内。

高速船舶采用减摇鳍有很好的效果。军舰也有采用。

7. 快速性

船舶的快速性是指在给定的推进机械的功率情况下,表征船舶航行速度快慢的性能。

船舶要以一定的速度航行,需要主机带动推进器驱动,克服水中航行所受到的阻力。因此,船舶的快速性由船舶所受的阻力和推进器的效率确定。

船舶在水中航行受到的阻力分为水阻力和空气阻力。水阻力是水对船体水下部分的反作用力;空气阻力是空气对船体水上部分的反作用力。

为此,船舶设计时采用低阻力的型线、加装可以减少兴波阻力的附加体,如图1-1-23所示的球鼻船首等。

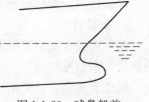

图1-1-23　球鼻船首

要改善船舶的快速性还必须配以性能良好、效率较高的推进器。目前大多数船舶都采用螺旋桨推进器。一般来说,螺旋桨的直径越大,转速越低,则效率越高。桨叶必须全部没水,螺旋桨直径的大小受到船舶吃水的限制。

主机带动螺旋桨旋转,桨叶的螺距方向决定推进船的方向。螺旋桨旋转把水推向后方,水的反作用力推船前进;旋转方向相反,则把水推向前方,水的反作用力推船后退。螺旋桨螺距角度固定的称为定距桨。船舶前进航行,主机旋转方向称为正车,主机反转称为倒车,船舶后退。桨叶的螺距方向和大小可以改变的称为可变螺距桨或可调桨。主机以恒定的速度旋转,调节螺距的大小和方向改变航速和进退。

单主机、单螺旋桨的船,螺旋桨安装在尾部中间。双主机、双螺旋桨的船,螺旋桨安装在尾部两侧。主机旋转方向相反,桨叶角度相反。

8. 甲板名称

根据船舶的结构特点,可分为上下两部分:上甲板以上称为上层建筑;以下称为主船体。

上甲板是指从首部至尾部连续贯通的甲板。它所受到的纵弯曲力最大,结构上称为强力甲板。不连续的局部甲板称为平台甲板或简称平台。

图1-1-24所示是某种船型的甲板名称。各层甲板从上到下的名称为:罗经甲板、驾驶甲板、救生艇甲板、起居甲板、上甲板和下甲板。

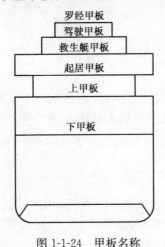

图1-1-24　甲板名称

五、主要动力装置

船舶动力装置是指为保证船舶正常航行、停泊、作业和作战性能以及船员、旅客正常工作和生活所需的各种机械设备与系统的综合体。

推进装置是主要的动力装置。

推进装置包括主机、传动装置(轴系、离合器和减速装置等)以及推进器等。图1-1-25

表示主机通过传动装置(轴系)驱动推进器(螺旋桨)。

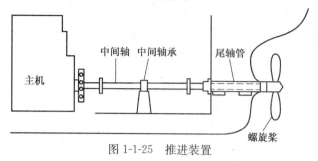

图 1-1-25 推进装置

推进器是推动船舶前进的机构。推进器是把一种能量(如自然力、人力或机械能)转换成船舶推力的"能量转换器"。推进器按作用方式可分为主动式和反应式两类。靠人力或风力驱船前进的纤、帆等为主动式;桨、橹、喷水推进器、螺旋桨等为反应式。现代船舶大多采用反应式推进器,应用最广的是螺旋桨。

1. 主机

船舶主机是一种热力机械,其作用是把燃料的热能转变成机械能。

船舶动力装置按主机类型分为:柴油机动力装置、汽轮机动力装置、燃气轮机动力装置和核动力装置等基本形式。

1)柴油机

柴油机是目前广泛采用的动力装置。柴油机热效率高、耗油率低,功率范围广。

柴油机属于往复式内燃机。工作原理如图 1-1-26 示意。图中用四个汽缸来表示柴油机工作称为的四个冲程,即进气、压缩、燃烧膨胀和排气冲程。汽缸内的活塞从上止点向下运动,空气阀打开,吸进空气,到下止点,空气充满汽缸;活塞从下止点向上运动,进气阀关闭,缸内空气被压缩,温度升高;到上止点,喷入燃油,遇高温在汽缸内燃烧、膨胀,推动活塞向下运动;活塞从下止点向上运动,打开排气阀,燃烧后的废气排除。活塞到上止点又开始下一循环工作。

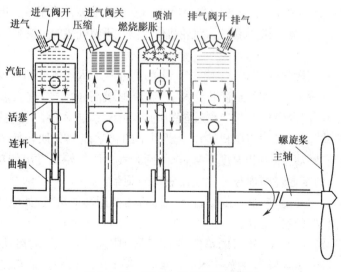

图 1-1-26 柴油机工作原理示意图

活塞作上下往复运动,通过连杆与曲轴连接,直线运动转换成旋转运动,实现输入燃料的热能转换成机械能输出。

活塞运动达到一定速度,压缩空气的温度才能使喷入的燃油燃烧。活塞初始运动需要借助于外力。外力使活塞运动、主轴旋转称为"启动"。小功率柴油机一般用蓄电池供电的电动机运转启动;大功率柴油机一般用压缩空气启动。当柴油机运转速度达到一定值,喷油、燃烧运行。

柴油机汽缸的数量有单缸和多缸,如6缸、9缸等。一般都是多缸。

上述柴油机运行有4个冲程。另外有2个冲程的柴油机。把进气改为"扫气",并与压缩合并为1个冲程;燃烧、膨胀与排气合并为1个冲程。

柴油机动力装置除主机和传动设备外,其他附属设备较少,总重量较轻。

柴油机输出功率过去以马力(匹)为单位,现在多以千瓦为单位。功率范围范围从数十千瓦至数万千瓦。

柴油机的转速分为低、中、高三种。以每分钟几转计量。300r/min以下为低速、300r/min~1000r/min为中速、1000r/min以上为高速。

高速柴油机重量轻、体积小,但油耗高,对燃料要求高。因转速高,振动、噪声和磨损都大,寿命较短。一般用于小型船舶的主机。

低速柴油机重量重、体积大,但磨损小,振动、噪声也相应小,寿命长。可以使用劣质燃油,例如渣油。可以直接驱动螺旋桨。民用船舶特别是大吨位的一般采用低速柴油机,舰船采用中速或高速柴油机。

2)汽轮机

汽轮机也就是通常称的蒸汽轮机。汽轮机轴上装有叶轮,高压蒸汽从喷嘴喷入,产生的高速气流冲向叶片,推动叶轮使轴旋转。将输入蒸汽的热能转换成机械能输出。

汽轮机具有单机功率大,工作可靠,振动、噪声和磨损小,使用寿命长的特点。但需要锅炉提供蒸汽,附属设备较多,体积庞大。锅炉从点火燃烧到产出足够的蒸汽需要很长的时间。由于热量转换过程复杂,热效率较低。现在已较少作为船舶主机使用。

液化天然气船(LNG)在航行运输过程中,液化天然气会蒸发。为了减少损失,将蒸发出的天然气送到锅炉中去燃烧,制造水蒸汽。汽轮机作为液化天然气船的主机被广泛采用。

3)燃气轮机

燃气轮机是利用燃料在燃烧室内燃烧产生的高温气进入燃气轮机推动叶片转动。工作原理如图1-1-27所示。空气压缩机吸入空气,压缩成高压空气,进入燃烧器与喷入的燃油混合燃烧,产生高温燃气。具有做功能力的高温燃气,进入燃气轮机膨胀做功,推动燃气轮机转子转动,同时带动空压机转动。燃料中的化学能部分地转换为机械能。燃气在燃气轮机中膨胀做功,压力和温度下降,排到大气。燃气轮机发出的功率一部分用来拖动空压机,剩余的则通过减速齿轮箱输出驱动螺旋桨。

燃气轮机运转后才能拖动空压机,因此空压机需要用其他机械,如电动机或柴油机启动运转,然后再由燃气轮机拖动。

在船舶动力装置中,燃气轮机的单位功率(千瓦)质量、体积最小,启动迅速,工况改变容易,但油耗高、寿命短。随着工艺技术的发展,油耗下降、寿命提高,舰船的主机已逐步推广使用燃气轮机。

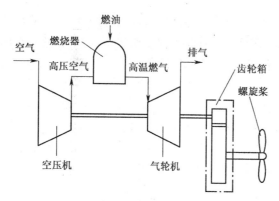

图 1-1-27　燃气轮机工作原理示意图

4)核动力装置

核动力是以核能即原子能作为动力。核动力装置是以原子核的裂变反应所产生的巨大热能转换成动力能的装置。就像燃油燃烧产生的热能,加热水产生蒸汽推动汽轮机转动,把燃料的热能转换成机械能一样。

核动力推进装置原理如图 1-1-28 示意。该图以汽轮机为主机,经减速齿轮减速驱动主推进器(螺旋桨)。汽轮机的蒸汽由核动力装置提供。

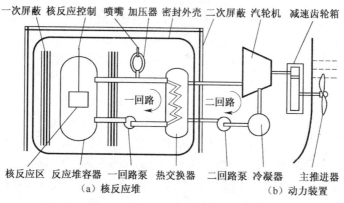

图 1-1-28　核动力推进装置原理示意图

由于核的放射性物质对人体有严重的杀伤作用,核动力装置有极严密的保护层,这种保护层称为屏蔽。如图 1-1-28(a)所示。整个核反应堆有一个密封外壳,在核反应堆内反应堆容器有一次屏蔽,在密封外壳外还有二次屏蔽。

水蒸气由水加热而成。原子核在核反应区内裂变,裂变反应产生的温度极高,会使水立即汽化。为了防止水汽化,必须提高水的压力以提高水的沸点,在水管上设置加压器,在喷嘴的施压控制下,把水压加到 9.8MPa～19.6MPa(即 100 大气压～200 大气压)。为了把具有放射性的水与外界隔离,防止事故引起核泄漏,采用两个独力、相互隔离的水循环。核反应加热的水通过热交换器的管路,在一回路水泵的作用下循环为一回路。热交换器的水加热成蒸汽,推动汽轮机运转,蒸汽经冷凝器冷凝成水,在二回路水泵的作用下循环为二回路。

核动力装置消耗极微量的核燃料就能获得巨大的能量,一艘核动力航空母舰可以航行十多年而不必加燃料。

核反应不需要消耗空气就可以获得能量,因此潜水艇首先使用核动力。

核反应的放射性物质对人体有严重的杀伤作用,对水和港口有污染,必须具有尺寸和质量较大的防护层,造价昂贵,建造和管理复杂。

2. 辅锅炉

锅炉是用来提供蒸汽的设备。以柴油机为主动力的船舶,蒸汽不直接用于主机,而是用于辅助设备,例如:加热主机的燃油,预加热主机的滑油和冷却用淡水。船员日常生活也需要用蒸汽。向辅助设施提供蒸汽的锅炉称为辅助锅炉或辅锅炉。

船舶辅锅炉有:燃油辅锅炉、废气锅炉和组合式锅炉。

一般以柴油机为主机的船舶都设有燃油辅锅炉。

燃油辅锅炉是用燃油(柴油)喷入炉膛燃烧,加热炉水、水汽化成水蒸汽,炉内蒸汽增加形成压力。具有一定压力的蒸汽输出提供用户使用。

废气锅炉是用柴油主机排除的高温废气(温度为 300℃～400℃),通过锅炉加热水产生蒸汽。利用废气产生水蒸汽,可以节约能源,提高航行的经济性。

组合式锅炉是燃油和废气两者合一的辅锅炉。航行时用废气,停航时用燃油。

大功率船舶的主机(柴油发电机),排出的废气通过废气锅炉产生的蒸汽,已可以解决航行中的用汽需要,燃油锅炉只在泊港或锚泊,主机不运行时使用。

第二节　船舶建造流程

船舶建造是大型的综合性工程。单件(船)生产形式,技术密集、劳动密集、配套复杂、多工种立体的作业。船舶建造一般要经历船台上(或船坞内)的船体制造、码头上的舾装作业和航行试验等过程。目前的船舶建造通常要进行分段预舾装、区域组装或总装以及船台上(或船坞内)的船体制造、码头上的舾装作业和航行试验等过程。

在造船的各个历史阶段,各个造船厂都有一套按当时的工艺技术条件制定的造船模式。这些模式都是以缩短建造周期(特别是船台或船坞周期)为目标。

船舶建造是以船体制造为主线的船体制造、舾装和涂装三大作业系统。

一、船舶建造的主要流程

船舶建造合同签订生效后,图纸设计要经过有关方面确认后才能进行船舶制造。船厂无论采用哪一种造船模式,都要通过如图 1-2-1 所示的主要建造流程。

船体制造一般都采用分段制造的方式,即把船体分成若干个分段,在胎架或平台上制造。分段的数量要根据生产模式、场地的大小、起重和运输能力来决定。

现在,一般船厂在分段制造阶段纳入部分舾装作业,称为分段预舾装。

1. 设计

设计有根据合同、规格书所做的“合同设计”和具体的“详细设计”以及生产所需的“生产设计”。合同和详细设计一般由设计院承担。生产设计一般由造船厂的设计部门承担。

详细设计向船厂提供了船体的结构、舱室的划分、舱室的布置、各机械系统图、各电气系统图、生活设施布置、舱室绝缘布置图以及各种技术要求、性能要求和试验要求的资料等作为建造的施工依据,但不能直接用来施工。船厂需要进行生产设计,把这些图纸转换成船厂可施工的图纸、资料。

2. 放样和号料

船体特别是上甲板以下的主船体,其外形是光顺的空间曲面。剪裁钢板之前要按三向投影线表示的船体外形图,制作成实际尺寸的样板(如木质样板),样板上标注加工和装配可识别的记号。用手工按实际尺寸做样板和记号,称为放样和号料。现在利用计算机进行数学放样和号料,无需手工制作样板。这一工序仍称为放样和号料。

3. 构件加工制造

船体制造主要是通过对钢板和型材的加工和焊接,加工出各种结构件和部件,加工工序包括剪、割、滚压、弯制和刨边坡口等。

钢材在加工之前需要进行预处理,进行矫正、(喷沙、喷丸)除锈和涂底漆等工作。

钢板和型材的加工,简单的用手工在钢材上画线,用剪床、氧乙炔气割或等离子切割进行剪、割;数学放样的可以直接控制机械,如光电切割机或数控切割机落料。边缘需要加工焊缝坡口的用刨边机加工。要求曲面形状的用弯板机、滚压机、肋骨冷弯机或火工加热等加工成形。

4. 部件制造

加工成形的构件和小部件一般在车间平台上装配焊接成一个个组件式的部件。

5. 分段制造

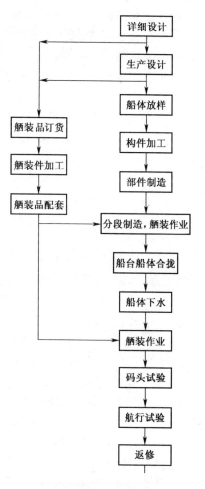

图1-2-1 船舶建造流程

"分段"造船的方法是为了缩短船台周期。即把船体分为若干个可以起吊的分段,这些分段可以同时制造,然后再到船台上合拢成整体。分段制造一般在室外(有条件的大车间则在室内)的装焊平台或胎架上进行。将加工成形的构件和部件装配焊接成分段。完整、大的分段称为总段或总组,如整个上层建筑、船首和船尾等。船体结构和船厂的起重运输条件允许,采用大的分段和总段为分段的预舾装创造条件。

分段制造的船体可以翻转到任一有利于装配特别是焊接的位置。这种方式对采用预舾装工艺更显有利。焊装顶部的舾装件,可以翻转到底部作业,不必支撑物件,不必朝天焊接。

6. 总装合拢

一般船舶在船台上进行分段的合拢总装。大型船舶则在船坞内。

一般采用先吊装船中的底部分段,作为建造的基准,然后向船首、船尾和上层吊装分段焊装。

船体总装完成后还要对船体进行密闭性试验、各项水下工程作业,例如:尾部进行轴系和舵系对中,安装轴系、螺旋桨和舵等。

7. 下水

下水是船舶从陆地移入水里的过程。

船体总装和各项水下(水线以下)工程结束,船体制造在总体上已完成,可以下水。

从船台下水,有纵向下水和横向下水。

纵向下水的船体是搁在墩木上建造。下水前,将船体从墩木上移到滑板和滑道上,滑道向入水方向有一定倾斜,松开设置于滑板与滑道间的制动装置,船舶由于自重连同滑板和支架一起滑入水中,然后靠自身的浮力浮于水面。为减少下滑时的摩擦阻力,滑板与滑道之间涂有一定厚度的下水油脂,以减少滑动摩擦力。

横向下水的船体是在轨道的一排小车上建造。下水前用机械的钢索纵向牵引船体到专用的下水道,搁置在下水道上的下水架上。下水架下有横向的轨道轮子,机械的另一组钢索再横向牵引下水架,缓缓进入下水池。轨道在下水处逐渐倾斜,下水架的一组轮子也倾斜,以保证船体平衡。

船坞建造的船舶,下水是开阀放水,船体浮起后,开闸用拖轮将船拖出船坞、停靠码头。

8. 舾装作业

船停靠码头进行舾装作业,安装机械设备、管路;安装电气设备、敷设电缆;舱室木作、绝缘;油漆涂装以及各种船体舾装件的安装。

为配合施工、保证安全,码头配备的照明电源、电焊电源、压缩空气源、氧气乙炔气源、水源等用电线、电焊龙头线、气管、水管等悬挂上船,供各工种连接使用。各舱室、内走道等悬挂临时低压照明。有高空作业的部位,如机舱等都安置脚手板、架。明火作业的部位安置灭火器。

9. 码头试验

码头试验也称系泊试验。在码头系泊(静止)的状态下对主机、电站、舵机、机舱辅机、甲板机械以及其他航行设备、安全设施、信号系统、通信系统等进行试验、调试、提交检验。

码头试验对各系统设计的合理性、安全性、可靠性等进行评估、确认;对系统设备的质量、安装质量、安装布置与图纸的符合性、运行的可靠性、环境的适应性、可操作性等进行调试、试验、确认。为航行试验做好准备。

10. 航行试验

运输船舶和舰船的主要表现是航行。航行试验是对船舶的各项性能指标进行测定,各系统设备进行实效试验。例如:测定航速、主机功率、回转半径、惯性、电站全负载运行、发电机并联运行、应急发电机转换试验、抛锚试验、航行灯灯光试验等。

11. 返修

航行试验中出现的问题,船东、验船师以及有关检验部门提出返修项目清单,工厂检验部门汇总、分类交各有关车间返修。每项返修结束,请有关人员检验认可。

12. 交船

所有返修项目验收合格则可交船。

二、造船模式

模式是指某种事物的某种标准形式。

对船厂来说,建造的最终产品是可以营运的船舶或可以服役的舰艇。造船模式是船厂组织造船生产所采用的方式。各家船厂造船的类型、工艺技术、工艺装备、生产条件不同,建造方式也不同。但在组织造船生产上都是根据自身的条件,确立一种有利于提高造船生产效率、确保建造质量和缩短造船周期的模式。

船舶是由多专业、多工种参与作业的产品。船厂经常提及的船、机、电就是船体、轮机和电气三个主要专业。油漆从舾装中分离出来成为独立的涂装专业。

船舶是一个复杂的组合体。组织造船生产是把作业任务分解成可操作的作业单元，然后再组合成整体。

1. 传统造船模式

传统造船模式的设计、工艺和管理三者分离。生产方式是按工艺路线以工艺项目分专业工种组织生产，"先船体、后舾装"。采用按专业、分系统的调度型管理方式。

1)船体制造与舾装作业

船体制造的特点是，加工制造的每个构件、部件、分段、总段都有具体的尺寸、形状、位置和要求。工人制作必须保证在允许的误差范围内，没有随意性的余地。对每一个加工件，无论大小，船体的施工图纸必须给出可参照的数据和编号。工人必须按图施工。

船体工人在分段制造和船体总装制造现场都是对运送来的完整的构件、部件、分段进行装配制造。

舾装作业的特点是，大量的舾装件的安装位置都带有随意性。某轮机系统的管路、某电气系统的电缆，图纸上表示了首尾终端的所在部位和所穿越的部位，工人安装要等到船体制造结束后，现场察看，找出合适的安装位置（即定位）。经常会发生一个工种安装好另一个工种又在同一个位置安装。例如：电工焊装好电缆支承件，钳工在同一位置又来安装管路。管路在内场弯制加工好，无法在现场重做，只好电缆改道，割去电缆支承件，另找位置装焊。

大型舾装件的安装位置和安装机座作为船体结构的一部分，纳入船体制造。大量中小型舾装件的安装位置和安装紧固件都由安装工人自己考虑。紧固件、支承件有标准的可以领用，特殊的需要制作。安装工人除了现场的安装工作外，大量时间用于设备的定位、安装件的制作。工人经常需要往返于车间和船之间。

2)舾装放样

舾装作业中轮机管路和电气电缆是贯穿全船的。工作和居住处所都有电气设备和日用电器。各工种在(管路和电缆)路径的选择和设备的布置上，经常发生重叠、造成返工。

在船舶建造任务增多、要求缩短建造周期的情况下，各个船厂开始采用管路和电气放样的工艺，把现场定位和安装件选用、设计等工作拿到图纸上来做。相关工种的技术人员和有经验的工人，汇集各个系统的图纸在船体图纸上布置、协调风管、管路和电缆的路径、具体位置，设备的具体位置，安装件的式样、规格和布置位置等。

采用放样工艺减少了管路和电缆路径选择和设备布置的重叠情况。安装件可以预制。采用放样工艺的船厂，在此基础上制定出各种安装件的工厂标准。各种管路包括风管可以预制、预弯。

舾装放样工艺沿用了很长一段时间，对缩短造船周期起到一定的作用。各船厂放样的深度和涉及面不尽相同，但仍保持"先船体、后舾装"的传统模式。各工种的生产计划是独立的，安装工人除了承担现场安装工作外，还要承担安装前的准备工作。

2. 现代造船模式

现代造船模式应用系统工程技术组织生产，把船舶建造作为一个大系统，再分解为壳(船体)、舾(舾装)、涂(涂装)三种作业系统，再按区域、阶段、类型逐一分类成组，形成各类作业的子系统。

现代造船模式的设计方式按设计阶段来划分。1983 年船舶行业划分为："初步设计"、"详细设计"和"生产设计"三个阶段，形成了行业标准。2007 年 2 月将民用船舶的设计划分为："合同设计"、"详细设计"和"生产设计"三个阶段。现代造船模式的设计要为现场施工提供确切的依据，这种设计称为生产设计。进行生产设计之前需要在详细设计的基础上把系统设计转变为区域设计。

造船厂根据详细设计由生产设计部门集中进行区域性设计。设计、工艺和管理三者融为一体。生产方式是按区域划分的中间产品，船体、舾装和涂装分道、有序、同步作业。

按区域划分的中间产品(分段或总段)是一个作业单元，称为"产品"是因为作业单元具有产品的特征。各工种有完成任务的作业计划；有明确的质量指标；有完成产品作业任务所需的全部生产资源(包括人、财、物)。

1)生产设计

在传统造船模式中，船舶设计是解决"造怎样的船"，与工厂解决"怎样造船"的工艺性设计是分离的。

现代造船模式则需要把"造怎样的船"与"怎样造船"的设计融为一体。为此，纳入生产设计。

按目前的习惯，船舶建造分为船体、舾装和涂装三个部分。除船体结构和涂装油漆外，所有安装工程都归入舾装。例如：所有机械装置、门窗构件、各设备安装件以及管路、电缆紧固件等。除大型机械设备的安装机座(如主机、发电机组、锚机、舵机等)作为船体结构外，其他设备和安装件等都纳入"舾装"。

"造怎样的船"是在图纸上工作，"怎样造船"是在现场工作。生产设计是在图纸上进行(模拟)舾装件现场定位工作。把"造怎样的船"的设计延伸到"怎样造船"的"现场"。

生产设计是在图纸上"模拟造船"的过程，各个工种把现场的协调安装位置的工作，在图纸的"模拟现场"上进行。在图纸上确定各设备和安装件的具体位置尺寸。舾装件安装的生产设计称为"舾装生产设计"。

既然在图纸上已有具体的安装位置尺寸，在分段制造时就可以进行舾装工程，不必等到船体合拢。现代的建造方法就是在船体分段制造完成后就进行各种设备和构件(舾装件)的安装。在分段上进行舾装称为"预舾装"。

舾装生产设计把船体分段划分成可以管理操作的"舾装分段"，把每个舾装分段或总段作为一个"产品"来设计，除了在图纸上绘制各种舾装件的安装位置、坐标尺寸外，还要按工艺阶段、施工区域和单元，汇总记入各种工艺技术资料和各种管理工作图表。

纳入生产设计的船舶设计，是提供生产需要的信息文件的一种设计过程，是将设计、工艺、管理三者融为一体的设计。

舾装生产设计按专业分为机舱舾装区(称机装)、甲板舾装区(称甲装)、住房舾装区(称房装或居装)。区域划分是以房装、甲装和机装为基础的。图 1-2-2 所示是散装货轮

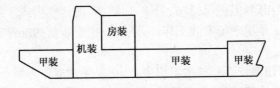

图 1-2-2　舾装生产设计的专业区域划分

的专业区域划分。电气舾装区(称电装)和涂装区工作范围是全船性的。

2)后勤支援

传统造船模式中也采用"预舾装"工艺,但安装工人除了现场安装工作外,还要承担大量属于生产准备的后勤辅助工作,如安装件制造、器件领取、配套加工、装卸运输等。

安装工作的生产准备是安装工人根据安装对象来准备的。就电气安装来说,在某个安装区要安装多少设备、什么设备,各个设备安装件的型号、规格、数量,电缆支承件的型号、规格、数量,什么时候安装等。这些工作如果由对现场一无所知的辅助人员来做就必须提供详尽的生产准备资料。

现代造船模式中生产设计提供的工艺技术资料,如电气安装的电缆支承件、设备安装件、电缆贯穿件、电缆备料清册、设备清册等,是后勤辅助部门承担生产准备工作的依据。

安装工人到达现场就可以按计划安排、按图施工。

3)统筹管理

现代造船模式把每个分段和总段作为一个个产品来制造。从制造该分段产品所需的图纸,所需的器材、设备、辅料,到各工种人员的配备,生产计划等,按该船舶的总建造计划,纳入生产统筹管理。

对一个舾装分段的安装,可以按工艺阶段、施工区域和单元,配套所需的舾装件,安放在一个个舾装"托盘"内,并按生产计划和节点送到该舾装分段安装。舾装分段设计把舾装件的安装纳入了对舾装件生产、计划、采购以及成本的管理。现在把舾装分段称为"舾装托盘",把对舾装分段的生产管理称为"托盘管理"。

第三节　船舶电气安装概述

船舶电气工程的对象是电气设备和连接设备的电缆。电气安装工程是把设备安装在图纸规定的部位,敷设相关系统的电缆,把相关系统设备连接起来,使设备按设计要求运行。

设备和电缆安装之前有一系列的准备工作,包括施工图纸、设备、电缆、舾装件和辅料。

设备安装首先根据图纸确定适当的安装位置(设备定位)、所需要的安装件,然后领取标准的安装件或制作特殊的安装件,焊装在舱壁或甲板上。油漆涂装结束后安装设备。

设备定位要考虑到可观察(如果有指示器件的)、可操作(如果有操作器件的)、门可以开直、不受热源的影响、有充分的进电缆位置。在振动强烈的部位或设备本身不能适应振动、冲击则通过减震器安装。

电缆安装首先根据船体结构图纸确定电缆穿越的路径。每一根电缆从一端设备沿最短的路径穿到另一端设备,所有电缆在图纸上"模拟穿完",确定各条路径上电缆的数量和规格、电缆穿越甲板和隔舱壁的电缆贯穿件的数量和规格。选择所需要的电缆支承件和电缆贯穿件规格,在此基础上编制电缆表册、电缆支承件表册和电缆贯穿件表册。根据这些表册,进行电缆备料、舾装件制造。

施工时按表册领取电缆支承件和电缆贯穿件。上船开孔、焊装在舱壁或甲板上。油漆涂装结束后安装电缆。

一、船舶电气安装工艺流程

船舶电气安装按其工艺阶段主要可以分成:配套准备;安装(钳工)准备;电缆敷设;设备安装;电缆切割、接线;码头试验;试航和返修交货。

1. 配套准备

配套准备的内容是安装件(舾装件)、设备、电缆等。

(1)安装件包括设备的安装件、电缆支承件、电缆贯穿件等。

各家船厂一般都有本企业的安装件标准。生产设计提出的安装件是按该标准选用、配套领用或按图纸要求制造。

(2)设备。大型电气设备,如主配电板、应急配电板等是安装在属于船体制作的机座上的。电动机随被拖动的机械由轮机安装,不属于设备配套的范围。

设备配套主要是中小型设备(电器),如分配电板、启动器、灯具、接线盒、控制器等。

设备配套的内容:按设备清册领出;装设备铭牌;装设备安装件(安装脚或安装支架);配进线填料函或进线孔电缆紧固支架等。为了避免设备在电缆切割、接线前被其他作业损坏,用安装脚的设备,制作与设备安装尺寸一致的模板,装安装脚,代替设备上船焊装。

某些设备可能需要进行通电预调试工作。

(3)电缆备料。一般船舶的电缆的规格有几十种,电缆的数量有几百至几千根、总长几百至上千公里。不可能把整桶各种规格的电缆吊运上船,按规格拖放到位后再切断。必须在电缆仓库根据电缆备料表册备料。备料表册是按电缆代号、规格、长度和敷设次序编排。

2. 安装准备

安装准备即"钳工准备"工作,是为设备和电缆的安装作准备的。这个阶段工作主要是钳工操作,电焊工和气割工配合。

根据各船厂建造工艺,钳工准备工作在分段上、总组上或船台船上进行。总组是若干分段的集合体,如整体的上层建筑。按照电气安装图标注的位置尺寸或与其他专业工种协调的位置,装焊电气舾装件,即设备和电缆的安装件和电缆贯穿件等。

船体结构在舾装件装焊处的油漆必然会被损坏,对此涂装工程安排了"二次除锈"和补漆工序,钳工准备工作都赶在此之前完成。

(1)画线定位。根据图上标注的位置或经协调确定的位置,画出各个部位的电缆路线上的电缆支承件位置,甲板、隔舱壁和梁上的电缆贯穿件位置,设备和设备安装件位置。

(2)电缆贯穿件装焊。电缆穿过甲板、隔舱壁和梁需要开孔(需要得到有关方面确认才能开孔)。开孔切口需要装焊足够强度的贯穿件,以保持板、壁特别是梁的强度,避免电缆拖拉被损伤。

电缆贯穿件按穿过的电缆数有单根和成组(多根);按密性要求有非密性和水密。有密性要求的要充填填料。穿单根电缆的称为单填料函或穿线管,穿多根电缆的称为成组填料函。填料函有足够的空隙充填水密填料。有防火要求的要根据防火等级制作和充填防火填料。电缆贯穿件的装焊方式如图 1-3-1 所示。

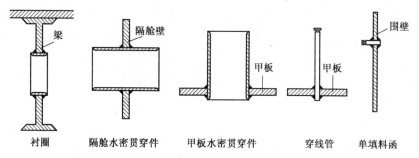

图 1-3-1　贯穿件装焊图

（3）电缆安装件装焊。船舶航行经常处于摇摆、振动的状态，甚至会受到碰撞冲击。电缆都必须牢牢地紧固在船体结构上。钢质船舶用焊装在船体结构上的安装件或安装架安装电缆，铝质船舶则采用铆接的方式。

船舶电缆敷设强调"紧固"，固定的方法是用紧固件把电缆固定在安装件上。紧固件一般采用尼龙扎带、不锈钢扎带或包塑金属扎带。

船舶电缆敷设工艺主要保证电缆"拖拉"和紧固不会被损伤，布放的位置不会受到热源和机械的损伤。施工上尽量降低敷设的劳动强度。

大多数电缆都是在壁和顶上敷设。敷设工艺着重处理顶上敷设成束电缆的质量是通过紧固件支承还是由安装件直接支承。如图 1-3-2 所示，图 1-3-2(a)是电缆束置于支承件的外面的方式，紧固件将电缆束吊装在安装件上，紧固件要支承电缆的重量；图 1-3-2(b)是电缆束置于安装件的里面的方式，电缆托装在支承件上，紧固件将电缆紧固在安装件上，电缆重量由支承件支承。

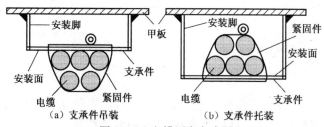

图 1-3-2　电缆固定方式图

成束电缆一般采用"导板"作为支承件。长距离电缆敷设采用组合式电缆支架，或称电缆导架。图 1-3-3 示意了四种形式。

（4）设备安装件装焊。电气设备必须牢固地安装在设备安装件上，再焊装（或铆接）在船体结构上。

船舶电气设备种类繁多、大小各异，安装处所的环境条件不同。设备安装件有不同形式的安装机座、安装支架、安装脚等，有的要通过减震器安装。与电缆安装件不同的是，有的大型设备的安装机座作为船体结构件，由船体装配安装；电动机通常与被拖动的机械是公共机座，由轮机安装；用四个安装脚安装的设备，必须固定在设备上才能装焊，而设备一般都要在大部分舾装作业结束后才安装，以避免损坏。

图 1-3-4 是典型的有四个安装孔的设备（如分配电板、磁力启动器等）。安装在隔舱壁上，一般是用四个独立的安装脚安装。安装脚装焊靠设备的四个安装孔定位。通常是

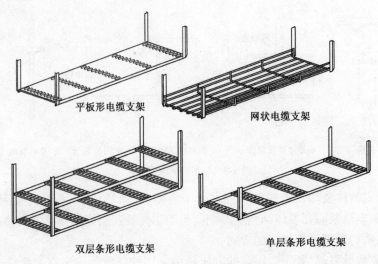

平板形电缆支架

网状电缆支架

双层条形电缆支架

单层条形电缆支架

图 1-3-3　电缆组合安装支架图

制作该设备安装孔的样板,用螺栓固定安装脚,按画线定位的尺寸位置装焊。

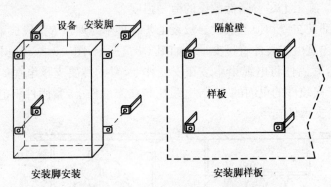

安装脚安装

安装脚样板

图 1-3-4　设备安装件示意图

大型设备,如主配电板、应急配电板、机舱集控台和驾驶室控制台等,必须先吊进机舱、集控室和驾驶室等相关区域进行安装,然后完整船体结构。

3. 电缆敷设

电缆敷设包括施放、拖拉、整理、紧固和密性处理等。

主干电缆是全船性的敷设工作,施工是按照电缆敷设表册安排的次序,分阶段、分区域敷设。每个阶段在电缆经过的路径上,安排人员拖拉、整理。借道主干电缆路径的局部电缆,在主干电缆敷设后敷设,以避免主干电缆拖拉损伤局部电缆。采用分段预舾装建造工艺,部分局部电缆可以在分段上敷设。

(1)分段预舾装。在分段或总组上进行电缆敷设,可以减少总的电缆敷设时间,减轻劳动强度。

上层建筑整体吊装,采用上层建筑整体预舾装。电装可将所有舱室内的气设备和电缆进行预安装和预敷设。电缆敷设完成后,将待穿的主干电线另一端卷盘、捆吊起来,等整体吊装与机舱部位主船体接通后再敷设到位。

(2)主干电缆。电缆敷设的主要工作是敷设主干电缆,包括电缆桶运送、吊放到位,按制定的顺序分区组织人员拖拉,分束整理、检查两端到位的长度,紧固,贯穿件密封等。

主干电缆是按敷设表册提供的规格和长度预先备好的。电缆是卷绕在电缆桶上,电缆桶吊上船只能放在甲板上施放电缆。电缆敷设表册是根据主干电缆穿入位置,规定各电缆桶的安放位置和施放处。

(3)局部电缆。局部电缆是指在同一区域,不穿过水密隔舱或甲板的电缆,大多数是属于照明系统的电缆,以 2×1 或 2×2.5 为主。一般不进行丈量、备料。把整桶电缆吊上船,实地拖放,两端到位、切断。

(4)电缆紧固。在一段电缆路径和相关路径上的电缆整理、预捆扎后,确认不再加入电缆;所有电缆两端到位,用工艺规定的紧固件(如尼龙扎带等),按工艺规定的间距捆绑、紧固。

(5)电缆贯穿件密封。电缆紧固后有水密和防火要求的电缆贯穿件要进行密封工作。水密和防火贯穿件也称为填料函。在电缆穿过的板、壁上,用填料充填电缆间和孔的间隙,防止渗水和窜火。

4. 设备安装

船舶电气设备安装工作是把设备用螺栓固定在设备的安装件上。安装在有振动、冲击部位的设备要通过减震器安装。设备金属外壳还要进行接地工作。

5. 切割、接线

设备安装结束,电缆敷设到位,电缆两端要进入设备,电缆芯线的导线接在对应的接线端子上,各系统才能运行。

(1)切割进线。电缆进入设备是为了把电缆芯线的导线接在接线端子上。进入设备的主要是芯线。切割进线是切割出适当长度的芯线进入设备,其余部分在设备进入口作工艺上处理。电缆切割如图 1-3-5 所示。切出芯线的部位留出一定长度的橡胶护套,进入设备,留出一段金属丝编织壳,用来接地。电缆在进口处必须紧固。水密设备通过设备上的单填料函进入,里面的金属垫圈夹住翻开的金属丝壳接地,橡皮圈填料作密封,压紧后电缆被紧固。非水密设备开口,电缆成束进入,在进线口装导板拖线架,紧固电缆。为了防止小动物窜入,进线口加填料框,填料。

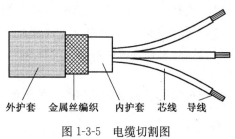

外护套　金属丝编织　内护套　芯线　导线

图 1-3-5　电缆切割图

(2)端头制作和接线。设备对外接线采用接线(端子)板,船厂称接线板,陆地多称端子板。内部导线与外部电缆芯线的导线在接线板上的连接片上连接。连接是可拆卸的,而且可以多次拆卸。设备拆下船修理,需要拆开接线连接,船厂调试和交付使用后的检修都可能拆卸接线。端头制作就是要保证连接牢固,可以多次拆卸而不会损坏。

芯线端头是绞合多股导线,用螺丝压紧会散开,特别是大截面导线。因此都是在端头上压接铜接头,铜接头有孔状和销(针)状。孔状铜接头端头制作如图 1-3-6 所示。

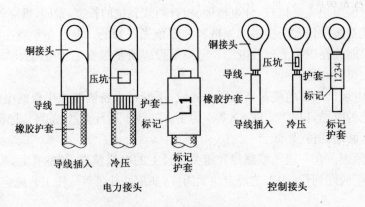

图 1-3-6　端头制作图

芯线端铜接头用螺钉紧固在接线板上。常用的接线板如图 1-3-7 所示。

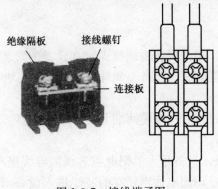

图 1-3-7　接线端子图

6. 码头试验

码头试验的目的是向检验部门和船东(或军方)提交符合试验大纲和船舶或舰艇建造规范要求的各个电气系统。

试验大纲规定了各个电气系统运行应满足的各项性能指标,以及为验证这些性能指标应进行的试验项目。主要系统有:电力系统、照明系统、电力拖动系统和通信系统等。

系统设备接线结束要进行接线检查,确认接线无误才能通电,以避免事故发生。在项目提交验收之前要进行调整、试验(也称为调试),使各项性能指标满足要求。

7. 试航

这个阶段电工的主要任务是保证可靠地供电和各设备正常运行。配合船体和轮机的各项航行试验。

8. 返修交货

试航结束要根据检验部门提出的缺陷项目单进行缺陷修补工作。

修补检验结束,在检验人员和船东代表在场的情况下向船员移交各系统设备。

二、船舶电气安装相关的图纸资料

1. 与船体相关的图纸

与船体相关的图纸主要有:

（1）船舶总布置图。这是一种反映全船总体布置情况的图纸,简称总布置图。它表示船舶外形、上层建筑形式、全船舱室划分以及机械和设备布置的图纸。

电装生产设计需要从总布置图中:规划全船主干电缆的走向,得出较佳的电缆路线;确定主干电缆敷设程序,为编排主干电缆表册作参考;确定电缆筒的堆放点。

（2）船体分段结构图。这是一种表示船体分段中构件的布置、形状、尺寸、数量、连接形式和工艺要求的施工图纸。

2. 与甲装相关的图纸

与甲装相关的图纸,如系泊设备布置图、救生设备布置图等。

3. 与房装相关的图纸

与房装相关的图纸,如全船绝缘敷设图、防火区域划分图、房舱布置图、空调布置图等。

4. 与机装相关的图纸

与机装相关的图纸,如机舱布置图,机舱起吊设备布置图,机舱箱柜布置图,管路安装布置图,机舱花钢板、格栅、扶梯布置图等。

5. 电装施工的图纸

电装施工的图纸主要有以下几个大类: 系统图;电气设备布置图;电装生产图;电缆表册;原理图;接线图。

1）系统图

每一艘船舶都有成百上千台电气设备,这些设备按其功能可规类成五个系统,见表1-3-1。

表 1-3-1　船舶电气设备分类

系 统 代 号	系 统 图
1	电力系统
2	照明系统
3	内部通信系统
4	自动化和监控系统
5	航海和无线电系统

系统图详细地描述了整条船舶上电气设备的特征、使用的电缆、安装的大概位置以及设备、电缆相关的代号等。

设计者向施工和使用人员表达系统结构的图纸有两种方法,一种是用一张或几张大图纸把该系统的所有设备和电缆的连接关系表达出来。另一种是把该系统按设备分成各个独力的子系统,用数张小图纸(一般是 A4)分别表达,汇集装订成册。过去采用大图,现在都用小图。小图便于修改更换,便于携带、查阅,设计上便于标准化。

电工安装的对象是电气设备和电缆。每一安装区域、舱室可能安装不同系统的设备和电缆,绘制图纸采用设备代号和电缆代号来区别。代号表达设备或电缆所属的系统和编号。大图纸一般采用字母表示系统,数字表示编号;小图一般都用数字表示。

电缆敷设需要编制电缆表册。所有电缆都要有编制可以区分的代号。每根电缆代号都必需能还原到所在的系统图,即在哪本系统图、哪一页、什么编号。为此电缆代号用五位数来表示:

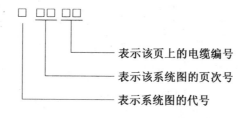

现用图 1-3-8 的图例来说明电缆代号的编制。图例是电力系统图的第 8 页,该页是 3 号组合启动器的系统图。图中组合启动器的输出只用两路来说明,其他输出省略。输入电源来自主配电板,电缆型号为 TRYC,电缆芯线的截面积为 10mm^2,电缆在这页上的编号为 01。编制的电缆代号为 10801,还原到所在的系统图,这根电缆是"1"电力系统图;"08"第 8 页上;编号 01 的电缆。同样,输出负载编号为 02 的电缆,电缆型号为 TRYC,电缆芯线的截面积为 6mm^2,电缆代号为 10802。

如果看到电缆代号为 43301,则这根电缆是在第 4 本自动化和监控系统图第 33 页上编号为 01。

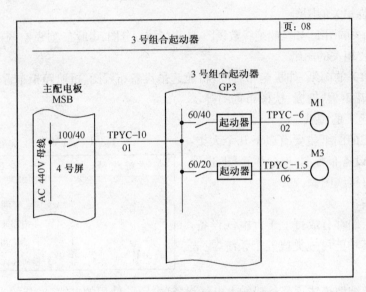

图 1-3-8　电缆代号的编制图例

2)电气设备布置图

根据上述五个系统图绘制出电气设备布置图。电气设备布置图是将全船所有的电气设备按甲板或区域布置在图纸上,并且标上系统图中所使用的设备代号。例如:图 1-3-8 的 3 号组合启动器的代号为 GP3,图 1-3-9 电气设备布置图的 GP3 旁标 108,还原到系统图是"1"电力系统图;"08"第 8 页上。同样 GP4 旁标 111,是在电力系统图的第 11 页上。

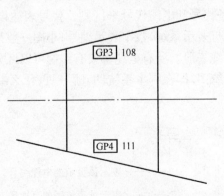

图 1-3-9　设备布置图例

3)电装生产图

施工设计根据系统图和布置图编排出电缆的路径,在图纸上进行电缆的模拟敷设。电缆穿过隔舱壁和甲板电缆贯穿件的开孔图,电缆支承件的安装等放样图,并且编出全船电缆敷设表册。

电装生产图是以船舶区域的划分来进行的。区域划分为分段预舾装工艺的实施和组织生产提供依据。区域划分图是按照分段划分和分段吊装程序等图纸和资料编制的。

某型散货船区域的划分如图 1-3-10 所示,如雷达桅为 97 区,机舱三甲板为 16 区等。每一个区域中的电装图包括电缆开孔图、照明灯架、电缆导架安装图和设备安装构架图,以及制造电缆导架和设备安装构架的表册等。

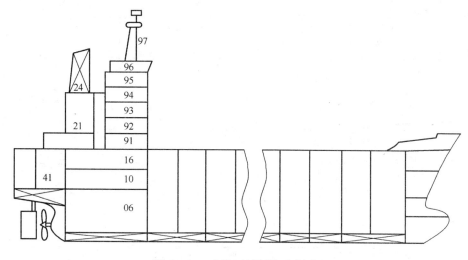

图 1-3-10　安装区域划分示意图

电气安装件制造表册根据各船厂制定的规格标准。例如:电缆敷设组合导架规格、电缆敷设板条规格、电缆贯穿件规格、电气设备安装构架规格等。

图 1-3-11 摘录某船的某部分电装图纸。图上标明了电缆组合导架、照明灯具安装件等的规格和安装位置。

4)电缆表册

电缆表册是用来描述船舶各个电气系统中每根电缆本身的特征和两端所连接的设备以及该设备所在的位置。电缆在电缆表册中按敷设的次序排列,表示出电缆敷设的穿入口位置和电缆的长度。

典型的电缆表册栏目如表 1-3-2 所列。

序号用来表示电缆在该表册中的排列次序,也反映出电缆的数量。

电缆代号直接使用系统图中的代号。

电缆型号和规格是系统设计选定,并表示在系统图上。

电缆长度有在图纸上测量得到的理论长度和实船测量得到的实际长度。采用分段预舾装工艺,实船测量有一定的困难。一般都是使用在图纸上测得的理论长度。

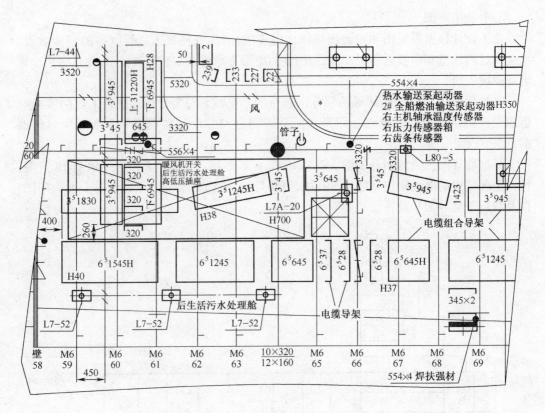

图 1-3-11　电气舾装件安装(示意)图

表 1-3-2　典型的电缆表册

序号	电缆代号	电缆型号	长度		停止点			电缆由何处来		电缆向何处去		路径
			理论	实际	进入点	去向	长度	舱室肋骨	设备名称	舱室肋骨	设备名称	

　　停止点大多是用在主干电缆敷设上。主干电缆一般较长,沿途有很多转折处,如果从起点设备处穿入,需要化很多时间。为了提高敷设速度,一般都采用两头敷设的方法,即选择一个较居中的穿入点,向一端设备位置敷设,到位后,把剩下的电缆从筒上倒出来,再向另一端设备位置敷设。表册上要标上停止点的位置和穿入一端后应剩下的长度。停止点的位置一般是设在电缆节点上。停止点长度在电缆长度测量时确定。

　　5)原理图

　　电气原理图是描述电气设备中的各元、器件为实现既定的功能而连接成的电路的工作原理。元器件用国家标准制定的图形符号表示。

　　图 1-3-12 表示一台日用水泵电动机起动器的原理图。输入电源通过断路器 Q、接触器 K11 和热继电器 F1 控制、保护电动机 M 的运行。面板上设有手动、自动选择开关 S3、

启动按钮 S1、停止按钮 S2、电源指示灯 H11、运行指示灯 H12,选择开关 S3 置自动位由设在压力水柜的压力开关 B 自动控制运行;置手动位由面板按钮或外接的遥控按钮操作。

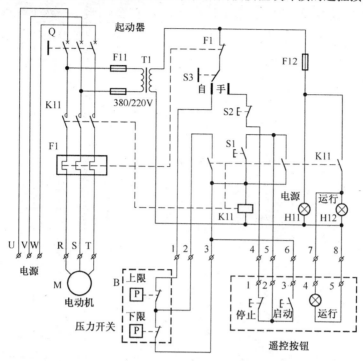

图 1-3-12   日用水泵电动机起动器原理图

电器设备制造,根据设计的原理图、选用的元器件,经过工艺性的布置,用导线连接成电路。

电气原理图是制造、调试、检修和使用必需参考的图纸。

6)接线图

接线图是按照设备原理图而设绘的。电缆到位以后,电工按照接线图可以迅速正确地将电缆芯线接到相应的设备接线端子上,不需要原理图。

电器设备的元器件通过接线排也称端子板与进线电缆的芯线连接。原理图用接线端子符号和编号表示对外连接。较简单的设备一般把接线图表示在原理图上,如图 1-3-12所示。较复杂的设备,有专门的接线图。表 1-3-3 的接线图例是某船焚烧炉电控箱的接线图,该图以表格形式表示焚烧炉电控箱的接线排与外部电缆芯线的连接。

表 1-3-3   接线图例

焚烧炉电气控制箱接线图								
设备代号	端子排号	端子编号	芯线号	电缆型号/电缆代号	芯线号	端子编号	端子排号	设备代号
焚烧炉电气控制箱	b0	2	R	TPYRY-2.5 15101	R			MSB 主配电板
		4	W		W			
		6	B		B			
	L1	101	R	TPYRY-1.5 15102	R	U		电动机 1
		102	W		W	V		
		103	B		B	W		

37

（续）

焚烧炉电气控制箱接线图								
设备代号	端子排号	端子编号	芯线号	电缆型号/电缆代号	芯线号	端子编号	端子排号	设备代号
焚烧炉电气控制箱	L1	40	R	TPYRY-1.5 15103	R	Y		电动机2
		41	W		W	G		
		42	B		B	Y2		
		1	W	DPYRY-1.5 15104	W			ECC
		2	B		B			
		63	W	DPYRY-1.5 15105	W			
		64	B		B			
		60	W	TPYRY-20 42811	W	14		SUB3
		61	B		B	15		
		107	R	TPYRY-1.5 15107	R	14		JB15
		108	WY		W	15		
		109	B		B	16		
		29	1	MPYRY-1.5 15106	1	1		
		30	2		2	5		
		31	3		3	6		
		32	4		4	7		
GP-3	TB1	4	W	DPYRY-1.5 15108	W	27		
		5	B		B	28		
SUB3			W	TPYRY-20 42812	W	25		
			B		B	26		

三、常用的工具和仪表

1. 常用工具

电工常用的工具主要是钳子、螺丝刀、电工刀和扳手。如图1-3-13所示。规格采用米制，目前仍有采用英制的"寸"表示。

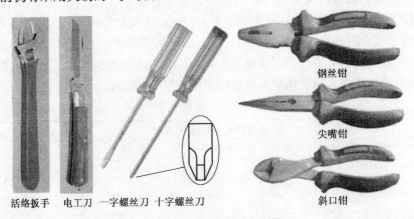

活络扳手　电工刀　一字螺丝刀　十字螺丝刀　　　钢丝钳　尖嘴钳　斜口钳

图1-3-13　电工常用工具图

（1）钳子类。

①钢丝钳，用来夹持零件（如螺帽）或薄板、切断金属丝。

②尖嘴钳,能在狭小空间夹持小零件、刀口也可以切断细金属丝。

③斜口钳,用来切断切断金属丝。

手柄有绝缘护套。

(2)螺丝刀类。一字螺丝刀,用来紧固和拆卸一字螺丝钉。电工用的手柄采用绝缘性能好的塑料、尼龙或胶木。规格用杆的长度表示,如100mm(4英寸)、150mm(6英寸),杆直径有3mm、5mm、6mm、7mm等。刀口的厚薄一般随杆直径,使用再根据螺钉的一字槽宽定。

十字螺丝刀,用来紧固和拆卸十字螺丝钉。目前广泛采用十字螺丝钉。

(3)活络扳手。扳手的开口可以调节。可以扳动一定范围内的六角螺栓和螺母。规格以长度表示,从100mm(4英寸)～600mm(24英寸),最大开口随长度而定,如100mm为14mm、600mm为65mm。电工使用手柄带绝缘护套的扳手。

(4)电工刀。用来割划电缆和芯线的绝缘护套层。

(5)套筒扳手。用来紧固和拆卸六角螺栓和螺母。如图1-3-14所示。套筒扳手以多件套的形式供选用。各种规格的套筒配以一种或几种手柄。从6件套至20多件套。

图1-3-14　套筒扳手图

每个套筒只能套一种规格的螺栓和螺母,配合紧密,扳动一般不会损伤六角。大多数情况下都应使用套筒扳手,活络扳手一般只作临时使用。

设备安装件多用6mm和8mm六角螺栓,电工一般配备固定手柄的套筒旋具。

2. 专用工具

电工专用工具主要是处理电缆和芯线的工具。如图1-3-15所示。

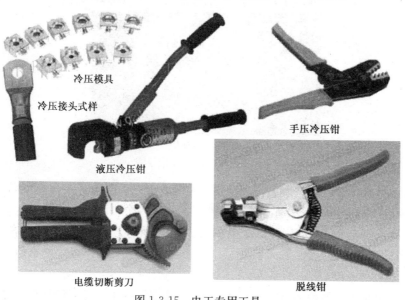

冷压模具

冷压接头式样

液压冷压钳

手压冷压钳

电缆切断剪刀

脱线钳

图1-3-15　电工专用工具

（1）电缆切断剪刀。是一种便携式的电缆剪刀。利用齿轮蓄力切断大直径电缆。

（2）脱线钳。用于小截面 $1mm^2 \sim 4mm^2$ 芯线做端头或铜接头时脱芯线护套。有三四个不同截面的槽口，芯线端头放入同截面的槽口，手握压手柄，刀口切入绝缘层，移开时护套被剥去，不伤及导线。

（3）手压冷压钳。用于压小截面导线铜接头。导线与接线端子连接有孔状和销状。芯线插入孔状铜接头的压接管套，采用冷压管套使接头与芯线紧密结合。$6mm^2$ 以下的导线，采用手压冷压钳。钳口有数个不同截面的压坑，铜接头放入压坑，手握压手柄，压模直接受力压入管套。

（4）液压冷压钳。用于压大截面导线铜接头。手握压力通过液压泵推动压模。压模有六角形和压坑形，配有不同截面的压模。

3. 仪表

仪表用于码头和试航，设备调试、故障寻迹，需要测量电路的电压、电流，线路的通断，线路和设备的绝缘电阻等。对设备仪表（如主配电板）有怀疑，则用精度较高的仪表连接校对，可能测量频率、功率或功率因数。

测量电压，表与线路并联；测量电流，表与线路串联；测量电阻线路不能带电。

常用的有万用表、钳形电流表和兆欧表。外形如图 1-3-16 所示。

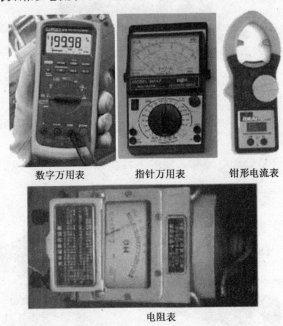

数字万用表　　　　指针万用表　　　　钳形电流表

电阻表

图 1-3-16　电工常用仪表

（1）万用表。是多用途、多量程的便携式电表。通过面板上开关选择可以测量：电阻，交流、直流电压和电流。表面有指针式和数字式。同一个表面显示不同的电量和量程，保证每一个测量都达到较高的精度是很困难的，因此精度等级较低，一般在 3 级（误差 $\pm 3\%$）左右。测量直流电压、电流精度为 2.5 级；测量交流则为 4 级。测量值只作参考，不能用于校验。

电工经常使用电阻挡测量线路的通断、电压挡测量电压。电流量程小，一般直流测量毫安级电流,很少使用。

由于数字万用表读数确切,电工较偏爱。但测量动态电压反而不直观。就像数字手表刚出被偏爱一样,很快因不直观而被放弃,仍采用指针手表。有时因测量读数确切被误认为是精度高,验收人员对设备仪表反而产生怀疑,引起不必要的争执。

(2)钳形电流表。钳形电流表测量电流,只需夹持在导线上,就可以测量流过导线的电流,无需拆开线路。

一般电流表测量前先拆开线路,串联接入表,然后通电。电力电路的电流大,不能用万用表的电流挡测量。一般大于 5A 的都采用钳形电流表。小于 5A 的可以绕 2 圈或 3 圈的方法测量。测量精度一般为 2.5 级。只作参考,不能用于校验。

(3)兆欧表,也称高阻表或绝缘表。用来测量设备或线路对地的绝缘电阻,或线路之间的绝缘电阻。

绝缘电阻值很高,以百万欧计量,故称兆欧表。测量是在两测量端,如设备导体与地之间,施加电压、测量出流过的电流,间接反映绝缘电阻。

绝缘电阻与所施加的电压有关。兆欧表有一个产生高电压的电源。传统的是采用手摇直流发电机,称为"摇表"。测量时用手摇。现在也有用干电池作电源,通过变换器产生高压。图 1-3-16 所示是摇表。电压有 100V、500V、1000V 和 2500V。电压低于 100V 的,如 24V 用 100V;380V 或 440V 用 500V;高于 1000V 的用 1000V 或 2500V。

复 习 题

1. 什么是造船模式?
2. 试述传统造船模式的特点。
3. 试述现代造船模式的特点。
4. 船舶电工安装主要有哪些工艺阶段?

第二章　船舶电气安装工艺

第一节　电气安装施工工艺的制定依据

任何一个造船厂都具有一套完整的、所承接船舶类型的船舶建造施工工艺文件。

船舶建造包括船体制造、舾装和涂装三大安装工程。每一安装工程所属的各相关的专业工种都有一套具体的施工工艺文件。

船舶电气安装工程是舾装工程的一部分。各造船厂根据当时可选用的材料、可采用的工艺技术，以相关船级社的建造规范为依据，制定出适用于本造船厂的船舶电气安装施工工艺（以下简称船电工艺）。

随着工业技术的发展，电气安装工艺总是随着新材料、新工艺的推广和外来工艺的借鉴不断改进的。各家船厂的工艺通过不断交流，逐步趋于大同小异的状态。对于不同类型船舶的特殊要求，应对该船制定补充施工工艺。

一、船舶建造规范

1. 船级社

船级社是从事船舶与海上设施入级服务的独立、公正的组织。

船级社根据"船体及附属物主要部件的结构强度和完整性，推进系统和操舵系统、发电系统，以及船上装配的其他特征或辅助系统的可靠性和功能，能维持船上的基本服务。"制定入级及建造规范。

申请入某船级社的船舶，通过该船级社对该船舶设计图纸的审图，确认其符合该船级社规范的要求；通过建造后检验，确认其符合该船级社规范的要求，签署或签发入级证书。

入级船舶是指（某指定）船级社根据其规范签发入级证书的船舶。

船级社检验的依据是该船级社制定的船舶建造规范。当船东指定了具体的船级社，该船必须按照该船级社的建造规范进行设计、建造。

通常能建造船舶的国家都有船级社。船级社是一个民间组织，它虽然是一个民间组织，但是它却行使着签署船舶航行证书的职责。例如：中国船级社，是由中国有关法律授权的、经法律登记的入级服务、签证检验、公证检验和经中国政府、外国（地区）政府主管机关授权，执行法定服务等具体业务。

船东为了保证所购买船舶的建造质量，符合所航行区域的要求，在购买合同和技术规格书中指定某船级社。船舶设计的图纸必须送该船级社审图；船舶建造船东除了派出自己的监造人员之外，必须由该船级社的验船师验船。

船级社通常都有自己的实验室,对船舶营运的各种影响安全的事故进行试验、考核,支持所制定的建造规范。目前入级较多的船级社如下:

(1)中国船级社(CCS);

(2)美国船级社(ABS);

(3)英国劳氏船级社(RL);

(4)德国劳氏船级社(GL);

(5)挪威船级社(DNV);

(6)法国船级社(BV);

(7)日本海事协会(NK)等。

内河船舶要在不同的水域航行、泊港;海船要在不同的海域、港口也可能在其他国家的海域、运河、港口航行、停泊。因此,建造规范要求不同,例如:我国船级社有钢质海船入级及建造规范,钢质内河船入级及建造规范等。

为建造出口船而制定或补充施工工艺,除了按指定船级社的要求外,还要遵循某些国际组织的法规,例如:

(1)国际海上人命安全公约(SOLAS);

(2)国际海事组织(IMO);

(3)国际电工委员会(IEC)等。

这些规范和法规对保证船舶安全提出了船舶设计和建造必需满足最低的原则要求。在这些原则的指导下,各造船厂电气技术部门制定出符合本厂实际情况、切实可行的电气安装施工工艺。各船厂制定的电气安装工艺,体现了船厂自己的电气安装工艺风格。当某些工艺与对应的船级社规范要求有差异时,则按船级社的规定施工。

对非航行的作业船舶,如海上钻井平台、储油船等,也有相应的规范。

例如:

(1)中国船级社的"海上移动式钻井船入级与建造规范";

(2)美国船级社的"移动式海上钻井装置的建造和入级规范";

(3)挪威船级社的"近海结构物的设计、建造和检验规范"等。

2. 军用标准

舰(艇)船和某些军用辅助船,我国军用标准制定有"舰船通用规范"。对设备的安装和电缆敷设有原则要求和具体的规定。建造舰船的造船厂依据军用规范制定专用的电气安装施工工艺。

二、船舶建造规格书

在船舶建造之前,工厂编制的船舶建造规格书经和船东逐页讨论且双方签署认可后,确定了该船舶的船体、外舾、内舾、机装、甲装、电装等各系统、各设备的性能和规格,以及建造的工艺依据,其中也给出了电气安装施工中的一些原则性的技术要求。

工艺技术设计部门将这些针对该船的原则性的工艺要求编制成补充工艺文件,作为施工部门施工的工艺依据。

第二节　船舶电气施工的生产设计和施工图纸

船舶电气安装按照被船东和船级社认可过的施工设计图纸施工。

电气安装的对象是电气设备和电缆。船舶设计部门提供的图纸,过去称为"技术设计"现在称为"详细设计",船厂需要经过"施工设计"才能用于施工。

现代的船舶建造方法基本上都是在船体分段制造完成后,就进行各种设备和构件(舾装件)的安装。这种建造方法施工设计不但要解决设备安装在什么位置、电缆敷设在什么路径上,还要解决后勤支援和计划安排等问题。现在把设计、工艺和管理三者融为一体的施工设计称为生产设计。

现代的船舶建造,将造船施工设计纳入"造船生产设计",电气安装施工设计纳入"电气安装生产设计"简称电装生产设计。

一、造船生产设计

船舶生产设计分为船体、舾装和涂装三部分。舾装生产设计按专业分为机装、甲装、居装、电装和涂装等。区域划分是以机装、甲装和居装为基础的。如图 2-2-1 所示。电装和涂装的工作范围是全船性的。

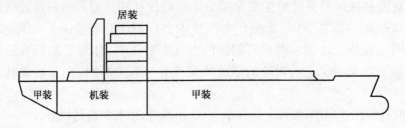

图 2-2-1　舾装生产的区域划分

在分段上进行预舾装,必须要有准确详细的安装图纸,否则将造成各工种的舾装件或设备相互挤碰而无法安装。整个设计过程就是在图纸上模拟造船的过程。

二、电装生产设计

电装生产设计是舾装生产设计的一部分。

各舾装专业的人员组成专门的舾装生产设计部门,汇集各专业的详细设计图纸、资料,协调各专业舾装件的布置位置,确定舾装件的型号、规格。通过电装生产设计把详细设计的图纸、资料转换成具有"可施工性"的图纸、资料,即"电装生产设计图纸"。电工可以真正做到"按图施工"。

电装生产设计是在电气详细设计的基础上,按电装工艺阶段、施工区域和单元进行。是把工艺、计划、质量、管理数据全面反映到电气安装的图纸和图表中,作为电气施工安装的依据,使电装工人能按图施工,管理人员能按照它编制生产作业计划。电装在生产设计过程中与机装、甲装、居装等进行充分协调、合理安排,确保电装的舾装件(电缆的贯穿件、电缆导架的支撑件、设备的支架等)和其他专业的舾装件和设备不发生相碰的现象。为单元、分段、区域以及总组的电气预舾装创造了条件。现代造船的生产设计解决了船体分段的"预舾装",缩短了造船周期。

图 2-2-2 是某船厂采用的电装生产设计的流程图。设计内容主要是电缆敷设和设备安装。设计的依据是详细设计的图纸、资料:电气系统图、电气设备布置图、电气设备资料以及相关的图纸资料。

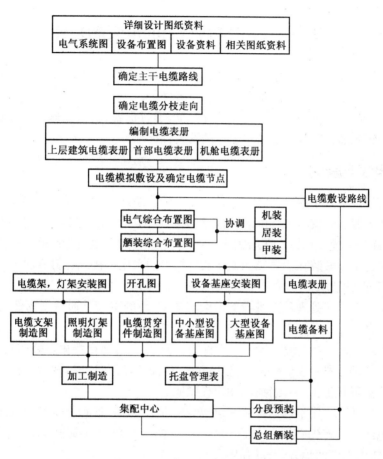

图 2-2-2 电装生产设计流程图

(1)根据船体的结构确定全船主干电缆的线路及其走向。在电缆敷设的路径上一般将电缆分成主干电缆和局部电缆两大类,主干电缆是指通过多个区域而到达设备的电缆;局部电缆是指只通过本区域或相邻区域到达设备的电缆。在主干电缆路线确定后,再确定到所有设备的分支电缆的线路。

(2)编制电缆表册。电装根据本工种的特点,一般将船舶划分成上层建筑首部区域和机舱区域三个总组,按照电气系统图,将所有的电缆按实际敷设的程序编入相应的电缆表册中。

(3)决定全部电缆路径上的电缆支承件和通过甲板或舱壁的电缆贯穿件的结构形式和尺寸大小,并且划入到电气综合布置图上,这实际是一个在图纸上进行电缆模拟敷设的过程。然后将这些电缆支承件和贯穿件编入制造表册以及分段托盘管理表册。

(4)根据所有电气设备的外形和安装尺寸确定其基座或支架的形式和安装尺寸。在和各专业、各工种充分、反复协调后绘制出舾装综合布置图,然后将这些基座或支架编入制造图册。

电气综合布置图是电缆和设备安装的前期工作图,在这份图纸上各专业把各自的舾装件进行模拟安装,将船舶的每一个空间用图纸的形式反映出来,所以舾装综合布置图是各专业生产设计的母图,最后各专业在自己的图纸上按坐标绘制出安装图。

第三节　电缆路径上的电装舾装件

用于电缆路径上的各类电缆支承件和穿过甲板、舱壁、横梁的电缆贯穿件以及所有灯具、设备的支架、基座或安装脚都称为电装舾装件。

各造船厂都有自己制定的电气安装件标准,通过借鉴、交流和施工中验证,会逐步趋同。下面介绍的形式和规格是某造船厂的安装件标准。

一、电缆支承件

船舶航行经常处于摇摆、倾斜、震动和冲击的状态,电缆一般敷设在顶和壁上,必须加以紧固。用于紧固和支承电缆的舾装件,过去是以紧固为主,称为电缆紧固件,现在是以支承为主,称为电缆支承件。在船舶建造规范中也使用"支承件"名称。一般都是焊装在船体钢质结构上。安装在铝质结构或木质结构上则采用铆接或螺钉紧固。

1. 电缆的固定方式

敷设工艺着重于处理顶上敷设的成束电缆,电缆的重量是通过紧固件支承还是由安装件即支承件直接支承。电缆固定的几种方式如图 2-3-1 所示。

图 2-3-1(a)是早期电缆束置于安装件的外面,紧固件将电缆束吊装在安装件上,紧固件要支承电缆的重量。紧固件采用宽 15mm 左右的镀锌薄铁皮,称为"骑马"或"马襻",骑马按电缆束形状加工,两侧钻孔,用螺栓紧固。

图中 2-3-1(b)采用不锈钢绑带或包塑金属绑带(也称扎带)捆绑吊装紧固。敷设时紧固件上的电缆重量首先必须由人工支承,整理、紧固时,整段电缆散落在地下,需要用绳索临时吊装,粗电缆多的地方,劳动强度大。

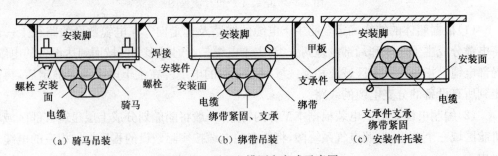

(a) 骑马吊装　　　　　(b) 绑带吊装　　　　　(c) 安装件托装

图 2-3-1　顶上电缆固定方式示意图

图 2-3-1(c)是现在一般采用的固定方式,把电缆束置于安装件的内侧,紧固件(绑带)将电缆紧固在安装件上,电缆重量由安装件支承。施工拉敷,电缆束依托在安装件上,整理、紧固较方便。

隔舱壁上的横向敷设,电缆少的放在紧固件外面敷设,如图 2-3-2(a)所示;电缆多的,也可以放在内侧,如图 2-3-2(b)所示。空间允许,也采用托架的方式,如图 2-3-2(c)所示。舱壁上的垂直敷设,放在紧固件外面操作较方便。

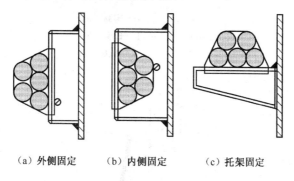

（a）外侧固定　　（b）内侧固定　　（c）托架固定

图 2-3-2　壁上电缆固定方式示意图

上述电缆束与固定件是垂直的。在安装件上需有供紧固件(绑带)穿过的孔。

单根或少量几根小直径电缆,采用与电缆平行捆扎的板条支承件。板条上无需开孔,在任何位置都可以绑扎电缆。如图 2-3-3 所示。图 2-3-3(a)为单根电缆用尼龙绑带捆扎在板条或圆棒上。图 2-3-3(b)示意三根电缆绑扎在板条上。

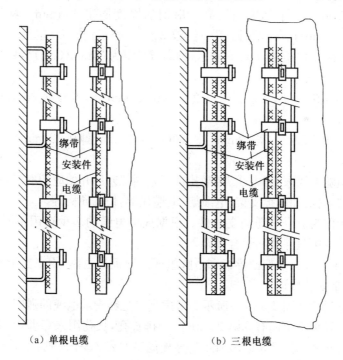

（a）单根电缆　　　　　　　　（b）三根电缆

图 2-3-3　少量小直径电缆固定方式示意图

2.电缆支承件的形式和规格

各船厂制定的标准不尽相同,名称也稍有不同。下面例举的是某船厂所制定标准。

1)电缆弯件

电缆弯件是板条形的支承件,也称桥形板(俗称马脚)用来绑扎单根或少量几根小直径电缆。一般用于电缆支路上。

电缆弯件采用型材扁钢（4mm 样板铁）裁剪后弯制而成。如图 2-3-4 所示。

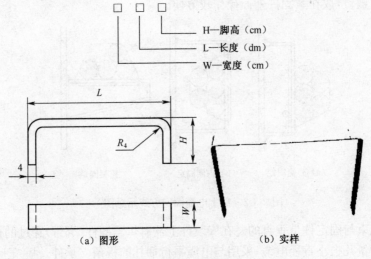

（a）图形　　　　　　　　　　　（b）实样

图 2-3-4　电缆弯件

电缆弯件的型号和含义如下：

三位数字表示规格中的宽、长、高。扁钢的厚度固定为 4mm。宽（W）采用型材 30mm（3cm）和 50mm（5cm）两种，用一位数 3 或 5 表示；长（L）定为 300mm（3dm）和 500mm（5dm）两种，用一位数 3 或 5 表示；脚高（H）定为 30mm（3cm）至 200mm（20cm）六种，用一位或两位数表示。

例如：图面上标以 <u>339</u>，表示：3—宽度为 3cm（30mm）、3—长度为 3dm（300mm）、9—脚高 9cm（90mm）。

图面上标以 <u>5512</u>，表示：宽 50mm、长 500（或 550）mm、脚高 120mm。

2）电缆导架

电缆导架是随电缆采用"电缆绑带（扎带）"紧固工艺后开始应用的。各船厂按原来的习惯采用类似的名称，如电缆支架、电缆架、电缆托架、长孔导板等。

电缆导架用作为成束电缆的支承件。根据成束电缆的多少选用不同规格的电缆导架。电缆导架分成单只导架和组合导架。

（1）单只导架。单只导架由导板和吊脚组成。导板是主体，用来支承和紧固电缆，吊脚是辅助件，用来安装导板。

导板的外形尺寸如图 2-3-5（a）所示。考虑到有足够支承电缆的强度，采用 2.5mm 薄钢板折边制成。导板支承面有间隔 25mm 的一排长孔，长孔用来穿绑带，两端折弯钻孔，安装吊脚。导板实样如图 2-3-5（b）所示。导板规格如表 2-3-1 所列。

表 2-3-1　导板规格

序号	1	2	3	4	5	6	7	8	9
W/mm	100	150	200	250	300	350	400	500	600
G/mm	10						15		
长孔数量	4	6	8	10	12	14	16	20	24

48

折边长度 G：宽度 W 小于 400mm 的 $G=10$mm；大于等于的则为 15mm。

导板左右两只吊脚如图 2-3-5(c)所示，图中只表示一侧吊脚。吊脚的长度即导板安装的高度。单层有一个安装孔、双层有两个安装孔。根据电缆束的大小和重量，吊脚由 $32\times20\times4$ 不等边角钢或 $40\times40\times4$ 等边角钢制成。

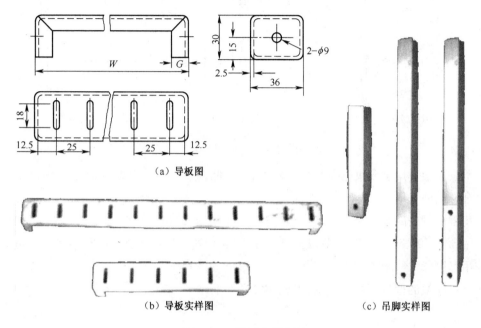

（a）导板图

（b）导板实样图

（c）吊脚实样图

图 2-3-5　导板和吊脚图

导板和左右两只吊脚用螺栓和螺母紧固组成单只导架。外形如图 2-3-6(a)所示。采用这种可拆卸的结构，根据不同导板宽度(W)和吊脚高度(H)的要求可任意组合。导板的电缆支承面可以选择安装，图 2-3-6(b)为吊装式，吊脚焊装在顶上的甲板或肋骨上，支承面（导板正面）在内侧。图 2-3-6(c)为壁装式，吊脚焊装在舱壁上，支承面在外侧。

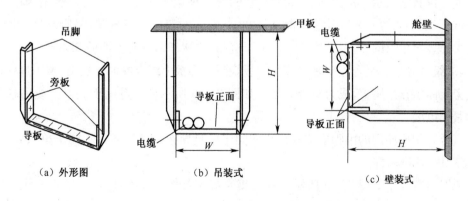

（a）外形图

（b）吊装式

（c）壁装式

图 2-3-6　单层单只导架

双层单只导架如图 2-3-7 所示。吊脚上有两个安装孔，上下各安装一块导板。两层

之间的距离为 h，根据需要确定。按需要也可以制成三层或四层导架。

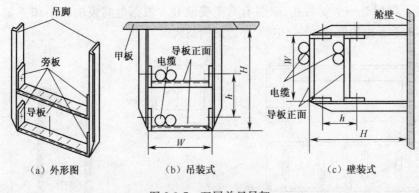

图 2-3-7　双层单只导架

单只导架适用于成束电缆路线上转弯处、高低调整处以及电缆束经过的场合不能采用组合导架处。

角钢吊脚的高度 H 制成从 100mm～900mm 之间的整数标准尺寸。高度 300mm 以下采用 $32×20×4$ 不等边角钢；以上则采用 $40×40×4$ 等边角钢。高度 H 在 100mm 以下采用扁钢（$30×4$ 样板铁）。

单只导架的型号有两种表示，组成和含义如下：

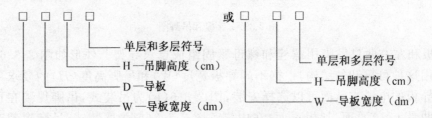

在电缆架和照明灯架安装图上，所有的单只导架均以"▭"符号加上三四位数字和字母或三位数字表示。例如：▭ 5D35，它的含义是宽 500mm 的单只导架，吊脚高度为 350mm。又如：▭ 4D55W，它的含义是宽 400mm 的双层单只导架，吊脚高度 550mm。也有去掉表示单只的 D，用三位数字表示。例如：▭ 535，就是上面的 5D35。

(2)组合导架。组合导架是将多块导板烧焊在旁板上组合成的导板架，再用螺栓螺母连接旁板固定在吊脚上，成为组合导架。如图 2-3-8 所示。大量用于成束电缆路径上支承和紧固电缆。

组合导架所使用的吊脚形式和规格相同于单只导架。导板形式不同于单只导架，但其宽度"W"标准一样。

单层组合导架如图 2-3-9 所示。双层组合导架如图 2-3-10 所示。导板间距一般为 300mm，长度 L 为间距的倍数。

在电缆架和照明灯架安装图上，所有的组合导架均以符号"▭▭"加若干位数字来表示。组合导架的型号组成和含义如下：

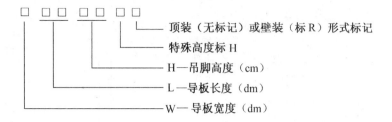

顶装（无标记）或壁装（标 R）形式标记
特殊高度标 H
H—吊脚高度（cm）
L—导板长度（dm）
W—导板宽度（dm）

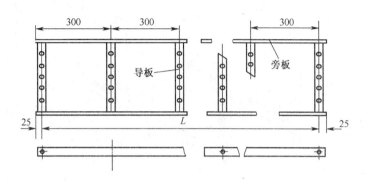

（a）外形和尺寸

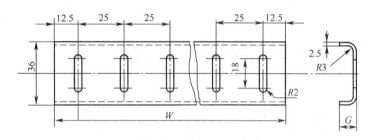

（b）使用的导板

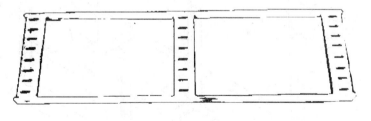

（c）实样

图 2-3-8　组合导架

　　例如：组合导架符号旁表以数字 5935，该组合导架的宽度为 500mm，长度为 900mm，吊脚高度为 350mm。

　　导板宽度 W 用一位数字，单位为分米（dm）。只能表示（mm）百位整数，100、300、500 等。宽度为 150、250、550 则加上标表示，如 1^5、2^5、5^5 等。

　　例如：组合导架符号旁表以数字 $1^5$910R，该组合导架的宽度为 150mm，长度为 900mm，

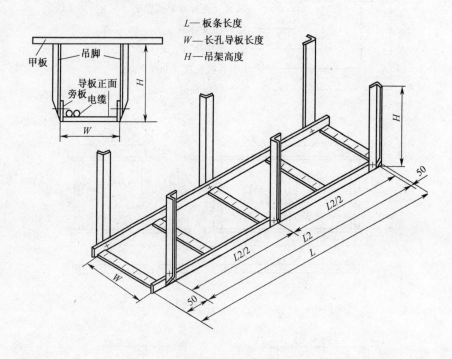

图 2-3-9 单层组合导架

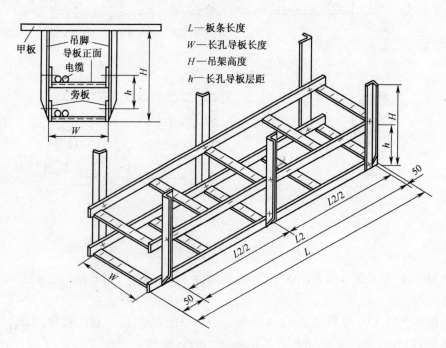

图 2-3-10 双层组合导架

吊脚高度为100mm,"R"表示这个组合导架是壁装式的,即烧焊在舱壁上。顶装形式的导架在数字后面不加任何标记。

这只是例举某船厂的标准。其他船厂可能有其他的表示方法。

二、电缆贯穿件

电缆穿过甲板、隔舱壁、横梁、纵桁,必须在这些船体结构上开孔。

贯穿电缆在船体结构上开孔,为达到原来船体结构的性能(强度、水密、防火),避免损伤电缆,开孔处焊装的舾装件称为电缆贯穿件或贯通件。

船体某些结构上为贯穿电缆开孔,可能影响原来的强度性能,开孔切口需要装焊足够强度的贯穿件,保持板、壁特别是梁的强度。电缆穿过和拉敷电缆需要装焊件口和内壁光滑的贯穿件,避免电缆表面受到伤害。

但是,不允许电缆穿越的区域,绝对不能为穿电缆开孔。

某些区域需要防火,不允许贯穿电缆处窜火。甲板以及主甲板以下的甲板和隔舱壁要求水密。成束电缆穿过后在空隙处充填水密材料或防火材料。

电缆穿越的区域和部位不同、穿过的电缆数量不同,采用的电缆贯穿件的形式和规格也不同。一般分为非密性的和密性的、单根的和成组(束)的电缆贯穿件。

非密性的贯穿件是用适当厚度的钢板制成的衬圈(也称电缆筒或电缆框)或相当于该衬圈的钢管。密性的贯穿件要有装填足够的水密或防火材料的空间,有一定的长度。

1. 电缆盒

用于成束电缆穿过隔舱壁、横梁、纵桁的电缆贯穿件称为电缆盒或电缆框。

电缆穿过舱壁为6mm以下的钢板,可采用6mm厚钢板制成的普通型电缆盒;电缆穿过舱壁大于6mm以上的钢板,则应采用9mm厚钢板制成的加强型电缆盒。普通电缆盒如图2-3-11所示。

电缆穿过具有水密或/和防火要求的舱壁,为了保证原来舱壁的结构特性,则应采用浇注型的电缆盒。浇注型电缆盒和普通电缆盒的区别在于电缆盒的长度"C"不一样,且有两个浇注孔,可在同一侧或两侧。图2-3-12所示两侧各有一个浇注孔。

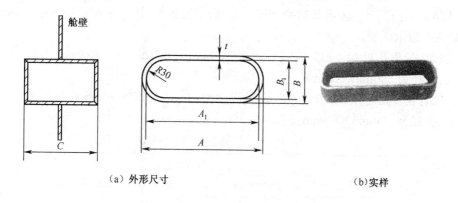

（a）外形尺寸 （b）实样

图2-3-11 普通电缆盒

浇注式和非浇注式(普通)电缆盒规格见表2-3-2。

表 2-3-2 浇注式和非浇注式电缆盒规格

序号	代号	规格尺寸/mm							材料
		t	C(浇注式)	C(非浇注式)	A_1	B_1	A	B	
1	EC-4	6	250	80	150	60	162	72	
2	EC-5	6	250	80	200	60	212	72	
3	EC-6	6	250	80	250	60	262	72	
4	EC-7	6	250	80	300	80	312	92	
5	EC-8	6	250	80	350	80	362	92	钢 235A
6	EC-9	6	250	80	400	100	412	112	
7	EC-10	6	250	80	450	100	462	112	
8	EC-11	6	250	80	500	100	512	112	
9	EC-12	6	250	80	550	100	562	112	
10	EC-13	6	250	80	600	100	612	112	

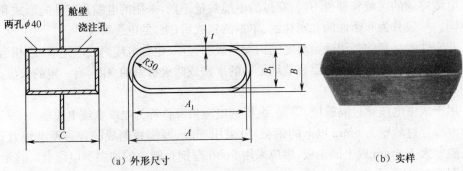

（a）外形尺寸　　　　　　　　　（b）实样

图 2-3-12　浇注型电缆盒

加强型电缆盒采用 9mm 的钢板制成；小孔径的则直接用无缝钢管截制。规格见表 2-3-3。

表 2-3-3 中的 SEC-1 到 SEC-4 是用管径为 ϕA 的无缝钢管截制而成。

图纸上用 EC-□表示普通型、SEC-□表示加强型；用于水密或防火舱壁的则在后面加"AF"以示区别。

例如：在开孔处标 SEC-8，表示非浇注型，长度为 80mm，外形尺寸为 368mm×98mm、孔径为 300mm×80mm。

又如：在开孔处标 SEC-8AF，表示浇注型，长度为 250mm，外形尺寸为 368mm×98mm、孔径为 300mm×80mm。

表 2-3-3　加强型电缆盒规格

序号	代号	规格尺寸/mm									材料
		ϕA	t	ϕB	C(浇注型)	C(非浇注型)	A_1	B_1	A	B	
1	SEC-1	42	4.5	33	250	80					
2	SEC-2	64	5.5	52.5	250	80					无缝钢管
3	SEC-3	89	8	73	250	80					
4	SEC-4		9		250	80					

（续）

序号	代号	规格尺寸/mm									材料
		ϕA	t	ϕB	C(浇注型)	C(非浇注型)	A_1	B_1	A	B	
5	SEC-5		9		250	80	150	60	168	78	
6	SEC-6		9		250	80	200	60	218	78	
7	SEC-7		9		250	80	250	60	318	78	
8	SEC-8		9		250	80	300	80	368	98	
9	SEC-9		9		250	80	350	80	418	98	钢 Q235A
10	SEC-10		9		250	80	400	100	468	118	
11	SEC-11		9		250	80	450	100	518	118	
12	SEC-12		9		250	80	500	100	568	118	
13	SEC-13		9		250	80	600	100	618	118	

2. 电缆筒

用于成束电缆穿过水密甲板或防火甲板的电缆贯穿件称为电缆筒。电缆筒外形如图 2-3-13 所示。电缆筒规格见表 2-3-4。

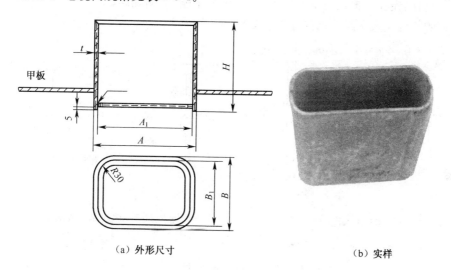

（a）外形尺寸　　　　　　　　　（b）实样

图 2-3-13　电缆筒

表 2-3-4　电缆筒规格

序号	代号	规格尺寸/mm						材料
		A_1	B_1	t	A	B	H	
1	DC-4	150	80		162	92	250	
2	DC-5	200	80		212	92	250	
3	DC-6	250	80		262	92	250	
4	DC-7	300	80	6	312	92	250	钢 Q235A
5	DC-8	350	80		362	92	250	
6	DC-9	400	100		412	112	250	
7	DC-10	500	100		512	112	250	
8	DC-11	600	100		612	112	250	

电缆开孔图上的甲板开孔处如有防水或防火的要求,则在开孔处以 DC—□。

例如:在开孔处标以 DC—5 的标记,这说明在该处需安装其外形尺寸为 212mm×92mm 的电缆筒。

如没有防水或防火的要求,则标以 EC—□,即安装普通型不浇注的电缆盒。

3. 填料函

单根电缆穿过水密舱壁或甲板、可充填密性填料的电缆贯穿件称为填料函或单填料函。

填料函由填料函座(函体)和(压紧)螺母组成。函座采用钢质材料,螺母采用铜质。密封材料主要采用橡皮垫圈。

充填方法如图 2-3-14 所示。电缆穿入填料函座之前,套入螺母、(金属)垫圈、两只橡皮垫圈,电缆穿入后逐一塞入橡皮垫圈等,拧紧螺母。选用的橡皮垫圈内径与电缆外径基本一致或略小,才能保证密封。电缆穿过螺母和座孔后,拧出螺母,在座内电缆周围充填填料,再拧紧螺母。一般要求拧紧后螺母还有两三牙螺纹,表示已有足够的填料。橡皮垫圈阻碍电缆在内拖拉,拖拉也会损坏橡皮垫圈。因此,单填料函只适宜安装在电缆的终端。

安装填料函先在甲板或舱壁上钻孔,套入填料函座,两侧烧焊。填料函的后端有绝缘层,后端管的长度应大于绝缘层的厚度。如图 2-3-15 所示。

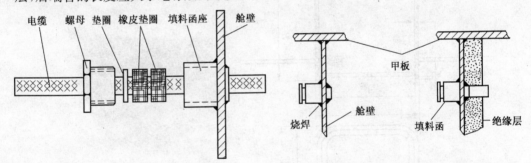

图 2-3-14 填料函穿入电缆和填料 　　　　图 2-3-15 填料函的安装方式

单填料函的规格如表 2-3-5 所列。

表 2-3-5 单填料函规格

序号	代号	规格尺寸/mm									材料
		d_1	D 螺纹	D_1	D_2	L_1	L_2	L_3	L_4		C	
1	SDT-1	8	2M16-1	20	13	20	16	13	8	16	70	0.5	
2	SDT-2	12	2M20-1	26	17	24	20	13	8	16	70	0.5	
3	SDT-3	16	2M27×1.5	32	24	28	23	17	8	16	70	0.5	
4	SDT-4	22	2M33×1.5	38	30	30	25	17	8	16	70	0.5	钢 Q235A
5	SDT-5	28	2M42×2	48	40	36	31	24	8	16	70	1	
6	SDT-6	34	2M48×2	54	46	36	31	24	8	16	70	1	
7	SDT-7	42	2M56×2	62	54	40	35	27	8	16	70	1.5	
8	SDT-8	55	2M68×2	74	66	43	38	33	8	16	70	1.5	
9	SDT-9	70	2M85×2	92	84	45	40	33	8	16	70	1.5	

电缆开孔图上,在安装填料函处标以 SDT—□ 的符号。例如:SDT—3 表示该处安装通径(d_1)为 16mm 的填料函。如果有绝缘层,厚度为 65mm,则可选 L_4 的长度为 70mm。

4. 组合填料函板

穿过舱壁或甲板某处的电缆较多,而该处(如冷库)不适宜采用电缆盒或电缆筒。采用多个单填料函则需要开相应多的孔,在船上施工较困难。

组合填料函板是将数个单填料函烧焊在预制的铁板上。板的裁剪、钻孔和焊接可以在车间环境进行。船上用气割开相应的孔,将板焊接在上面。如图 2-3-16 所示。

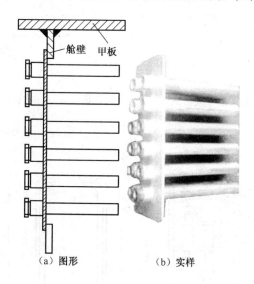

（a）图形　　　　　（b）实样

图 2-3-16　组合填料函板的安装方式

组合填料函板上填料函的规格、数量和板的尺寸、厚度按实际需要制作,是一种非标的电缆贯穿件。

5. 电缆管

有可能受到机械损伤以及易受到油水浸入的场所,可以安装电缆管作为电缆贯穿件来保护电缆。电缆管分为非水密和水密电缆管。

非水密电缆管用于舱壁或甲板没有防水要求处,它可以单根电缆配一根管子,也可以多根电缆穿在同一根管子内。安装方式如图 2-3-17 所示。

水密电缆管是在非水密电缆管的一端烧焊一个与其直径相仿的单填料函,如图 2-3-18 所示。电缆穿过浴室、厕所、露天甲板等处采用这种电缆管能够达到防水的要求。

6. 组合式橡胶模块填料函

组合式橡胶模块填料函(MCT)采用橡胶模块作为密封填料。每根电缆用两块外矩形、内半圆(孔与电缆直径相当的)橡胶"插入模块"包覆,充填电缆周围间隙。矩形插入模块制作成标准的尺寸,内径制作成与各种电缆直径配合的尺寸。电缆在填料函内包覆,空余位置用标准尺寸的橡胶块充填,每层用衬垫块隔开,上部塞入压块和夹块,组合成密封体。组合模块在填料函壳体内逐层排列,用壳体上部的压紧螺栓压下,使橡胶模块挤压充满所有间隙,达到密封的目的。如图 2-3-19(a)所示。

各生产厂商的模块和填料函壳体标准不尽相同。为保证安装处船体结构的强度和模块充填后的密封,填料函壳体的钢板厚度和尺寸有严格要求。壳体安装在隔舱壁或甲板上,按外形尺寸开孔、嵌入,周围烧电焊。如图 2-3-19(b)所示。

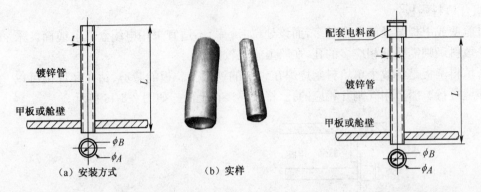

图 2-3-17 非水密电缆管的安装方式   图 2-3-18 水密电缆管的安装方式

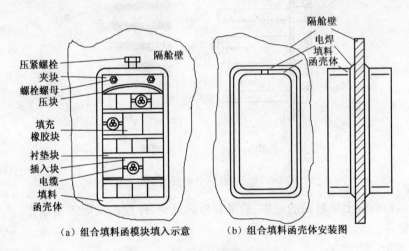

（a）组合填料函模块填入示意   （b）组合填料函壳体安装图

图 2-3-19 组合式橡胶模块填料函

三、设备支架

各种设备和舾装件在钢质船体结构上安装都采用焊接的方式。电气设备固定安装在钢质船体结构上不能直接焊接,必须安装在舾装件上,再焊接到船体上。这种舾装件称为"设备支架"或"设备基座"。

设备支架是电气设备固定在船体结构上的过渡部分。通常称整体构架为设备"支架"或"基座",分散的单件则称为设备"脚"。

根据设备安装位置、设备重量和安装处的船体结构,各造船厂制定了本企业的设备支架标准,作为电装生产设计、分段和总组预装、内场舾装件制造和外场施工配套领用的依据。

1. 设备脚

设备脚是单件形式的"轻型"设备支架,用于中小型电气设备的安装。

小型电器如接线盒、灯具、插座等有两个或三个安装(件)孔,一般电气设备有四个或

58

六个安装件。单个设备安装多采用设备脚。每个安装（件）孔用螺栓固定设备脚,再烧焊到船体结构上。

设备安装处设备脚外露,手可以伸到设备脚后操作,安装或拆下螺栓、螺母,这种设备安装方式称为明式安装。设备脚的安装连接只需穿螺栓的孔。如图 2-3-20 所示。

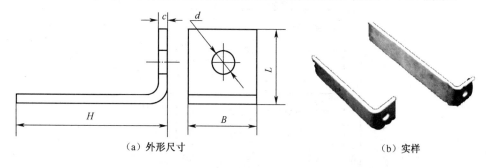

（a）外形尺寸　　　　　　　　　（b）实样

图 2-3-20　明式安装设备脚

设备安装处设备脚不外露,例如:上层建筑舱室有封闭板,设备脚烧焊在舱壁上,封板后才能安装设备,手无法伸到设备脚后操作,这种设备安装方式称为暗式安装。设备脚的安装连接孔应有螺纹作为螺栓的螺母。一般脚板的厚度不能满足足够的螺纹,制作（攻螺纹）也不方便,实际采用焊接螺母的方式。如图 2-3-21 所示。

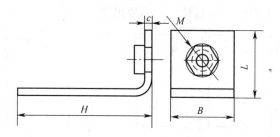

图 2-3-21　暗式安装设备脚

设备脚由扁铁制成,小型电气设备的安装脚采用厚度 $C=3mm$,宽度 $B=25mm$ 的扁铁,中型电气设备的安装脚采用厚度 $C=6mm$,宽度 $B=40mm$ 的扁铁。小型电气设备的暗式安装设备脚的反烧螺母用 $M=6mm$,中型电气设备的用 $M=10mm\sim12mm$。

2. 中小型电气设备支架

中小型电气设备如荧光灯、电话接线箱、磁力起动器、分配电板以及各种控制设备,因制造厂商不同,安装孔尺寸也不同,较难建立标准。一般都是根据建造船的设备专门绘图制造。下面举几种常见的支架形式。

（1）荧光舱顶灯支架。图 2-3-22 是机舱荧光舱顶灯支架。采用 $30mm\times4mm$ 的扁钢,焊接成"H"形,按灯座安装脚孔尺寸开孔,中间两侧焊接 1 英寸线管作为安装（焊装）脚。脚的长度 H 根据各安装部位配制。靠近主机的地方振动大,需要通过减震器安装。

安装支架制成整体结构,无需样板,可以直接焊装,待环境条件允许时再安装灯具。

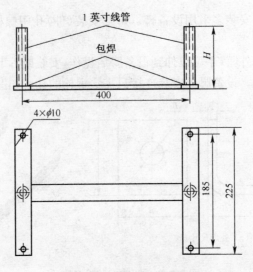

图 2-3-22　荧光舱顶灯支架

　　(2)扁钢电气设备支架。中型设备大多数是箱体结构。如图 2-3-23(a)所示是有四个安装脚的箱体,图 2-3-23(b)是无安装脚、有四个安装孔的箱体。单个设备安装,较小、较轻的可以用扁钢制成整体结构,如图 2-3-23(c)所示。两条 40mm×4mm 扁钢两端折弯作焊脚,面上按设备安装孔尺寸钻孔,作为安装支架主体,用一条扁钢作为辅助体,与两条安装支架主体焊接成一个整体。脚高按实际需要确定。

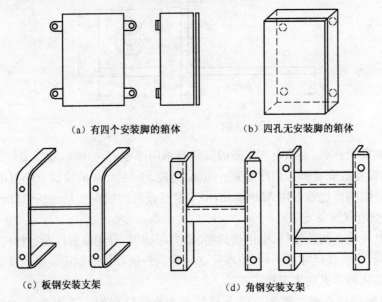

(a) 有四个安装脚的箱体　　　　　　(b) 四孔无安装脚的箱体

(c) 板钢安装支架　　　　　　　(d) 角钢安装支架

图 2-3-23　单个电气设备四孔安装支架

　　(3)角钢电气设备支架。较重的设备是采用角钢作支架。图 2-3-23(d)是四孔角钢安装支架。左右(或上下)两条支架主体,较小的设备用一条、较大的设备用两条角钢作为辅助体,与两条安装支架主体焊接成一个整体。图 2-3-24(a)是有六个安装脚的设备,图2-3-24(b)是用角钢制作的支架。

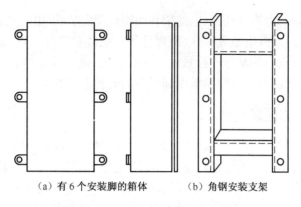

(a) 有 6 个安装脚的箱体　　　　　(b) 角钢安装支架

图 2-3-24　单个电气设备角钢安装支架

在同一位置安装两个或更多的设备,可以安装在同一支架上。图 2-3-25 是两个设备各有四个安装孔的角钢安装支架。

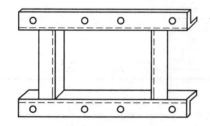

图 2-3-25　两个四安装脚电气设备角钢安装支架

图 2-3-26 是安装支架的实样。支架上写上船的编号,安装部位,标上安装方向。

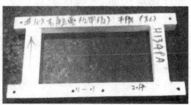

图 2-3-26　电气设备安装支架实样

设备支架多用于机舱悬空的部位。安装脚的式样和尺寸根据安装部位可焊装的船体结构而定。

第四节　电装舾装件在分段(总组)上的预装

电气设备和电缆敷设之前需将各种固定安装件安装到位。这种电气安装前的准备工作称为“钳工准备”工作(也称为“电气固定件”安装工作)。

钳工准备工作是指电气设备安装和电缆敷设之前在船体分段、总组或者成形的船体上按照电装生产设计的电缆开孔图、电缆架和照明灯架安装图、电气设备安装基座图等在船体结构上对电缆支承件(电缆导架、电缆弯件等),电缆贯穿件(电缆盒、电缆筒、电缆管等),以及中小型电气设备的基座进行画线、定位、开孔、烧焊等工作。这一道工序的结果是开通了电缆敷设的线路,为电缆的敷设和设备的安装做好准备工作。

一、电装生产的区域划分

进行钳工准备工作之前先了解一下电装生产区域的划分和部分相关的图纸。

在一张综合布置图上是不可能将每一个专业的生产设计的内容都反映出来的,而只能按照每艘船的具体情况,分部位和甲板层次进行布置。这就需要按船体结构进行区域划分,以满足这种综合布置的需要。区域划分有利于舾装生产设计,有利于分段预舾装工艺的实施。区域划分图是按照分段划分和分段吊装程序等图纸和资料编制的。图 2-4-1 是典型散货船的区域划分图。

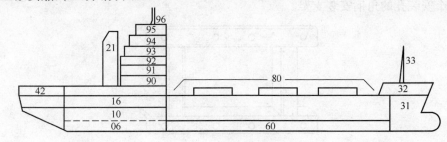

图 2-4-1　电装区域划分图

电装安装图就是把各区域的甲板、舱壁、顶部四周的所有需要烧焊的舾装件用符号、代号、数字绘制在恰当的位置上。电装生产设计按区域或甲板绘制的主要图纸有:电缆架和照明灯架安装图、电缆开孔图、中小型设备基座安装图等。另外,根据标准件图纸编制各区域的电缆贯穿件制造图册、电缆架制造图册、中小型设备基座图册等。

现以某船的一处电缆通道的电装生产设计的部分图纸来说明图纸的编制式样。

电缆通道室是为穿越甲板的成束电缆所设置的舱室,一般很小,安装该甲板的照明分配电板等小型设备。

图 2-4-2(a)所示是该船上甲板,42~46 号肋骨之间右舷的电缆通道室。属于主甲板尾至 62 号肋骨区域。图中点画线所围的是电缆通道室,四个角上标 A、B、C、D 以便展开画舱壁电缆导架布置图。旁边是灯具储藏室。

1. 电气设备布置图

图 2-4-2(a)所示是电缆通道室的电气设备布置图。安装正常照明分配电板 L-6 和 L-7,应急照明分配电板 EL-1 和 EL-2,临时应急照明配电板 TEL-1,顶灯以及灯开关、插座等。这就是详细设计的图纸,只提供安装的设备,没有具体的位置,还不能用于施工。

2. 电缆开孔图

电缆孔的大小是按所选的电缆贯穿件的外形尺寸来确定。电装生产设计的开孔图需送交船体生产设计部门认可,并负责把电缆开孔逐一反映到船体分段结构上,作为船体分段预舾装的施工依据。这样既可以保证开孔的质量和船体结构的质量,又可以减少在船上作业的劳动量。

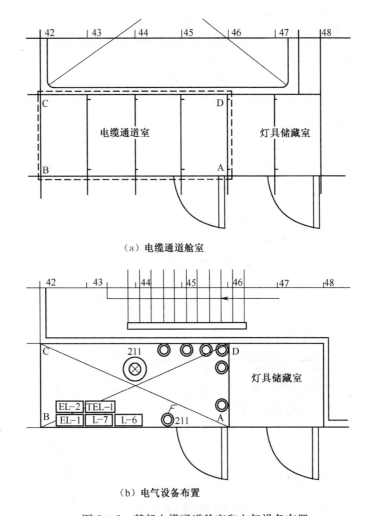

（a）电缆通道舱室

（b）电气设备布置

图 2-4-2　某船电缆通道舱室和电气设备布置

图 2-4-3(a)所示是舱壁的电缆开孔图。开孔符号这里是在隔舱壁上用"Z"来表示。图上确定了孔的位置和电缆贯穿件的型号。舱室的 AB 是非水密、防火舱壁,采用浇注式电缆盒,EC 型、尺寸为非标 800×200×250。电缆盒中心线距 44 号肋骨 450,上沿距离上面甲板 250。

图 2-4-3(b)所示是主甲板上的开孔。安装左右两个电缆筒,DC 型、尺寸为非标,配合上面的电缆导架,靠后一只为 500×220×250;靠前 1 只为 600×220×250。靠后一只中心线距 42 号肋骨(舱壁)350mm,两只电缆筒之间距离 100mm。

在图 2-4-4 所示的舱壁展开图中也反映出在 AB 壁上的贯穿件 EC 的开孔和主甲板上靠 CD 壁的两只贯穿件 DC 的开孔。

3. 电缆架和照明灯架安装图

图 2-4-3(a)所示在舱室内有一个顶灯(日光灯)。灯架的型号为 L22-25,后面的 25 表示脚高为 250。导架中心距 44 号肋骨 75mm、距 AB 舱壁 530mm。

舱壁电缆盒 EC 的两侧有单只电缆导架 437W 和 430W,吊式、双层、双拼,双拼是宽 2×400,舱室内的脚高为 370mm,室外为 300mm。

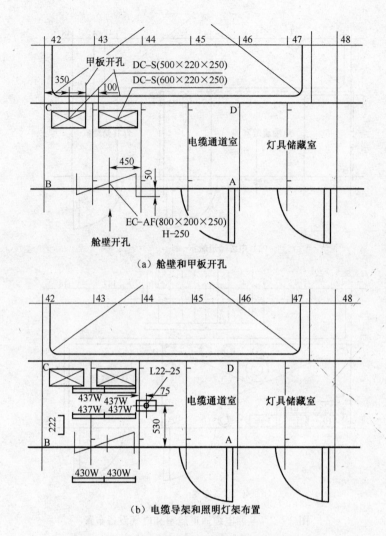

（a）舱壁和甲板开孔

（b）电缆导架和照明灯架布置

图 2-4-3　某船电缆通道电缆导架和照明灯架安装

在图 2-4-4 所示的 CD 舱壁上，对准主甲板上的电缆筒，组合导架为壁式、双层导架 5922W/R、5622W/R 和 6922W/R、6622W/R，靠 BC 壁的导架宽 500mm，另一导架宽 600mm，与贯穿件的宽度一样，脚高 220mm，电缆筒距 BC 壁为 200mm，则导板比筒壁高出 20mm。长度 900mm 有四档（间距 300mm）导板，600mm 有 3 档导板，共有 7 档。制成 2 段，进入这种小舱室较方便。

其他分支的导架和弯件（绑线板条），都有具体的型号、规格和位置。

从上面例举的小安装单元可以看出，电装生产设计为施工提供了详尽的图纸。电缆主干道上，电缆支承件和贯穿件的尺寸是明确的，分支的电缆支承件的位置是明确的，尺寸则由施工人员按实际情况确定。

4. 安装件制造图册

电装生产设计除了提供安装图纸外，还要为内场提供安装件的制造图册。例如：电缆导架制造图册、照明灯架制造图册、电缆贯穿件制造图册和中型电气设备支架（基座）制造图册等。

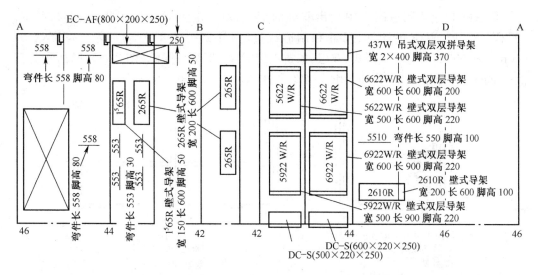

图 2-4-4　舱壁展开电缆导架安装

安装件制造图册是以安装区域为单位编制。每种型号的安装件给出图形、规格以及该区域所需的数量,即应制造的数量。上例的电缆通道室属于主甲板尾—62 号肋骨安装区,电缆导架制造图册的电缆弯件制造图页,给出弯件的示意图和尺寸标注字母。表格栏中列出弯件的代号即型号,对应的尺寸,安装区的制造数量,如舱室中所需的 333、533、5510 等。如表 2-4-1 所列。

表 2-4-1　电缆导架制造图册中的弯件制造表

代　号	弯件规格尺寸/mm			主甲板尾—62 号肋骨制造数量
	$B×t$	L	H	
333	30×4	300	30	50
338	30×4	300	80	10
3310	30×4	300	100	40
3313	30×4	300	130	30
3315	30×4	300	150	55
533	50×4	300	30	20
5313	50×4	300	130	30
5315	50×4	300	150	15
553	50×4	550	30	30
558	50×4	550	80	15
5510	50×4	550	100	5
下略				

单只电缆导架制造图页中给出非标的壁式、双层电缆导架 5622W/R、6622W/R、5922W/R、6922W/R 的图样、尺寸和制造数量,图样如图 2-4-5(a)所示。宽度 X 为 500mm 和 600mm;舱顶上吊式、双层、双拼电缆导架 437W,图样如图 2-4-5(b)所示。其他标准的电缆导架如 265R、2610R 等都有制造图页。

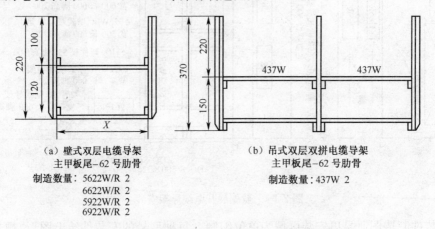

（a）壁式双层电缆导架
主甲板尾−62 号肋骨
制造数量: 5622W/R 2
6622W/R 2
5922W/R 2
6922W/R 2

（b）吊式双层双拼电缆导架
主甲板尾−62 号肋骨
制造数量: 437W 2

图 2-4-5　电缆导架制造图册中的弯件制造示例图

二、分段预装前的准备工作

1. 分段预装

在分段上进行钳工准备称为分段预安装,简称分段预装,是船舶电气安装施工的第一个工艺阶段。

预装工艺一般有两种情况:

(1)在船体分段制造完成后,并在分段翻身以前将预装件,即电缆的支承件、贯穿件等进行安装烧焊,使得原来向上(朝天)的作业(如开孔、电焊等)变成向下(地面)的操作,从而改变了以前不舒适的操作姿势,减轻了劳动强度,提高了生产效率,使质量和安全都得到了保证。按照造船发展趋势,分段预装的内容会越来越扩大,某些分段上除钳工准备外还可以接着进行电缆敷设和切割接线的工作。例如:在桅杆分段上预装,可以平摊在地上进行钳工准备、电缆敷设和切割接线。

(2)已经上船台(船坞)或总组的分段,在其顶部甲板分段还未吊上船台(船坞)安装之前,把设备吊入还未封顶的分段或总组进行安装。这样的工作条件无疑要比封顶后好,如照明亮度、起重设备的利用等。

分段预装是在船体成形之前进行的,电装施工人员可能对分段所在的船体位置模糊,如分段的首、尾、左、右方向,分段翻身前后顶和底的关系。因此,在分段预装前必须根据分段上的标识并按分段安装图纸与分段实体对照,确定该分段所在的船体位置和方向。即确认:

①分段的船体中心线位置。如果这个分段不在船体的中心线上,那么就要确认中心线在分段的左侧还是右侧。

②分段的首、尾方向以及肋骨编号。民用船舶的肋骨编号是从船尾向船首数,即尾部肋骨编号数小,首部肋骨编号数大。

③分段的左右舷。分段在建造过程中，为了施工方便，将分段的顶部翻倒地面，因此在施工中的分段左右舷是和图纸相反的。

2. 准备工作

(1)检查所有的电装完整件，包括电缆支承件、设备基座、照明灯架等，都必须进行过防蚀处理。

(2)检查该分段托盘中所准备安装的完整件要和图纸一致，并且再准备几付比托盘中最长的电缆导架的吊脚还长的吊脚，以备在烧焊时作导架高低的调整。

(3)准备好该分段的"电缆开孔图"，"电缆架和照明灯架安装图"，"设备基座安装图"。

(4)在分段明显的场合标以分段的左右舷、肋骨号等识标。

(5)带上必不可少的工具，如卷尺、石笔、榔头等。

三、划线定位

电装生产设计为设备安装和电缆敷设提供了详尽的电气舾装件的规格和安装位置。设计的依据是"入级"船级社的船舶入级及建造规范和造船厂制定的施工工艺规程(施工实施细则)。施工人员进行设备安装和电缆敷设的电气舾装件的划线定位工作，也应遵循这些规范和规程的要求。

1. 电缆贯穿件的孔

1)电缆贯穿件开孔

电缆穿越舱壁、甲板和梁等需要开孔，装焊电缆贯穿件。开孔必然影响原来的船体结构强度。船厂制定的电缆贯穿件标准已考虑到对强度的补偿，但在某些部位，如横梁和纵梁，开孔位置应遵循一定的原则。

(1)按准备焊装的贯穿件划线开孔。

(2)孔角应为圆角。如图 2-4-6 所示。

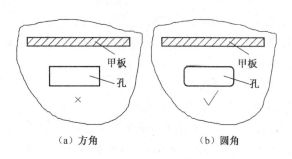

(a) 方角   (b) 圆角

图 2-4-6　开孔形状

(3)纵梁或横梁上开孔，孔的高度 b 应小于梁高度 B 的 1/2；宽度 l 应小于纵骨或肋骨间距 L 的 1/2；孔的中心线应位于梁高度 B 的 1/2 以上。如图 2-4-7 所示。如不能满足要求，应与船体结构部门联系，采取"补强"措施。

(4)同一纵骨或肋骨间距内不应开两个以上的孔。

(5)承重梁上不应随意开孔。除非得到船体结构部门的允许，并采取必要的"补强"措施。即在开孔周围再补焊一块钢板。也称为加"重磅"。

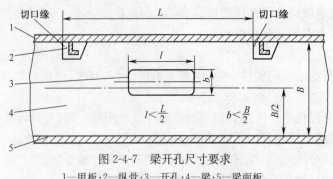

图 2-4-7　梁开孔尺寸要求
1—甲板；2—纵骨；3—开孔；4—梁；5—梁面板。

2）检查电缆贯穿件开孔

该分段上所有电缆贯穿件的孔是否按照"电缆开孔图"上的标记全部开齐。因为这些孔在生产设计时已经委托船体结构经放样后数控切割好，若有遗漏未开的孔则按照"开孔图"中该孔的肋骨号以及它的坐标以实物进行画线。

2. 电缆贯穿件和电缆支承件的位置配合

位置配合是指已开孔定位的电缆贯穿件，其两侧电缆支承件应定的位置。定位应明确，电缆贯穿件用来贯穿电缆，不应作为支承和固定电缆之用；电缆孔的剩余空间有限，两侧应有可梳理电缆的余地。

"电缆架和照明灯架安装图"上没有电缆支承件吊脚的具体坐标位置，所以第一只电缆导架的吊脚定位较为重要，它在一定程度上会影响到本分段（区段）其他电缆支承件的定位。

原则上第一只电缆导架的吊脚的定位选择在本分段舱壁或甲板上的最大电缆贯穿件孔相临近的一只吊脚。这一点定位首先考虑的是支承件和贯穿件的关系，一般应满足两个要求：①今后电缆在电缆支承件上被紧固后，不应使电缆和贯穿件的内壁相接触，保持电缆和贯穿件内壁的四周有一定的间隙，航行时船舶的振动等原因不至于引起电缆和贯穿件之间摩擦而损伤电缆。②如果这个贯穿件是有水密或防火要求的，则要保证电缆在导架上的第一个绑扎紧固处到贯穿件有足够的距离，使得电缆进入贯穿件里能逐根分开，便于作贯穿件的密性工作。

1）非水密或非防火舱壁或甲板

搁置电缆的导架表面应比电缆合内壁高出 10mm，最后一只导架离开电缆合或电缆筒的距离根据导架的宽度而定，导架宽度小于或等于 200mm 的则为 100mm～150mm，导架宽度大于 200mm 的则为 150mm～200mm。水平路线如图 2-4-8 所示。垂直路线如图 2-4-9 所示。

2）水密或防火舱壁或甲板

搁置电缆的导架表面应比电缆合内壁高出 10mm，最后一只导架离开电缆盒或电缆筒口的距离约为 300mm。

3）管子贯穿件与电缆弯件的配合

用管子截制而成的电缆贯穿件（如 SEC1-SEC4）外形呈圆筒型，直径在 100mm 之内，和它相配的电缆支承件多数为弯电缆弯件。为了避免电缆在弯件上紧固后后，与管子的端口部接触，电缆弯件的宽度应小于管子的内径，弯件的脚高应使电缆

68

在管子内尽量靠中心通过。如图 2-4-10 所示。

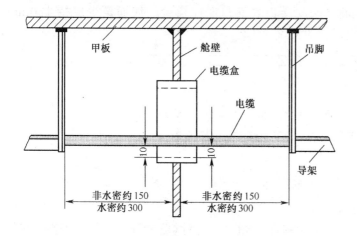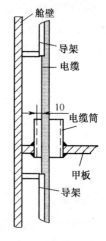

图 2-4-8　水平路线电缆贯穿件和支承件的位置配合　　图 2-4-9　垂直路线非水密
电缆贯穿件和支承件的关系

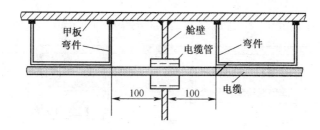

图 2-4-10　管子贯穿件和弯件的配合

如果在该分段的舱壁和甲板上没有贯穿件,那么第一只电缆导架的吊脚定位只要在水平和垂直方向和相应的分段保持一致。

四、电缆路径和其他舾装件、船体构件的关系

1. 电缆敷设的操作空间

由于船体结构及舱室中其他管道件等,往往会使得电缆敷设的操作空间较为狭小,所以在安排主干电缆的线路时,应尽可能要求线路的左右任一方留有 300mm～500mm 的操作空间。见图 2-4-11。

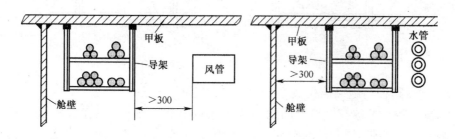

图 2-4-11　管子贯穿件和弯件的配合

2. 电缆路径与甲板横梁和强横梁的关系

单层导架或多层导架的最上层的导板表面与船体横梁的底面至少保持 150mm 的距离,以保证电缆的敷设空间。见图 2-4-12。

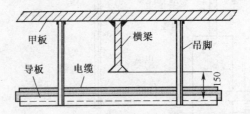

图 2-4-12　电缆路径与甲板横梁、强横梁的关系

3. 电缆路径与船体构件的关系

在电缆导架左右两边如果有船体构件,如肋骨、纵骨、舱壁等,则导架和这些构件之间至少应有不小于 50mm 的间距。

4. 电缆路径与蒸汽管、排气管的关系

当电缆线路与蒸汽管或排气管等热源管子交叉或平行敷设时,原则上,平行敷设的间距应不小于 200mm;交叉敷设的距离应不小于 100mm。如图 2-4-13 所示。

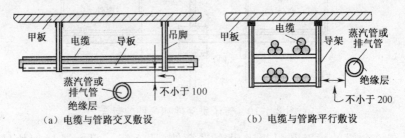

（a）电缆与管路交叉敷设　　　　　（b）电缆与管路平行敷设

图 2-4-13　电缆路径与蒸汽管、排气管的关系

5. 电缆路径与其他舾装件的关系

电缆线路与一般油、水和汽等管路;通风管、设备的基座和支架等舾装件之间的间隙原则上规定应不小于 100mm。

在电缆路径的正上方不应有油、水等管路的法兰接头。如图 2-4-14 所示。

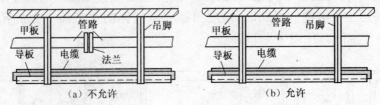

（a）不允许　　　　　　　　　（b）允许

图 2-4-14　电缆路径与一般管路的关系

6. 电缆路径与绝缘层的关系

电缆线路经过敷有绝缘层的舱壁或甲板以及包有绝缘层的油、水箱、柜等处,所有电装舾装件的脚必须高出绝缘层至少 20mm。避免电缆埋在绝缘层内无法散热,空隙可以穿电缆扎带。

图 2-4-15 所示是焊装在绝缘层内的电缆弯件。

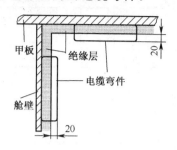

图 2-4-15　电缆路径与绝缘层的关系

五、电缆导架的安装

1. 电缆路径上的导架

电装生产设计选定了电缆路径上电缆支承件的形式和规格,确定了路径的位置,钳工准备工作按上述要求安装电缆支承件,尽量使电缆敷设能平、直和直角转弯。图 2-4-16 示意某局部的电缆导架安装布置。顶上的直线组合导架敷设主干电缆,向下的分支电缆采用单只导架,进设备的分支电缆采用弯件,隔舱壁电缆贯穿件采用非水密电缆盒,甲板采用水密电缆筒。

2. 直线电缆路径

当第一只电缆导架的吊脚定位以后,为了保证线路的平直,不管是组合导架还是单只导架均应以船体结构的某一梁或桁等为基准(如高 H),在画线定位后再进行烧焊。同时要保持组合导架与单只导架、单只导架与单只导架之间的距离为 300mm。如图 2-4-17 所示。

3. 电缆路径在直角转弯时导架的调整

成束电缆中有大、小直径电缆,直角转弯应满足最大直径电缆的弯曲半径要求。直角部分可以用单只导架在转弯处进行过渡,如图 2-4-18(a)所示,也可以用导架组装成直角弯头进行过渡,如图 2-4-18(b)所示。

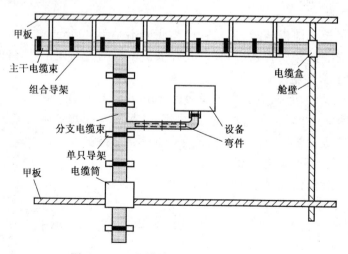

图 2-4-16　电缆路径上的导架示意图

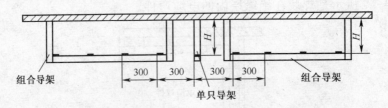

图 2-4-17 直线电缆路径

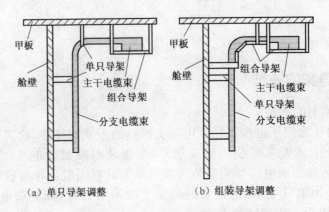

（a）单只导架调整   （b）组装导架调整

图 2-4-18 电缆路径直角转弯的调整

六、电缆穿线管的安装

有可能受到机械损伤、腐蚀或有密性要求的地方,需采用穿线管敷设电缆。最常用的是镀锌钢管。目前也采用带弹性的波纹钢管(也称普利卡金属管)。

1. 选用和处理

(1)管径的选择应使穿管电缆面积的占有率不超过 40%。

(2)管口应套塑料衬套或其他非金属衬套,避免损伤电缆。

(3)如需要弯曲,管子的弯曲半径应大于管外径的 1.5 倍。

2. 施工要领

(1)穿越甲板或铺板(花铁板),管口离底应不小于 300mm。

(2)竖直安装的穿线管,上部管口应有水密填料函。与固定件之间的距离不小于 200mm,以便于密性施工。

(3)穿越绝缘层,管口应高出绝缘表面 20mm 以上。

(4)管长大于 800mm 的,除开孔处烧焊外,另一端应焊装管夹紧固。

(5)机舱舱底铺板以下的穿线管应采取防积水措施:

①水平安装,管子应稍有倾斜。

②U 形管,最低处应钻 8mm～10mm 泄水孔。

③用管夹安装,便于拆装。

④普利卡管外径大于 70mm 的,应固定在电缆导架上;小于 70mm 的,可以用电缆弯件固定。

(6)处于潮湿舱室(如浴室、厕所、厨房等)以及露天场所,穿线管一端应有填料函。

(7)穿过冷库保温绝缘层,穿线管一端应有填料函。

七、电气舾装件的安装要求

(1)不允许直接烧焊在船壳旁板上及各种设备和管子上。

(2)不允许直接烧焊在高强度钢板上。

(3)采用包焊以保证焊接强度,焊后去渣。

(4)油舱、水舱等区域不应直接烧焊,应在烧焊处加烧"重磅"后再烧焊舾装件。

(5)冷库内的舾装件必须耐腐蚀或经防腐蚀处理,如用不锈钢材料、镀锌处理。

船体结构在舾装件装焊处的油漆必然会被损坏,对此,涂装工程安排了"二次除锈"和补漆工序,钳工准备工作都应赶在此之前完成。

第五节 电 缆 敷 设

一、电缆的结构、型号及规格

1. 结构

电力和电气信号的传输是以导体为载体。制成线状的导体称为导线,如图 2-5-1(a)所示。陆地上远离建筑物和人体的架空线可以采用裸露的导线,导线之间以足够距离的空气为绝缘。船舶除电气设备内部可以有裸露的导线外,其他地方的导线必须用绝缘材料包覆。用绝缘材料包覆的导线,称为"电线",如图 2-5-1(b)所示。电流流过导体会在导体电阻上做功、发热,电流越大、发热越厉害,绝缘的包覆使导线与空气隔绝,影响散热,温度会升高,热量传导给绝缘层,再发散到周围空气中去。绝缘材料应能承受发热。绝缘层能承受的温度越高、芯线允许承载的电流越大。例如:聚乙烯橡胶为 60°C、聚氯乙烯橡胶为 75°C、丁基橡胶为 80°C 等。

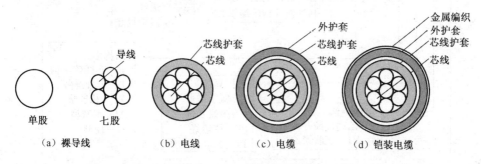

图 2-5-1 电缆结构示意图

船舶环境条件下,绝缘材料可能受到振动、冲击、颠波、碰撞等机械力,也可能被雨水、海水冲淋和油、水浸泡,还可能遭遇火灾。在导体的绝缘层外再用绝缘护套保护,有多层护套的导体称为"电缆"。如图 2-5-1(c)所示。船用电缆外面还有金属丝编织。镀锌钢丝编织用以增加电缆的机械强度,称为"铠装电缆"。如图 2-5-1(d)所示。铜丝金属编织用来"屏蔽"干扰。金属丝编织在某些环境下会被腐蚀,如产生铁锈、铜绿等。现在的船用电缆在金属丝编织的外面再包覆一层绝缘护套。

电缆内的导体称为"芯线"或"线芯",船舶采用铜质,陆地也有采用铝质。一根芯线用一根导线或由几根(称几股)导线绞合而成;船用电缆采用多股。多股是用多根细铜线绞合成一根芯线。股数越多、每股线径越细,绞合成的芯线越软,整根电缆越软。常用的有7股、19股、37股、61股。铜线表面镀锡。一根芯线的电缆称为单芯电缆,电缆中有几根相互绝缘的导体称为多芯电缆。用于电力输送的称为电力电缆;用于信号传输的称为信号(或控制)电缆。

直流电制的船舶电力输送用单芯和双芯,交流电制的船舶电力输送用三芯,极少用单芯。照明电缆是双芯,控制电缆从几芯到几十芯。芯线之间的空隙充填软的材料,包覆成圆形,外面再包覆橡胶护套。

船舶对火灾的防犯极为严格。电缆的绝缘层应阻燃、不燃。遭遇火灾发出的烟、气应低烟、无卤、低毒。

2. 型号

电缆的型号表示该电缆的用途、芯线绝缘材料、(内)护套绝缘材料、铠装材料、(外)护套绝缘材料、结构形式、燃烧特性等。

国内生产的电缆,目前采用拼音字母和数字作为型号的代号。电缆制造厂采用的代号可能略有差异。下面以某电缆厂的电缆型号来说明代号的含义。

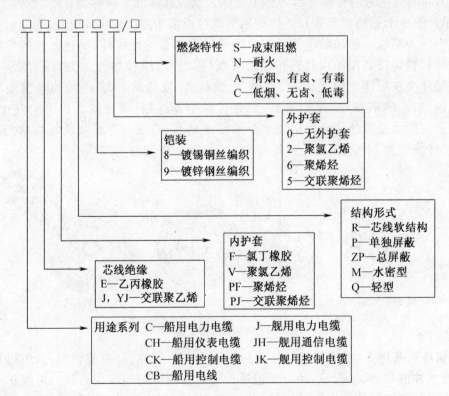

第一位表示用途,一个字母"C"表示船用电缆,同时表示是电力电缆,"J"表示舰用电力电缆;表示仪表(通信)用和控制用则用两个字母,后加"H"和"K"。"CB"表示船用电线,即只有芯线外一层绝缘。

第二位表示芯线导线的绝缘，一个字母"E"表示芯线绝缘是乙丙橡胶，"J"表示交联聚乙烯。

第三位表示整个芯线的护套材料，用一个或两个字母表示，如果外面还有护套这就是内护套。

第四位是结构形式，用一个或两个字母，"R"表示软电缆，"M"表示水密型，"P"表示单独屏蔽。

第五位用数字"8"或"9"表示铠装编织材料，如果没有数字表示没有金属编织。

第六位是数字，表示金属编织外的外护套，如果没有 8 或 9，即没有金属编织，就没有后面的数字，即没有外护套。"0"表示金属编织外没有护套，放在数字 8 或 9 的前面。

第七位是燃烧特性，用两个或三个字母，例如："SA"表示成束阻燃，有烟、有卤、有毒；"NSC"表示耐火，成束阻燃，低烟、无卤、低毒。下面用几个典型例子来说明低压(1kV 以下)电缆的型号含义和对应的结构形式。

图 2-5-2 所示型号为 CJ86/NSC 的电缆，是 3 芯船用交联聚乙烯绝缘耐火电力电缆。图 2-5-2(a)和图 2-5-2(b)可以看出芯线 1 外有云母带耐火层 2，再包覆交联聚乙烯绝缘 3 内护套，为保持圆形，用填充物 4 填入三根芯线间的空隙，外面用绕包带 5 包覆作为内衬，再用镀锡铜丝编织 6 铠装，最外层用聚烯烃作外护套。

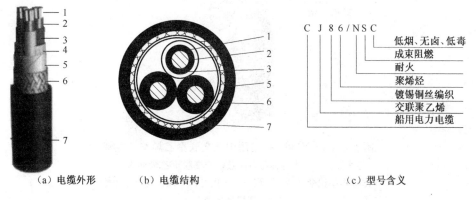

(a) 电缆外形　　(b) 电缆结构　　　　(c) 型号含义

图 2-5-2　CJ86/NSC 交联聚乙烯绝缘耐火电力电缆
1—导体；2—云母带耐火层；3—交联聚乙烯绝缘；4—填充；
5—绕包带内衬；6—镀锡铜丝编织铠装；7—聚烯烃外套。

图 2-5-3 所示型号为 CKJ86／SC 的电缆，是 7 芯船用交联聚乙烯绝缘控制电缆。交联聚乙烯 2 与镀锡铜丝编织 4 之间有一层绕包带内衬 3。芯线绝缘上印有线号。

目前大型船舶的电力系统因容量的增加采用 3300V～11000V(3.3kV～11kV) 电压。这个电压等级在陆地上称为中压。国外有的船级社也称为中压。我国 CCS 规范称为高压。电缆厂生产的电缆也用中压。

图 2-5-4 所示为 CYJ86/SC 船用中压交联聚乙烯绝缘电力电缆。外护套一般采用红色，可与低压电缆黑色外壳区别。

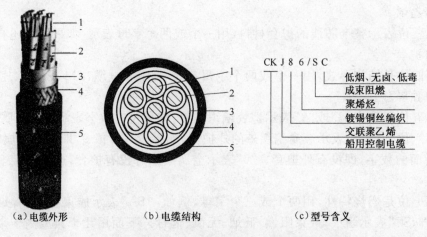

（a）电缆外形　　　（b）电缆结构　　　（c）型号含义

图 2-5-3　CKJ86/SC 船用交联聚乙烯绝缘控制电缆

1—导体；2—交联聚乙烯绝缘；3—绕包带内衬；
4—镀锡铜丝编织铠装；5—聚烯烃外套。

图 2-5-4　CYJ86/SC 船用中压交联聚乙烯绝缘电缆

1—芯线导体；2—半导体材料屏蔽；3—交联聚乙烯绝缘；4—半
导体材料裸铜带屏蔽；5—填充；6—内衬；7—镀锡铜丝编织铠
装；8—聚烯烃外护套。

3．规格

电缆的功能是在一定的电压下传输电流。电压的主要规格数据是能承受的电压和安全的工作电压。它决定于绝缘材料的绝缘性质和厚度。电流的主要规格数据是长期工作电流，其他还有短时工作电流、短路承受电流和时间等。与使用者相关的主要是安全工作电压即额定电压、长期工作电流即额定电流和环境温度。

1）电压

用于低于电力系统（低于 1kV）的电缆的额定电压，现在采用 600V 和 250V。电力系统电压 380V（440V）采用 600V；照明系统电压 220V 采用 250V。

中压电力系统的电压常见的有 3kV、3.3kV、6kV、6.6kV、10.5kV 等。电缆的额定电压有 3.6kV、10kV、15kV 等。

2）电流

电缆芯线导体允许长期工作的电流主要与截面积有关,另外与绝缘的厚度、绝缘的耐热性能(允许长期工作温度)、环境温度、电缆敷设的散热情况等。

通常电缆制造厂根据绝缘材料给出允许最高温度,船级社规范给出在允许导体最高温度(如 60℃、75℃、85℃、95℃)下,各种截面的连续(长期)工作电流即额定电流。

表 2-5-1 是 CCS 规范给出的电缆连续工作时的额定电流(A),基准环境温度为 45℃。

表 2-5-1　电缆连续工作时的额定电流　　　　　　(单位:A)

绝缘	通用聚氯乙烯			耐热聚氯乙烯			乙丙橡皮和交联聚氯乙烯			硅橡胶和矿物绝缘		
导体最高工作温度	60℃			75℃			85℃			95℃		
mm²	单芯	双芯	三芯	单芯	双芯	三芯	单芯	双芯	三芯	单芯	双芯	三芯
1	8	7	6	13	11	9	16	11	11	20	17	14
1.5	12	10	8	17	14	12	20	17	14	24	20	17
2.5	17	14	12	24	20	17	28	24	20	32	27	22
4	22	19	15	32	27	22	38	32	27	42	36	29
6	29	25	20	41	35	29	48	41	34	55	47	39
10	40	34	28	57	48	40	67	57	47	75	64	53
16	54	46	38	76	65	53	90	77	63	100	85	70
25	71	60	50	100	85	70	120	102	84	135	115	95
35	87	74	61	125	106	88	145	123	102	165	140	116
50	105	89	74	150	128	105	180	153	126	200	175	140
70	135	115	95	190	162	133	225	191	158	255	217	179
95	165	140	116	230	196	161	275	234	193	310	264	217
120	190	162	133	270	230	196	161	275	224	360	306	252
150	220	187	154	310	264	217	365	310	256	410	349	287
185	250	213	175	350	298	245	415	353	291	470	400	329
240	290	247	203	415	353	291	490	417	343	570	485	400
300	335	285	235	475	404	333	560	476	392	660	560	460

设计部门根据电气系统中各电缆的用途、工作环境、承载电流来选用电缆的型号和规格。

对使用者来说,有几个概念需要掌握:

(1)绝缘材料允许的工作温度越高、电流定额越高。例如:60℃、单芯 1mm² 为 8A,95℃增加到 20A。

(2)芯数增多、额定电流减小。例如:60℃、单芯为 1mm² 为 8A,3 芯减为 6A。

(3)截面增加、单位面积载流量减少。例如:60℃、单芯为 1mm² 为 8A;6mm² 为 29A,每 1mm² 不到 5A;300mm² 为 335A,每 1mm² 只有 1.11A。

(4)同样的芯数和截面,按额定电流工作,最高工作温度高的,电缆温度高。例如:在环境温度为45℃的情况下,60℃的单芯 1mm² 流过额定电流8A,温度允许上升到60℃;95℃的单芯 1mm² 流过额定电流20A,温度允许上升到95℃。

电缆厂给出的最高允许工作温度为90℃的电缆连续工作时的额定电流,见表2-5-2。

现在都选用工作温度高的电缆,减小截面和质量。要求敷设的电力电缆有较好的散热条件,例如:尽量分多束敷设,每束电缆的层叠尽量不要多于两层等。

表 2-5-2　电力电缆连续工作额定电流

（最高允许工作温度:90℃　环境温度:45℃）　　　　　　（单位:A）

截面积/mm²	单芯	2芯	3芯和4芯	截面积/mm²	单芯	2芯	3芯和4芯
1	17	15	12	50	197	198	138
1.5	22	19	15	70	244	263	171
2.5	30	28	21	95	295	342	206
4	41	37	29	120	341	429	239
6	52	47	37	150	392	—	275
10	72	67	51	185	447	—	313
16	97	90	68	240	526	—	—
25	128	125	90	300	605	—	—
35	158	152	111	400	724	—	—

另外,设计人员选用电缆芯线的截面时,还要考虑到电压降。导线有阻抗存在,电流流过会在导线两端产生电压降。例如:线路上流过50A电流,两端产生5V电压降,电源电压为24V的线路,电压下降20%,接在线路上的照明灯明显变暗;如果电源电压为220V,电压下降2%,用户没有感觉。因此在24V临时(小)应急照明系统中,电缆芯线的截面一般都在 2.5mm² 及以上。过去有位老师傅放照明电缆,220V照明放 2×1,认为24V照明灯点少,不看图纸,也放 2×1,通电时发现最后的几盏灯暗很多,以为灯泡电压搞错,后来才知道是电压降引起的,看图纸,电源出来是 4mm² 到后面是 2.5mm²。

常用的电力和控制电缆的规格用芯线数和截面积表示。例如:2×1,表示2芯,每根芯线的截面积是 1mm²;3×50,表示3芯,芯线是 50mm²;30×1,表示30芯,每根芯线的截面积是 1mm²。

电力电缆主要是用来承载电流。芯线承载的电流越大,要求的截面积越大。直流系统采用单芯和2芯电缆。单相和三相交流系统采用2芯和3芯电缆。芯线截面积的标准为:1mm²、1.5mm²、2.5mm²、4mm²、6mm²、10mm²、16mm²、25mm²、50mm²、70mm²、95mm²、120mm²、150mm²、185mm²、240mm²、300mm²、400mm²。单芯线到 400mm²,2芯线到 120mm²,3芯线到 185mm²,4芯线到 50mm²,目前船舶较少使用大截面4芯线。多芯(5芯~37芯)电力电缆的截面积有 1mm²、1.5mm²、2.5mm²。

船舶的电缆路径转弯多、操作部位狭小,电缆外径太粗敷设困难。避免采用大直径电缆,大截面用多根小截面电缆并联。三相交流电力系统尽量采用3芯电缆。例如:300A,单根需要 3×185,电缆外径54mm,选用2根 3×70,电缆外径36mm,敷设较方便。如果需要采用单芯电缆,则3根三相电缆尽量排列成"品"字形,使产生的磁场抵消,避免在附近的铁质构件上产生涡流、发热。穿电缆贯穿件或进设备填料函应3根三相穿同一个孔。在后面电缆敷设的注意事项中再讨论。

控制电缆用来传输控制信号(电流),电流小、电压较低(250V以下)。芯线数从2芯～37芯,截面积标准为 $0.75mm^2$、$1mm^2$、$1.5mm^2$、$2.5mm^2$。使用上主要考虑机械强度。即使信号电流小到用 $0.75mm^2$ 也嫌太大,一般仍采用 $1mm^2$。

4. 特殊电缆

过去用于通信方面的电缆一般采用有屏蔽的多芯电缆。随着电子技术的发展,大功率电子器件在电力系统中的使用,数字通信在通信系统中的应用,对抗干扰提出高的要求。电磁干扰通过空间"场"和线"路"发射和接收,影响设备的正常工作。电缆的抗干扰措施除屏蔽外,采用双绞线等结构上的措施。

1)通信电缆

仪表或通信电缆的规格用线组数(对数)、每组根数和芯线导线的截面积表示。例如:$3×2×1$,表示有3对、每对2芯、芯线截面是 $1mm^2$;$10×3×0.75$,表示有10对、每对3芯、芯线截面是 $0.75mm^2$。

图2-5-5所示型号为 JHEPJ85／NSC 的电缆,是3对双绞线(共6芯)舰用乙丙橡胶绝缘低烟耐火通信电缆。用在有耐火要求的通信系统中。具有阻燃、低烟、无卤、低毒性能。芯线导线外有云母带耐火层再包覆乙丙橡胶绝缘,每对2根芯线绞合在一起。3对芯线包绕包带再包覆聚烯烃内套,外层有屏蔽的镀锡铜丝编织,最外是交联聚烯烃外护套。每对芯线也可以单独屏蔽,型号的"8"前加"P",型号为 JHEPJP85/NSC。每对2根芯线用蓝色和白色并印有该对的数字。每对有2根或3根芯线。较多使用2根芯线。

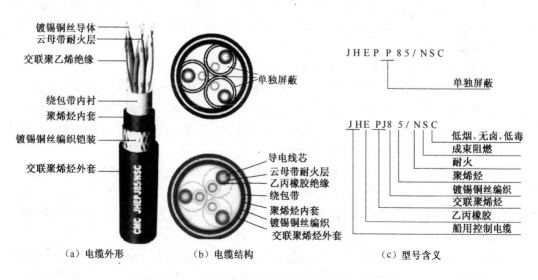

镀锡铜丝导体
云母带耐火层
交联聚乙烯绝缘
绕包带内衬
聚烯烃内套
镀锡铜丝编织铠装
交联聚烯烃外套

单独屏蔽

导电线芯
云母带耐火层
乙丙橡胶绝缘
绕包带
聚烯烃内套
镀锡铜丝编织
交联聚烯烃外套

（a）电缆外形　（b）电缆结构

JHEP P 85/NSC ── 单独屏蔽

JHE PJ8 5/NSC
低烟、无卤、低毒
成束阻燃
耐火
聚烯烃
镀锡铜丝编织
交联聚烯烃
乙丙橡胶
船用控制电缆

（c）型号含义

图 2-5-5　JHEPJ85/NSC 舰船用低烟耐火通信电缆

2)数字通信局域网电缆

数字通信已在船舶各系统中广泛使用。例如:机舱监视报警系统就有采用数字通信局域网。对信号传输电缆除阻燃、低烟、无卤等物理性能要求外,还要求具有高的频带、传输稳定、信号衰减小、抗干扰好等电气性能。

图 2-5-6 所示型号为 JHQYJPA86/SC-C5 的舰船用低烟数字通信局域网电缆。一般为 4 对双绞线,截面积有 0.5mm² 和 1mm²。表示为:$4×2×0.5$ 和 $4×2×1$。1 根电缆中也有 2 组的,表示为:$2×(4×2×0.5)$ 和 $2×(4×2×1)$。

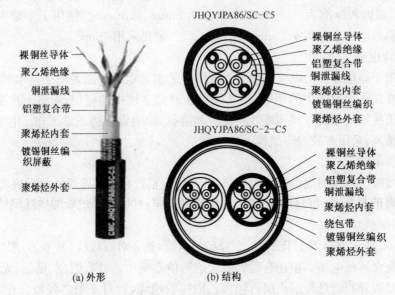

(a) 外形　　　　　(b) 结构

图 2-5-6　JHQYJPA86/SC-C5 舰船用低烟数字通信局域网电缆

二、电缆表册

电缆表册是用来描述船舶各个电气系统中每根电缆本身的特征和两端所连接的设备以及设备所在的位置。每根电缆在电缆表册中按敷设的次序排列,一般电缆表册的格式如表 1-3-1 所列。

序号用来表示电缆在该表册中的排列次序。

电缆代号直接使用电气系统图中的编号,使得电缆表册和系统图能对应,每根电缆的电缆代号是唯一的。作为电源电缆,可能由几根相同规格的电缆并联,例如:发电机至总配电板由 5 根 3×120mm² 电缆并联,在这种情况下,一个电缆代号就有 5 根电缆。

电缆型号是直接根据电气系统图而来。

电缆长度这一栏里,生产设计一般只提供理论长度,理论长度的测量是根据电气设备综合布置图、电缆架和照明灯架安装图、电气设备基座布置图等按比例测得其长度,再加上 3‰～4‰ 的余量。一般来说,理论长度总是偏长的,只有通过实船的实际测量或首制船的电缆敷设后,才能得到实际长度。

停止点在电缆上称停止记号,大多是用在主干电缆的敷设上。由于主干电缆线路较长,在电缆敷设的路径上有上下、左右的转折,如果从起点设备处将电缆穿入,电缆敷设的难度肯定增加。因此都采用向两头敷设的方法,即选择一个较为居中的电缆穿入点,先向一端的设备位置进行敷设,到位后,把余下的电缆从电缆筒上倒出来,再向另一端的设备位置敷设。所以电缆表册上要标上停止点的位置以及穿入一端后应剩下的长度。停止点的位置都设在电缆节点上,停止点的长度在电缆长度测量时也予以确定。

电缆从一个设备出来到另一个设备。电缆敷设到两端设备所在的舱室和肋骨号。

电缆路径这一栏里表出了电缆所经过的主要节点,使得这一根电缆的走向是唯一的。

三、备料

电缆备料是到电缆仓库,按照摘录在电缆表册上的电缆规格、尺寸剪断,按编制好的敷设顺序卷入备料电缆筒,待敷设时运到船上。不可能把各种规格的电缆筒运到船上,要多长剪多长,放一根剪一根。

电缆备料在陆地仓库进行。仓库已备齐该船所需的各种规格电缆。仓库人员有库存电缆的账册,可以查出某型号电缆的筒号和长度。

采购清单一般提出大截面和多芯电缆的最长长度要求,因为不允许一根电缆用两根电缆接起来。

1. 套料准备

备料前应先查阅电缆表册中大截面和多芯电缆的最长长度和一般长度,备料时先对这些电缆筒的长度进行查对,同一型号、规格电缆筒,可以满足最长的做好记号保留,不要轻易开断。事先做好套料的工作,以免浪费。

2. 电缆代号标记

每根电缆两端必须有电缆代号的标记。标记在施放、拖拉的过程中应不易脱落,浸水后应仍能辨认。准备标记时应了解电缆贯穿件的形式,对每根电缆孔的形式,标记的捆缚不应妨碍电缆的穿越。标记的位置如图 2-5-7 所示。捆缚在外护套上比较方便,可以不必剥开外护套;如果妨碍穿越,可以剥开外护套缚在屏蔽壳上;如果仍有妨碍,可以缚在收紧的屏蔽壳端上。

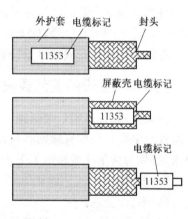

图 2-5-7 电缆代号标记位置

备好料的电缆一般不会立即上船敷设,在此期间,有可能遭受潮气。较严格的要求是进行电缆封头。封闭芯线绝缘、内绝缘的间隙,保证不受潮气侵袭。剥开屏蔽壳并敞开,剪去一段端头,喷封口剂或用烧溶的柏油浸渍,收紧长出的屏蔽壳。

3. 备料和卷绕

备料首先要确认型号、规格,然后丈量长度。较长电缆有停止记号长度和总长度。

各船厂的设备不同、备料方式也可能有差异。较简单的是铺有木板的地板,如 50m 长,宽 3m 左右,水平两侧画地标尺,每 0.5m 一个标记和长度。人工拖电缆到地上丈量、切断,在停止记号的尺寸处包上记号胶带。两端封头,缚上电缆代号标记。较方便的是采用一种称为备料车的机械。车上有卷缆电动机,备料电缆筒吊上车与电动机(减速器)出轴连接,电动机带动筒内的卷筒旋转。卷入电缆通过摩擦计数器或其他可累计通过电缆长度的器具测量被卷入的长度。坐在车上的操作人,操纵车沿着轨道在电缆筒架侧移动,到对准所需型号、规格的电缆筒位置停止,拉出端头,封头,缚上代号标记,穿过计数器,用绳索捆绑端头与备料电缆筒卷筒固定,操作电动机旋转卷入电缆,当计数显示停止记号长度,停止、包上记号胶带,再卷至所需长度,停止、切断、封头、确认代号标记、缚上,用绳索捆绑端头准备与后续电缆连接。

4. 停止记号

电缆表册一般是用于敷设的,应称为"电缆敷设表册"。其中"停止点"栏的去向、长度,是指在停止点,即穿入处的电缆长度,卷入的电缆端应是后一端,放出的电缆端的停止记号长度才是所需的长度。人工拖放在地上测量长度,停止长度是从拖出端测量,应从尾端卷入。用备料车卷入的是尾端,长度应是总长减去停止点长度。在流水作业的情况下,备料由与敷设施工无关的人员承担,通常应提供"电缆备料表册",停止记号是尾端的长度。

5. 电缆备料筒号

电缆表册一般不提供电缆备料筒的尺寸、编号,也不明确哪筒应卷入哪几根,也不明确在船上的安放地点。如果是上面提到的"电缆备料表册"则需要有这些详细的资料。

施工人员应根据停止点,即穿入处的位置确定备料筒在甲板上的安放位置。如果需要,可以在表册上注上记号,如字母或甲板部位。

备料筒一般由备料人员用油漆写上编号。已写编号的,应查对是否有重复。

备料是根据表册的电缆序号逐一测量、切断、封头、标记、卷入。一筒卷满,应在表册上"括入"卷入的所有序号,标上备料筒号。

备料筒在仓库安放应尽量按表册上所标记的船上安放位置集中,以便运送、吊运。

四、电缆敷设的工艺要求

前面提到,各造船厂编制施工工艺的主要依据是船级社制定的入级及建造规范。各船级社对电缆敷设都有原则和具体的要求。钳工准备工作中电缆支承件和贯穿件的安装要求,都是为满足规范和施工工艺对电缆敷设的要求。

1. 电缆敷设的工艺原则

(1)平直、美观。

(2)防止机械损伤;远离潮湿、热源、易失火的处所。

(3)不同外护套电缆如橡皮护套和金属编织护套,不应成束敷在一起。

(4)双套互为备用的重要设备如舵机,两路电源和控制电缆应远离,分两舷敷设。

(5)在封闭板内的主干电缆应能开启检查。

(6)保证电缆散热,不要埋在隔热、隔声绝缘层内。

(7)电缆的弯曲最小内半径要求不小于电缆外径 D 的 4 倍~6 倍。

2. 电缆保护的工艺原则

(1)易受机械损伤的部位,电缆应采用金属外壳保护。

(2)金属罩壳应有防腐蚀措施。

(3)舱底花钢板下应防止油水浸渍和机械损伤。

3. 电缆紧固的工艺原则

(1)除无需紧固和无法紧固的电缆都需支承和紧固。

(2)紧固件的形状不应损伤电缆护套。

(3)电缆的支承件、紧固件和附件应耐腐蚀。

(4)支承、紧固的间距应保证电缆能承受振动。

4. 电缆穿越隔舱壁和甲板的工艺原则

(1)穿越水密或防火隔舱壁和甲板应采用电缆孔可充填密性材料的填料函(箱)。

(2)填料函的结构尺寸和制作应不破坏船体结构、水密或防火的性能。

(3)管口和函口应不损伤电缆护套。

5. 电缆穿管的工艺原则

(1)管口和管内壁应不会损伤电缆护套。

(2)电缆截面积在管内的占有率不应超过0.4。

(3)保证电缆在管内拉动,弯曲内径应不小于管子外径的2倍。

(4)应防止管内积水。

五、电缆敷设要领

1. 电缆敷设前的准备工作

电缆敷设包括全船的主干电缆和各区域的局部电缆。

主干电缆由专人负责指挥、安排,各区域人员配合,局部电缆由各区域人员负责。局部电缆服从主干电缆敷设安排。

准备工作是为了在计划时间内的某部位电缆敷设不会因某些缘故中断,如找不到敷设路径、路径中断、安装件损坏等。

1)图纸、资料准备

主干电缆敷设准备诸如电缆表册、电缆走线图等相关的图纸资料,并熟悉电缆路径、各电缆筒的电缆施放位置、进线入口等。

2)电缆路径检查

(1)检查主干电缆路径是否全线贯通,及时解决支承件遗漏、损坏、脱焊、规格不符和位置不合理等问题。

(2)检查所有贯穿件,及时解决毛刺、焊接不良、规格不符和位置不合理等问题。

(3)检查所有安装件烧焊处的油漆,特别对可能被电缆阻挡的部位,请涂装部门打磨、补漆。

3)电缆和电缆筒运送

根据电缆表册备料,电缆两端封头,做好一致的与电缆表册电缆代号相符的标记。估计电缆筒可绕入的电缆根数,按后敷先卷入的原则卷绕,在电缆表册和电缆筒上做好筒号标记。

如后勤部门按生产设计要求备料,应查对备料在电缆筒上所做的标记与表册标记。

运送电缆筒到码头,吊送到船上指定的位置。

4)敷设环境的操作准备

(1)清除敷设路径上妨碍操作的障碍物。

(2)登高操作处搭建临时"脚手架",并确认其可操作、连续、牢固、安全。

(3)确认有足够的照明,临时照明线路不妨碍电缆拉放。

(4)如果某部位分段预装已敷设部分电缆,应清理、吊挂或堆放。

5)人员安排

(1)明确主干电缆敷设指挥人。

(2)按敷设计划确定、安排各条路径所需的人员。

(3)在关键部位,如电缆密集交叉处、转弯处和贯穿件处安排有经验的老师傅。

2. 电缆的敷设方法

1)敷设内容

主干电缆敷设包括:电缆穿入、拉放,到设备位确认、转弯(弯头)定形(定身)、分束(如需要的话)排列调整、贯穿件两侧直线部分定形、电缆梳理捆扎、加入局部电缆(如有的话)、该段支承件电缆放齐确认和紧固等阶段。

2)敷设原则

(1)拉放电缆应防止损伤外护套。

(2)直线部分排列尽量平直、整齐、美观。

(3)成束电缆尽量避免交叉、重叠。

(4)梳理、转弯定形、临时捆扎的方法、工具和材料不应损伤电缆。

(5)转弯排列整齐、美观,直角弯应满足弯曲半径要求。

3)敷设方法

(1)电缆敷设除部分分段在分段预装阶段运行先进行外,一般在钳工准备和设备安装工作基本结束,舱室绝缘、油漆工作基本结束,封闭板为封之前进行。

(2)一般先敷设主干电缆后敷设局部电缆;先长后短,先粗后细。

(3)按电缆表册次序、定点施放。

(4)有"停止记号"的长电缆,向指定的方向穿至停止记号处,确认进入设备的长度满足要求,才可以向反方向穿,从电缆筒倒出电缆,(如果长)应绕"8"字形,以避免电缆缠绕、扭曲。

(5)各安装区负责人应预先考虑该区各段电缆路径支承件的排列:粗细电缆排列、不同护套电缆的分束排列、电力(强电)和控制(弱电)的分束排列(如有要求的话)等,拖放时临时固定到所安排的位置。

(6)电缆拖放后如支承件无法依托(如舱壁导架的电缆敷设在外面),则应采取临时依托措施防止电缆向下"荡"。为方便起见可以做临时支承件,隔一段距离用螺栓固定在导板上。如图2-5-8所示。

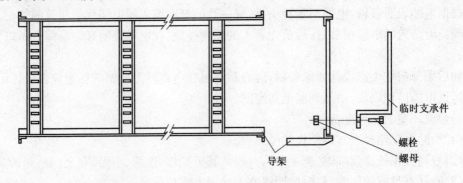

图 2-5-8 临时支承措施

（7）拉好数根电缆后需暂停施放，梳理电缆、捆扎，然后再放电缆。

（8）梳理电缆，应将分支的放在上面。

（9）舱壁两侧无法用语言直接联系，可配备对讲机，也可以敲击声作为信号，如敲一下、拉；两下、停；三下、回。

3. 电缆敷设注意事项

（1）放电缆应按电缆表册查对代号、型号、敷设去向，电缆到位后应保留代号标记，如丢失应及时补上。

（2）转弯处应用人力拉、送，不允许以类似安装件的脚的竖直金属构架摩擦转弯。

（3）拖拉粗电缆尽量移到导板上，以免摩擦损坏其他电缆。

（4）应从一端或从停止记号向两端依次梳理、捆扎电缆。

（5）用铁丝临时捆扎，应用较粗的，避免嵌入护套引起损坏。

（6）电缆转弯定型（定身弯头），应用手或不损伤电缆的工具拗制定型再捆扎，不允许用铁器猛击，不允许借用铁丝的捆扎力定型。

（7）暂时无法拉放到位的电缆，应在停止处卷捆悬挂，避免踩踏、浸水、浸油。检查端头封口完好，如破损应补封。

（8）梳理电缆应考虑到分束和叠层，电力电缆的叠层尽量不要超过两层。

4. 交流电力系统中采用单芯电缆的注意事项

（1）大于 20A 的电缆线路属于电力系统。

（2）采用单芯电缆，不用铠装，如果需要只能用（非磁性材料）铜丝壳不能用钢丝壳。

（3）穿管或置电缆槽或用磁性材料紧固件，三相三根或几根并联应放在一起。

（4）大电流，即大于 250A 的三相三根应尽量按"品"字形敷设，如果单根敷设应距离舱壁至少 50mm 以上。

（5）每相用两根或以上并联，应交错排列。

（6）金属外护套只能一点接地，不允许两端都接地。

5. 电缆的紧固

1）紧固原则

（1）成束电缆直线部分平直、整齐、无躬起、无下垂、无松动。

（2）成束电缆弯曲部分弯曲半径圆心一致，整齐、无拱起、无下垂、无松动。

（3）紧固处无明显变形、损伤。

（4）密性贯穿件两侧有足够制作密性的直线部分。

2）紧固方法

（1）电缆放齐、两端到位，确认进入设备长度满足要求。

（2）从停止记号向两端依次再梳理、紧固电缆。

（3）一般从密性贯穿件处开始紧固，梳理贯穿件内电缆确认无交叉，电缆间作必要的衬垫，绑带边抽紧、边梳理，尽量使各电缆有间隔、有相互平行的直线部分，直至紧固。

（4）为美观可以将较粗电缆放在可见面,但需保证内部的细电缆紧密,否则会因空隙太多,几经振动,使整束电缆松动。

（5）按既定的间隔穿抽绑带使电缆束基本定型,以已紧固的一端为基点,在较远的位置拉直各根电缆,特别是表面电缆,同时逐档抽紧绑带,直至整段平直紧固。

（6）转弯电缆束紧固前需再作美观、定型整理。直角处下面小电缆无依托会下落,为此可以增加绑扎,如果绑扎会使电缆束变形,可以在上面加导板绑扎。

第六节　电缆贯穿的密性

一、电缆贯穿舱壁和甲板的工艺要求

电缆所贯穿的舱壁和甲板有水密、防火、水密防火和非水密;贯穿的电缆数量有单根和多根(成束)。

电缆贯穿必然在舱壁或甲板上开孔。对电缆来说,敷设电缆在开孔处拖拉以及航行时振动有可能损伤电缆。对船体结构来说,开孔有可能影响甚至破坏原有的强度;原来水密的,水可以流过;原来防火的,火会窜过。

电缆贯穿舱壁和甲板应采取的工艺措施,我国 CCS 规范有如下的要求。

电缆贯穿件的开孔和填料的工艺要求:

（1）开孔处必须采取措施,避免电缆敷设拖拉和航行振动受到损伤。

（2）开孔应保持原有的结构性能,即强度、水密和防火。

（3）为水密和防火充填的材料对电缆和船体结构应无腐蚀作用。

（4）填料应具有防火性能。

（5）填料的配制应简单、施工应方便,适宜船舶建造的现场条件。

（6）船舶航行和舰船作战的情况下,温度变化、冲击、振动等,填料仍能保持密封性能。

二、贯穿件的形式

（1）非密性贯穿件。单根和成束电缆贯穿无密性要求的舱壁或横梁、纵桁,采用普通电缆盒(也称衬圈)。

电缆盒由钢板卷制成,孔口倒角避免损伤电缆;板厚度的选用和卷成形状不影响原有的结构强度。

贯穿无密性要求的甲板采用有足够高度的电缆筒,防止水流下去(如拖地板的水)。

（2）密性贯穿件。单根电缆贯穿密性的舱壁或甲板采用单填料函。前面已提到一般在终端才使用。

成束电缆贯穿水密和防火要求的舱壁和甲板,电缆之间的空隙、电缆与孔壁的间隙需要充填水密或防火的材料,以保持舱壁或甲板原有的水密或防火性能。可充填材料制作密性的电缆贯穿件称为水密和防火填料函或称成组填料函。

电缆贯穿件的名称有圈、盒、筒、箱、函等。称"函"的一般都是指可充填填料的水密或防火贯穿件。

三、成组填料函的密封

1. 成组填料函的形式

(1)浇注型电缆盒(函)。采用会凝固的流质无机填料注入填料函,流质填料渗到并充满所有间隙,经过一定的时间,填料凝固,所有间隙都被密封。

(2)黏脂填料函。采用会凝固软质、可塑性的填料,用手工操作的方法,把填料塞填、挤压到所有间隙,经过一定的时间,填料凝固,所有间隙都被密封。

(3)组合式橡胶模块填料函。采用正方形的橡胶模块排列、重叠,组合填充在填料函孔内形成无隙的整体。

圆形的电缆用两块长方形内半圆的橡胶模块(称为密封模块),按电缆直径选用模块包夹每根电缆,使之成为正方形;无电缆的空隙用实心模块(称为填充模块)充填。根据电缆所在的层次,选用橡胶模块的外形尺寸,使每层的模块排列成同样高度,层叠接近上部充满,塞入辅助模块,函体顶上的螺栓拧下,压下辅助模块,挤压所有模块,充满所有空隙,达到密封要求。如图2-6-1所示。

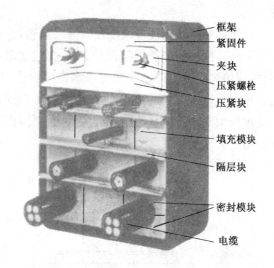

图 2-6-1　组合式橡胶模块填料函填充示意图

框架
紧固件
夹块
压紧螺栓
压紧块
填充模块
隔层块
密封模块
电缆

2. 密封前的准备

(1)填料函密封施工应确认贯穿的电缆不再增减、无需再梳理移动。

(2)分层梳理填料函内电缆,平直、无交叉、无缠绕,电缆与电缆之间、电缆与函体之间有不小于 6mm 的空隙,保持两侧电缆之间有一定的平行长度。

(3)清除函内的杂物、粉尘。

(4)按该船的要求准备填料、需用的器具。

3. 浇注型贯穿件密封工艺

浇注的流体填料会沿电缆流淌出填料函,函口应封堵所有空隙。舱壁填料函两侧都需封堵,甲板填料函只需下面封堵。

目前采用较多的、性能满足舰船和民船要求的浇注填料为 DMT 型电缆耐火密封填料,封堵材料为 PD-100G 型电缆密封膨胀堵料。耐火性能达到国际海上人命安全公约(SOLAS)的 A60 和 A0 级,水密性能达到 0.25MPa,具有耐高温、冲击、振动、腐蚀、湿热等性能。对电缆护套和金属无腐蚀作用。

PD-100G 型电缆密封膨胀堵料是一种天然纤维的条块状材料,喷洒配套的液态"膨胀阻燃促进剂"后,约 10s 时间体积膨胀 10 倍。

DMT型电缆耐火密封填料由A组的粉剂和B组的液态固化剂配制而成。

(1)函口封堵。将PD-100G型电缆密封膨胀堵料嵌塞入函口的电缆间隙、电缆与函体之间的间隙,确认所有间隙填塞无遗漏,喷洒膨胀阻燃促进剂。堵料膨胀,确认所有间隙被堵料充满堵塞,允许浇注。

(2)配料。配制的浇注填料浆液在空气中会逐渐凝结、固化。在25℃左右的环境条件下,4h基本固化,一两天硬化;低于-10℃,硬化则需约1周。

配制的浇注填料浆液必须在60min内使用,即现配、现用。

A组粉料和B组液态固化剂,配制的重量比为3:2。

为方便配料,制造厂按配制比例,将A组和B组分别装入两个容器。施工使用,将A组倒入B组中,等约5min,配料完全化开,再充分搅拌均匀成液态填料备用。

(3)浇注。配料容器的倒出口如不适宜舱壁填料函的浇注口,可倒入浇注容器再浇注。

舱壁填料函从浇注口缓慢注入液态填料,让填料充分渗到各间隙,直至浇注口的液位不再下降。浇注时应查看是否有泄漏,少量泄漏可以用粉料敷填。注入时可以适当敲击函体,使填料充分渗透。舱壁浇注水密填料函(盒),有两个浇注口,一个浇注、另一个透气。根据填料函安装的位置,两个浇注口可以同在一侧或舱壁两侧。

甲板填料函可以从各缝隙处注入,直至液面不再有下陷处。为避免电缆根部积水,表面应略有突出的弧度。

浇注后的填料函如图2-6-2所示。

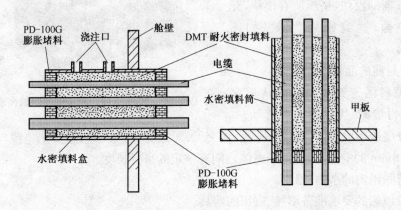

图2-6-2 黏脂填料函示意图

4. 黏脂填料函密封工艺

黏脂填料函的函体围框比舱壁贯通的衬圈大,烧焊在舱壁的一侧。函体侧为密封制作的塞入方向。如图2-6-3所示。

(1)预处理。衬填衬圈与电缆之间、电缆与电缆之间的间隙,如细石棉绳一类无腐蚀作用的、有连续的材料,逐一缠绕、推塞,用前端6mm左右宽的木棒在各缝隙处推塞作为垫底,再塞入电缆横层间和竖列之间。保证电缆之间有足够的填料空隙,填料不会从衬圈后面漏出。

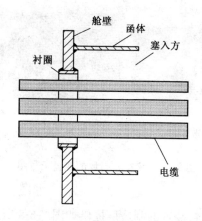

図 2-6-3　黏脂填料函示意图

甲板填料函的高度是防止机械损伤,如果全部塞填料既费时又费料。可以用粗石棉绳衬底、细石棉绳填隙,上部留 50mm～100mm 的充填空间。

如果电缆的金属屏蔽处没有橡皮护套,编织的间隙可能产生泄漏。金属编织处应作填缝处理,如涂刷环氧树脂和固化剂混合并适当稀释的涂料。

(2)和料。黏脂填料是用含有环氧树脂的和含有固化剂的软质可塑性填料混合揉捏而成。混合比例为 1∶1。揉和成的填料经 1h～2h 开始变硬固化,24h 完全固化。揉和好的填料应立即使用。

(3)塞填。揉和好的填料摘成块状,塞入函体内壁与电缆的间隙和电缆之间的间隙,也可以搓成条状按横层、竖列塞入,用木棒用力挤塞,填料紧密充填所有空隙。

甲板填料函的填料表面应做成有一定突出弧度,以免积水。

5. 组合式橡胶模块填料函密封工艺

目前生产组合式橡胶模块填料函的厂商较多,制定的产品标准不同,提供的零件和要求的工具各异。密封制作应向有关部门索取施工说明书。

橡胶模块在填料函中排列充填,两者之间的尺寸配合必须保证一定的精度。为此,制造厂按船厂要求同时供应橡胶模块和框架。框架在船体舱壁和甲板上开孔、烧焊,必须按照制造厂提出的工艺要求施工,特别是开孔尺寸误差要求、焊接工艺程序等,否则框架变形,影响密封性能。

1)准备

(1)检查各填料函的尺寸是否与图纸符合,测量框架的尺寸误差符合要求。

(2)按照每个填料函内电缆的排列和层叠以及各根电缆的直径,确定并记录每个填料函所需的密封模块规格、数量,填充模块规格、数量,以及零件如衬垫块和紧固件等。

(3)如果采用变径密封块,如图 2-6-4 所示,适应的电缆直径可以在 0～5mm 间改变。

(4)清点领用的密封、充填模块和制作零件,分别装入专用的箱或袋,写上填料函的编号和所在处。

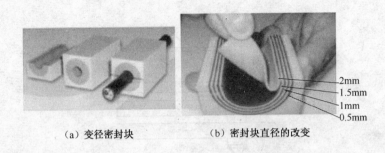

（a）变径密封块　　　　　（b）密封块直径的改变

图 2-6-4　变径密封块的变径示意图

2）制作

FCS 系列模块式电缆密封装置的制造厂提供如图 2-6-5 所示的制作方法。

第一步，上面准备工作中提到的测量框架的尺寸，是提醒在敷设电缆之前应做的工作。制作时电缆已穿、理、紧固结束。

第二步，从下到上，一排排放入密封模块和填充模块，每排（层）放齐，上面放隔层块（也称衬垫块），可以防止模块前后移动。

第三步，填充最后一排之前，先放入压紧块。

第四步，托起压紧块，填入最后一排模块。

第五步，用扳手拧压紧块上的螺栓，使螺栓向上升起，顶到框架顶部内侧，继续扳螺栓，则压紧块向下压，模块相互挤压，消除模块间、模块与电缆间、模块与框架内壁间的缝隙，压紧块顶端与框架内壁的距离为 32mm，达到密封的目的。

顶部也可以插入紧固件，拧螺母也起到下压的作用。如图 2-6-5(f)所示。

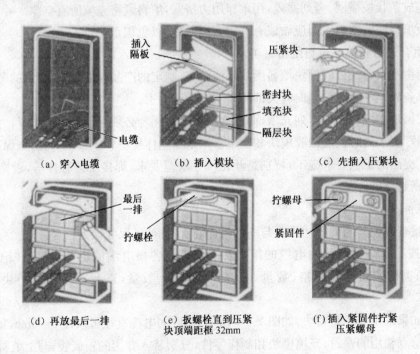

（a）穿入电缆　　　　　（b）插入模块　　　　　（c）先插入压紧块

（d）再放最后一排　　　（e）扳螺栓直到压紧　　　（f）插入紧固件拧紧
　　　　　　　　　　　　块顶端距框 32mm　　　　压紧螺母

图 2-6-5　模块式填料函制作

第七节　船舶电气设备安装

一、船舶电气设备的安装分类

船舶电气设备(以下简称设备)小到照明开关、灯具,大到主配电板,安装的环境条件不同,安装的方式不同,安装的要求也不同。

船舶使用的电气设备已由系统设计选定。建造工艺采用生产设计的船厂,电装生产设计在图纸上已经确定了电气设备的安装位置,安装的构架、机座形式和尺寸。建造工艺的设计图纸深度达不到这种要求,施工人员必须详细了解电气设备的布置、安装等工艺原则和操作要求。即使有了详细的生产设计图纸,施工人员也需要掌握这方面的工艺知识。

1. 船舶电气设备的运行环境条件

船舶是一座在水上浮动的城市。可能驶往寒冷的地方,也可能驶往炎热潮湿的地方。

一般舱室的温度最高可达+40℃,机舱和锅炉舱可达+50°,露天甲板及有保温措施的舱室最低温度可低到−25℃,最高温度可达 40℃～45℃。

空气中有水汽、盐雾、油雾和霉菌。

船舶可能会受到暴雨、风浪的袭击。在风浪的袭击下船舶可能会横向摇摆±45°,摇摆周期达 3s～14s,纵向倾斜±10°,横向倾斜±15°。

船舶航行时,机械运转会产生振动,靠离码头可能产生冲击。战斗舰艇发射炮弹或被炮弹击中会产生巨大的冲击。

电力和控制系统设备会产生电磁干扰,影响其他系统设备的正常运行,也会遭受到其他系统设备产生电磁干扰。

有的舱室可能产生爆炸性气体。

2. 安装环境

船舶可供安装设备的空间是有限的。在同一处所、部位可能安装多个机械和电气设备;同一部位可能要通过电缆、水管、风管、油管或蒸汽管等。

电气安装经常处于与其他工种同时作业状态。机舱上下可能同时有电工、轮机工、钳工、电焊工、装配工的立体作业状态。

可能需要在寒冷、炎热或风雨天气情况下露天作业。

3. 安装部位

系统设计选用设备已考虑到该型设备对所安装部位环境条件的适应性和对人身安全的保证。

安装在露天的电气设备除受到太阳辐射、暴雨冲淋外还要受到风浪的袭击。温度变化范围为−25℃～+45℃,甚至更低或更高。

对安装在室内的电气设备的要求和安装要求,按所在的舱室条件确定。

按舱室条件一般可分为:居住舱室、工作舱室、机械舱室(机房)、专用舱室和特殊舱室。

居住舱室,如船员(旅客)居住舱室、会议室、餐室、内走道等。

专用舱室,如驾驶室、海图室、无线电室(报房)、机舱集控室等。

工作舱室,如电工间、机修室等。

机械舱室,如机舱、舵机舱、冷藏机室、空调机室、应急发电机室等。

特殊舱室,如冷藏库、弹药库、油漆间等。

4. 安装分类

(1)安装位置。安装位置有:挂壁式、吸顶(或悬挂)式、落地式。在这些位置可能有木质封闭板、金属夹层封闭板、隔热或保温绝缘层等。

(2)使用方式。使用方式有:操作型、非操作型、视觉型和听觉型。

(3)设备规模。设备规模这里是指设备的体积、质量。通常分为:小型、中型和大型。这种分类在体积的大小和分量的轻重上没有严格的计量数据。

小型设备一般是指日用电器和照明灯具、属具等。

中型设备一般是指起动器、分配电板、控制箱等。

大型设备一般是指主配电板、应急配电板、机舱集控台、驾驶控制台等。

另外,电动机也是电气设备。大多数电动机总是和被拖动的机械成套提供,由轮机工人成套安装。

有的船厂考虑到安装可能需要拼接、校平、对直、衬垫等,某些大型设备的安装由轮机工人承担、电工配合。

二、安装的工艺原则

1. 基本原则

(1)安装位置应方便操作、观察和检修。

(2)安装应美观、平直、牢固,不会因颠簸、振动而松动、脱落。

(3)安装处应有足够的照明和良好的通风,有方便人员进出的通道。

安装处的环境条件通常由系统设计考虑。

2. 布置定位要求

以方便操作、观察和检修为原则。

(1)避免设备安装在油、水和蒸汽管路的接头下面。如无法避免,应在其顶部加装防护罩,防止浸溅危害。

(2)设备安装后应保证门的开度不小于 90°,如果受条件限制,开度至少能满足进行元器件更换、维修保养。

(3)储油舱、油柜、双层底等外壁表面上应尽量不安装电气设备。如必须安装,则电气设备与这类舱(柜)壁间至少应有 50mm～100mm 间距。但工作时产生高温的电气设备,如电阻器、电热电器严禁在这类舱(柜)壁上安装。安装在油舱、水舱外壁的设备必须加加强板。

(4)当电气设备外壳温度超过 80℃时,应布置在能防止偶然触及的位置,否则应加防护措施。

(5)电气设备不应安装在船壳板上。

(6)易燃易爆舱室,不准安装非防爆设备。爆炸危险处所不准安装插座。

(7)电气设备与磁罗径之间,应有适当的距离或加以磁屏蔽,使电气设备所产生的外磁场干扰作用不影响磁罗径的正常工作。

(8)除非设备的外壳防护形式允许,电气设备不应安装在舱底区及其他可能被水淹及的地方。

(9)露天安装的设备在不影响操作和维修的前提下,应尽量安装在能避免或减少阳光照射、水溅、淋雨、浸水的地方。

3. 安装要求

以美观、平直、牢固,不会因颠簸、振动而松动、脱落为原则。

(1)应根据设备的质量、尺寸选用紧固螺栓的规格,选用与该设备相适应尺寸的、并有足够强度的安装件、基座。

(2)电气设备安装件、基座的焊装应在舱壁的火工校正结束后才能进行。

(3)在水密隔舱壁、甲板和弦墙上,不应钻孔用螺钉紧固电气设备。

(4)设备连接和紧固用的螺栓和螺母,均应有防止其受震动而松脱的措施。

(5)所有安装的设备均应是可拆卸的。

(6)有防震要求的设备,应根据设备的质量、尺寸选择适当的减震器,或按设计要求采取有效的减震措施。

(7)安装好的设备应平直、无歪斜。安装在同一处的设备应排列整齐。不同高度的设备,原则上应下口平齐。

4. 设备附加要求

(1)设备均需在其明显的地方装有坚固、耐腐蚀、阻燃材料制成的铭牌、标牌或必要的警示牌。

(2)凡具有内部接线的电气设备,均应附上带有接点编号的原理线路图和接线图。

(3)用于应急报警装置的按钮或手柄应涂上红色和设有标明其用途的耐久标牌。

(4)应根据设备的密性程度(如水密、非水密)设置足够电缆进入的进线孔或进线填料函。

三、电气设备的安装

1. 安装方式

电缆敷设与电气设备安装不同,电缆敷设的钳工准备工作与敷设是分开的,设备安装有分开进行的也有同时进行的。

电气设备是通过安装件,即设备支架的"过渡"安装在船体结构上(极少数可以直接安装在木板上)。设备安装有两次,一次是安装件烧焊到船体结构上,属于钳工准备工作;二次是设备安装到安装件上,属于设备安装工作。

设备支架通常称小型的、分散的为设备"脚",中型的、整体的为设备"支架",大型的为安装"基座"。也有的把设备支架统称为设备基座。大型设备的安装基座与船体结构有关,一般由船体生产设计作为结构的一部分设计由船体安装。

设备安装方式这里是指一次和二次安装先后次序的处理。

1)直接安装

在内场将设备安装到设备脚或设备支架上(二次),上船将设备(连同安装件)置于确定的安装位置,烧焊固定(一次)。如图 2-7-1(a)和图 2-7-1(b)所示。

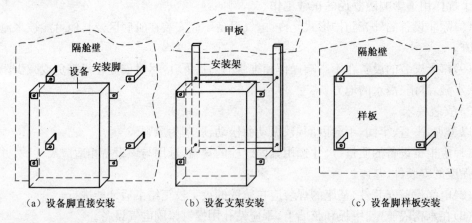

| （a）设备脚直接安装 | （b）设备支架安装 | （c）设备脚样板安装 |

图 2-7-1　设备安装方式示意图

直接安装对用设备脚的设备安装来说,分散的设备脚被设备固定成整体;对用设备支架的设备安装来说,焊装时可以解决安装要求的平直、开门角度、避让等问题。可以提示其他工种"此处已有设备"。

2)样板安装

直接安装一般是在钳工准备阶段进行,距离设备切割接线可能还有较长的时间,在这段时间,各工种有大量施工作业。为了避免设备安装后被以后的施工作业损伤,对用设备支架安装的设备,可以先烧焊支架(一次),以后再安装设备(二次);对用分散的设备脚安装的设备,需要把分散的设备脚固定成整体,采用"样板安装"。如图 2-7-1(c)所示。

按设备安装孔的尺寸制作样板,在内场将设备脚安装到样板上,上船将样板(连同安装脚)置于确定的安装位置,烧焊固定(一次),切割电缆进入设备时,拆下样板、再装上设备(二次)。

2. 设备准备

设备制造厂提供的设备一般不考虑上面提到设备的附加要求。例如:电力分配电板,在该船上是几号或是什么名称,船厂的工艺是采用什么材料的铭牌,是刻字或是蚀字;配电分路的名称;采用开孔或是单填料函进线等。

附加要求的工作由内场专门的配套部门承担或由外场施工人员承担,根据各船厂的工艺组织管理确定。

1)领出设备

根据设备配套清册上的名称、型号、规格、数量,按安装区域从设备仓库领出设备。

2)设备标识

设备外面要标识其用途,内部要标识原理。外部标识,例如:2 号电力分配电板、冷藏控制箱;1 号舵机控制箱,接线盒代号,电话要附加分机编号等。内部标识属于制造厂提供的,一般有电路图或接线图,配电设备要附加配电分路名称的标识等。

外面标识称为"设备铭牌"。从有关部门领出铭牌。按船厂的铭牌安装工艺要求固定在面板上。例如:钻孔、攻丝用螺钉(搭牙)紧固;钻孔用螺栓、螺母(对销)紧固;钻孔用铆钉铆接;用双面胶粘贴等。

94

内部标识通常要等到设备接线后进行。例如：配电分路名称、电话分机编号等。

检查控制设备的电路图或接线图，如没有，应联系有关部门补上。

某些设备可能需要做适应该船控制功能需要的电路修改，如启动器增加遥控连接、分配电板更换断路器脱扣器容量等。修改后应更换电路图或接线图。

3）进线孔处理

非密性的设备采用孔和捆绑电缆的导板，导板上有防小动物钻入的填料围框。制造厂通常在设备的底部提供集中的进线孔。配套处理是根据实际进入电缆多少、截面大小，校核接线孔是否满足。否则需拆出内部安装板，进行扩孔。配制进线导板和填料围框（如没有的话）。

密性设备采用单填料函进线。

如已有，应检查数量和孔径是否满足要求，函内至少应有与贯穿电缆相适应的一个金属垫圈和两个橡皮垫圈。如果配套清册表明有接地措施，还应有一个"锥形"垫圈，如无，应联系配制。

如无，设备底部一般有一块可拆卸的填料函板，供船厂按需要钻孔、安装填料函。按清册要求领取所需数量和孔径的安装式填料函，填料函底端有螺纹和紧固螺母。拆下填料函板，画出钻孔位置，该位置应考虑到电缆进入后可以用扳手伸入扳旋螺母。应在落地钻床上加工开孔。开孔处去油污、涂漆，待干后安装填料函，再将填料函板装回到设备上。不要遗漏原有的密封衬垫。

4）安装件准备

根据设备配套清册上的要求领取或加工设备脚、设备支架。

小型设备，如照明灯具、开关、接线盒等采用设备脚安装；一般采用直接安装方式。安装设备脚要查对设备铭牌与清册上的高度要求。

中型设备采用设备脚安装的，要查看清册，需样板安装的应加工样板，领取需要高度的设备脚来安装；采用设备支架的，领取或加工支架，查对尺寸。

装设备脚的样板和未装设备的设备支架应写上可识别安装处所的标记或代号。

按安装区域堆放，如采用托盘管理则按托盘编号堆放。

5）运送

按照安装计划按安装区装运、吊送到分段或船上。应避免雨天运送，如两天必须运送，则应有足够的遮盖措施，容易进水的设备应另外包装。

3. 钳工准备

1）小中型设备定位

这类设备在图纸一般有确定的位置。定位应符合图纸所标注的位置、尺寸。

根据设备基座（设备支架）图、布置图所示的坐标位置、尺寸，标出设备的位置，标明设备的名称或代号。核查电缆路径上的导架或弯件等支承件是否适合设备进线。

2）照明器具定位

有的照明器具在图纸上没有确定的位置和尺寸。如果要求照明器具通过安装件安装，则在钳工准备工作阶段参与定位、烧焊。各船厂根据经验制定具体的要求。下面是某船厂的要求：

（1）床头灯，以向船首或船中为床头，离床头 400mm 的侧壁上或顶头中间，高于床铺板 350mm。

（2）镜灯，镜上方距顶 20mm～100mm。

（3）壁灯，距地板面 1800mm。

（4）照明属具，安装高度和位置见表 2-7-1。

表 2-7-1　照明属具的下沿离地板的安装高度

属具名称	安装高度/m	附注
室内开关及走道暗开关	距地面 1.3～1.4	靠近开门的一侧安装
室内开关及内走道防水开关	距地面 1.5～1.6	靠近开门的一侧安装
台灯插座	距台面 0.15	在台面左侧壁避开窗口
台扇插座	距台面 0.5	避开窗口
壁扇插座	距地面 1.8	室内
防水插座、开关插座	距地面 1.3	
落地暗式插座	距地面 0.3	避开窗口
高低压插座箱	距地面 1.3	

3）焊装

焊装应保证所安装的设备平直。大多数情况下以"目视"判断平直。判断的基准是周围的船体结构，如平直的梁、桁、肋骨等。

直接安装的设备，较轻的用手托到画线定位处，较重的用绳索捆绑吊到定位处，先点焊一只脚，一人到稍远处以某水平和垂直的结构作基准，查看设备的平直，确认后再点焊对角线的脚，再查看，再点焊另外的脚，再查看，确认平直后，全部烧焊。

直接安装的设备烧焊后应采取保护措施，如套防火套。

样板或无设备的设备支架，按同样的方法烧焊。

平直要求高的设备，需在船台或船坞船保持无倾斜的情况下，用水平尺测量确认设备的平直。

4. 安装和紧固

钳工准备工作结束后安装设备（二次）应保证平直、牢固。

1）螺栓

安装紧固设备的螺栓规格的选用，一般是凭经验，更多的是根据设备的安装孔。

小设备的安装孔一般可穿 6mm 螺栓，为 7mm～8mm。中型设备的孔一般可穿 8mm、10mm、12mm 螺栓，为 9mm～14mm。

2）螺栓紧固附件

设备与安装件用螺栓、螺母夹持紧固。

防止螺母松动的措施可以采用弹簧垫圈或双螺母。设备安装紧固一般采用弹簧垫圈。

被紧固夹持的两侧放置平垫圈，起到螺栓与安装孔的配合作用，增加紧固的夹持面，避免转动摩擦和夹持压力损伤夹持面。

紧固后，螺母端的螺栓伸出螺纹应不少于两三牙。螺纹伸出太短，上螺母困难；伸出太长，则费时、费力。

为了美观，一般螺母放在后面，如图 2-7-2（a）所示。螺栓穿入，后面要套入平垫圈和弹簧垫圈,紧固一般是拧螺母,在后面操作不方便。为此,有的船厂的工艺改成螺栓从后面穿入,平垫圈和弹簧垫圈从前面套入。在前面拧螺母,给操作带来方便,也无损美观。如图 2-7-2(b)所示。

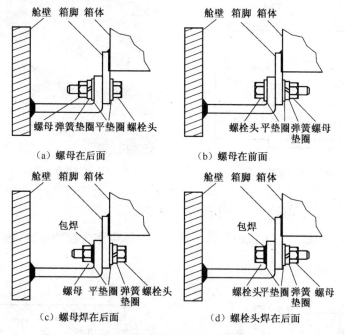

图 2-7-2　螺栓紧固方式示意图

3)焊接螺母或螺柱

暗式安装和封闭板面安装,紧固只能在前侧操作,必须把不能操作的一侧焊接固定。

第三节介绍的暗式安装设备脚(图 2-3-21)把螺母焊接固定在安装孔后面。螺栓从前面穿入,平垫圈和弹簧垫圈放在前面。如图 2-7-2(c)所示。也可以固定螺栓,从后面穿入,焊接螺栓头,设备箱脚套入,再套入平垫圈和弹簧垫圈,上紧螺母。

4)减震器

有防震要求的设备,需通过减震器安装。安装件(设备脚、设备支架)焊装在船体结构上(一次),减震器安装在安装件上(二次),设备安装在减震器上(三次)。

减震器有橡胶、弹簧和钢丝绳等。根据安装处所的条件和设备的重量、尺寸选择适当的减震器。

图 2-7-3(a)所示为耐油橡胶减震器。顶端为嵌入橡胶的螺母,供设备安装紧固,底端两侧各有一孔或两孔,供本身安装到安装件上。

图 2-7-3(b)所示为不锈钢丝绳减震器。具有更好的耐高温、抗腐蚀能力,更高的载荷能力。目前舰船的大型设备,如主配电板等的安装采用这种减震器。

图 2-7-4 是设备通过减震器安装固定的示意图。图 2-7-4(a)是有四个安装孔的中型设备,每个孔安装一个减震器,减震器底端两个安装孔安装到安装脚上,再烧焊到舱壁上。设备接地采用铜皮连接。铜皮两端的孔通过锡箔衬垫保证电气接触。套入安装螺栓,螺栓紧固使设备金属壳与安装脚有电气的连接。图 2-7-4(b)是用一根钢丝绕一圈的减震

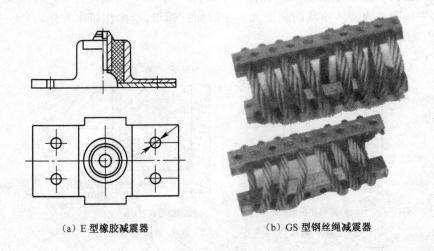

(a) E型橡胶减震器	(b) GS型钢丝绳减震器

图 2-7-3　减震器

器,用于小型设备,如机舱近主机的灯具。钢丝是导体可作为接地连接,锡箔衬垫保证接触。

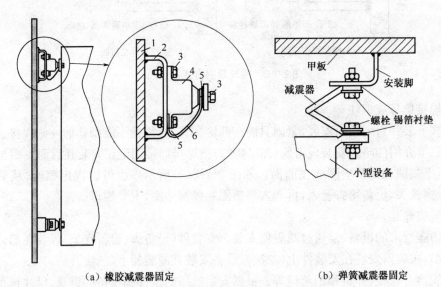

(a) 橡胶减震器固定	(b) 弹簧减震器固定

图 2-7-4　减震器固定方式示意图

1—舱壁;2—安装脚;3—螺栓;4—橡胶减震器;5—锡箔衬垫;6—接地铜皮。

5. 大型设备

大型设备,如主配电板、应急配电板、机舱集控台和驾驶室控制台等,必须在船体结构封闭之前吊入安装,或者在适当的位置开通道(称为工艺孔),待设备进入安装后,再完成船体结构。

这类设备本身一般都有基座。例如:主配电板、应急配电板的各控制屏和配电屏是在基座上拼接制造;集控台的分段也是拼接在基座上制造。

这类设备安装有两种情况,一种是船体上已有安装基座,另一种是没有安装基座。

船体上有安装基座(船体制造时作为船体结构安装),说明已基本解决安装的平直问题。设备本身的基座可以直接焊装在安装基座上。

　　船体上没有安装基座,设备安装前需要解决平直问题。例如:驾驶室集控台,驾驶甲板有一个向上拱的弧度,驾控台无法放平。安装时先移动到位,基座两侧用衬垫将驾控台置于水平,按两侧离甲板的距离,画出等高的弧线,如图2-7-5基座上的白线,用气割割去(前后)下面部分,移开两侧衬垫,驾控台基座底与甲板弧度一致,可以将基座烧焊在甲板上。

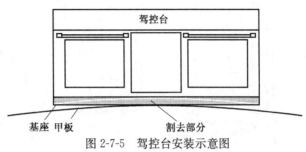

图2-7-5　驾控台安装示意图

　　落地安装设备的电缆从底部进入,需要在底部甲板开孔。设备制造厂一般都提供底部进线开孔位置图,如果没有,应参看实物测量出开孔位置、尺寸,在甲板上开孔,烧焊电缆围框,保护电缆,充填填料,防止小动物钻入。标出每个进线口的电缆代号和规格,作为电缆敷设的终端位置。

第八节　电缆引入设备和电缆的切割接线

一、电缆引入设备

　　电缆敷设和设备安装结束,接下来是把电缆引入两端设备,用电缆的导线把两端设备的电路连接起来。进入设备只需连接电路的芯线导线,其他保护层必须在进入口切除。

　　电缆引入设备有两个主要工作:在进口处切割芯线外的保护层和把导线接到电路上。一般简称为"切割、接线"。

　　切割,包括:电缆从支承紧固件到设备进口的长度、弯曲处理,切割端头处理,进入口电缆紧固、密封、接地,电缆代号标记,芯线进入长度,芯线护套处理,芯线根部处理等。

　　接线,包括:接线端头制作,对线,捆扎,接线等。

　　1. 电缆在设备外部及内部的长度

　　1)设备外部的电缆长度

　　电缆进线方式有两种,一种是水密设备,用单填料函进线,另一种是非水密设备,用托线导板进线或用其他紧固方式进线。

　　在设备外部的电缆,进入设备前应有一段直线部分。

　　填料函进线,直线部分是保证填料函压紧螺母可以方便卸出,填塞填料的工具可以伸入。直线部分应有两三个填料函螺母的长度。例如:螺母长度为20mm,直线部分应不小于40mm～60mm。如图2-8-1(a)所示,L_1是直线部分。一般设备的进线孔都在下面。上面下来的电缆,需弯180°向上进线,电缆的弯曲半径 R 应为电缆外直径的 3 倍~6 倍,电缆越粗倍数越大。例如:电缆外径为 15mm,3 倍为 45mm,进线部分与壁上电缆的间距 $W=90$mm。如果小于这个尺寸,应加高设备脚的高度;也可以向左或右移动一段距离。这种距离应在设备安装时加以修正。

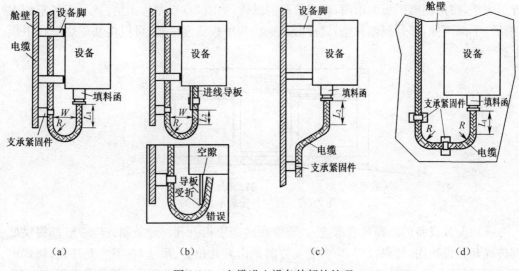

图 2-8-1　电缆进入设备外部的处理

对于成束电缆,最小弯曲半径应大于或等于其中最粗电缆直径的 5 倍~6 倍。这是从电缆本身的结构要求考虑的,因为如果弯曲半径过小,会造成电缆内部芯线受力而影响使用寿命。同时,弯曲半径太小,进线时很费力,甚至根本无法进线。但弯曲半径也不能太大,因为弯曲半径太大会影响外观。

进线导板进线,直线部分 L_2 是保证电缆在导板上是平行的,长度应不小于电缆直径的 1 倍~2 倍。如图 2-8-1(b)所示。否则电缆弯曲处在导板下边缘受折,上边缘不与电缆接触,靠绑带或其他紧固件压平,使电缆受损。如图 2-8-1(b)下框图所示。

图 2-8-1(c)表示电缆从设备下面向上敷设,进入填料函的直线部分 L_2,长度也可以是电缆直径的 1 倍~2 倍。下面有填料函螺母卸出的余地。

图 2-8-1(d)表示电缆从设备侧面进入。上面提到壁与电缆的间距 W 太小,不能满足弯曲半径,设备安装时考虑到移动位置。

进入同一设备的所有电缆,其弯曲半径应尽量一致。

2)进入设备内部的芯线长度

设备内部的芯线长度主要由所需的余量决定。余量的依据:

(1)电力芯线可再做一两个铜接头,控制芯线可再做三四个铜接头。

(2)电力芯线可更改接线(相位)。

(3)控制电缆可接到最远处。

从使用需要来看,似乎余量越多越好。设备可存放芯线余量的空间有限,芯线截面越大越难处理。

电力电缆主要是 3 芯电缆,截面超过 10mm^2 就很难存放余量。当芯线截面在 10mm^2 以上时,能够留余量的则尽量留余量;若实际情况不允许留余量,则至少应保证

(直流)正、负极芯线和(交流)A、B、C 三相芯线可以互换。

控制电缆芯线截面一般在 2.5mm² 以下，一般可以折叠。可以多留余量。

2. 切割

1)长度切割

从施工来看有两次切割长度，第一次是切电缆，为施工方便，切去太长的电缆；第二次是切芯线，接线做端头时留下已有余量的芯线，切去多余的芯线。

通常为了避免返工，电缆表册给出的电缆长度有较多的余量，特别是长的主干电缆。进入设备的是芯线，余量越长，花在剥外层护套的时间越多，费力、费时。另外，多根电缆进入，为了保证有一致的弯曲半径，要先把所有电缆穿入设备，比齐、画出切割线，再抽出切割，因此希望越短越好。第一次切电缆留下的余量应比第二次切芯线所需的多。中型设备，如箱式设备，内部电缆长度按箱的高度加宽度，再加上外部长度，是电缆应留下的余量，多出部分切断。见图 2-8-2。外部长度是从最后一个电缆紧固件起(加弯曲半径长度)到进线口。大截面电力电缆需要查看接线位置，按实际需要再加适当余量，切断多余部分。

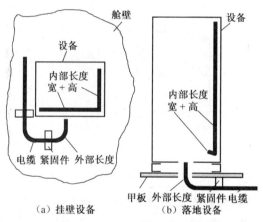

（a）挂壁设备 　　　（b）落地设备

图 2-8-2　电缆长度切割示意图

2)进线切割

进线切割是电缆切割端口的制作，为此再看一下电缆的结构层次。见图 2-8-3。进入设备的是交联聚乙烯护套和所包的导体。其他填充物、内护套(绕包带)、金属编织和外护套都要切除。切割的层次如图 2-8-4 所示。内护套进入进线孔 2mm～3mm，如无接地要求，金属编织露出外护套 3mm～5mm；如有接地要求，则按工艺要求处理。一般接地是与箱壳连接，再与船体结构连接。采用锥形垫圈压覆金属编织。如果与控制电源的"地"连接，则需另外连线出来。切割好用塑料带包扎。

3)切割方法

单根电缆进入，一般直接在外面按需要的形状弯曲和留出直线部分，做好记号切割。粗电缆可以用较细的电缆做"样条"弯拗出所需的形状，做上长度记号，再到粗电缆上量出切割位置。

有外护套的，去除护套。用刀在切割处垂直割一圈，折拗几次，用刀切到金属编织层，护套沿刀口断开。为了剥去护套，再用刀从切口沿水平方向到端头，割出一条刀槽，在电

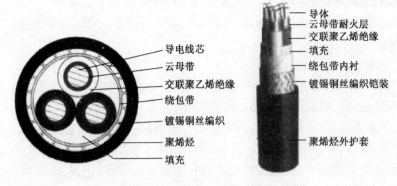

图 2-8-3 三芯电缆结构

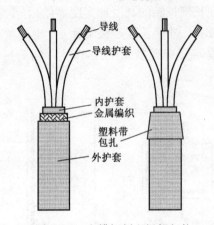

图 2-8-4 电缆切割和根部包扎

缆端头用钳子拉开割槽,剥去护套。

金属护套的余留长度按接地要求确定。在切割处用斜口钳剪一圈,剪断编织。铜丝编织从切割处向端头"脱"出,编织篷开,直径增大,很容易去除。用塑料带包扎金属编织。

切除内护套,确定余留长度,如 5mm,画上记号,用刀垂直割一圈,再沿水平方向割到端头。需特别注意,不要划伤芯线。理论要求切入深度为护套厚度的 2/3,即不要伤及芯线护套。实际上先割浅点,在电缆端头用钳子拉开割槽,边剥、边割,去除内护套。

多根电缆进入,在设备外部的电缆,其长度及弯曲半径力求一致,设备内进线口的内护套露出基本一致。在外面量长度切割,很难保证。一般采用把电缆全部穿入设备,外面整理好所需的形状,每根电缆在内进线口处做上切割记号,全部抽出,按上面单根电缆的方法切割。单填料函进线,先取出填料函螺母、垫圈、橡皮圈等,然后一一穿入电缆,记录每个填料函进入电缆的代号。导板架进线穿入电缆后,整理成形,应在导板上临时紧固,记录电缆排列图和电缆代号,切割进线后仍按记录图排列,才能保证所需的形状。

多根电缆中有粗电缆,可先处理。上面提到用较细的电缆做"样条"弯拗出所需的形状,确定粗电缆的切割位置,切割后,芯线穿入设备,固定形状,然后穿入其他电缆,按粗电缆的弯曲半径和直线长度定型,做好切割记号。

3. 电缆根部和芯线处理

1)电力电缆

电力电缆用于输送电能(电力),导线截面按流过的额定电流选择。前面已提到,导线绝缘护套的允许温度越高,载流量越大,允许温度越高。电缆在输送电流时会发热,电流越大,温度越高。电缆芯线外层护套没有剥去时,芯线护套与空气基本隔绝。在设备内芯线橡皮护套暴露在空气中,发热会引起护套橡皮绝缘老化。要求芯线护套外再加一层保护。

过去采用包塑料带的方法。塑料带从每根芯线的根部以 1/2 的层叠向端头包,再包回到根部。

现在多采用套塑料套管的方法。套管内径不应太大,否则起不到隔离作用;太小穿管困难。一般比芯线外径大 1mm 左右。

大多数电缆是从底部进入设备的,因此电缆切割根部向上。由于芯线电流的通、断,温度的热、冷变化,根部可能有水气,因此,套塑料管后根部应用塑料带包扎。

2)控制电缆

控制电缆用于传递信号,电流很小,工作时芯线不会发热。芯线护套外一般不要求再作处理(特别是密封设备)。有的船厂工艺要求非密性的设备有可能受到油气污染的,也要求芯线外套塑料管。

3)电热设备

会产生高温的设备,如白炽灯具、电热器等,进入的芯线应套玻璃丝套管或玻璃丝黄蜡管。

4. 电缆进入设备的紧固

引入设备的电缆,在设备进口处均应加以固定。根据设备进线方式,一般有填料函及托线导板两种紧固方式。

1)填料函的紧固方式

密性设备用单填料函分别进线。利用填料函的填料紧固电缆,如图 2-8-5 所示,进设备的填料,一般是橡皮圈,橡皮圈两侧设有金属平垫圈。进电缆时,拧出填料函螺母套进电缆,再依次套入金属平垫圈、两只橡皮圈、金属平垫圈,穿入电缆。电缆塞入箱体使内护

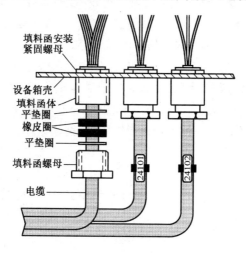

图 2-8-5 填料函紧固方式

103

套稍露出,用工具推塞橡皮圈到函体内底,拧入螺母,再用扳手拧紧后能露出两三牙螺纹。如果螺母拧到底没有"紧"的感觉,说明填料不足,应退出,增加橡皮圈,再穿入紧固。电缆不能轻易地被拉出来。随着螺母拧入,电缆也向内伸,内护套伸出设备内壁 3mm~5mm。拧螺母时,根据露出的多少拉、塞电缆,调整到所有电缆内护套露出尺寸尽量一致。从图中可以看出,电缆进入的直线部分对填料函螺母的装卸是很必要的。

2)托线导板的紧固方式

非密性的设备为集中进线。进线口下面有托线导板,电缆经切割处理、穿入设备后捆绑在导板上。如图 2-8-6 所示。一般船用尼龙绑带,要求高的或舰船采用金属绑带。多根电缆进线采用单根平排紧固较好,但扎带捆绑超过两根就必须层叠。如果进线口有足够的宽度,可以分束,例如:两三根一束,分开捆扎。

在导板上需装填料罩,电缆紧固后装上,在罩中塞入填料,堵住进线孔隙,防止小动物钻入。

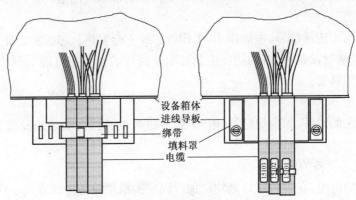

图 2-8-6　托线导板紧固方式

对于那些体积大、内部有足够空间的设备,如主配电板、应急配电板以及大的控制箱等,进线口到接线端子的路径上装有走线导板,供电缆进入敷设用。但电缆外面是金属编织,则必须在进线口割去。金属编织外有绝缘护套则可以直接敷设到接线端子附近再切割。

如图 2-8-7 所示是主配电板配电屏外部电缆进入的示意图。内部装有走线导板。电缆从底部进入,下面的导板紧固下面开关的连接电缆,电缆外层在此切割,上面开关的连接电缆紧固在侧面的导板上,到进线处切割电缆外层。

3)电缆标记

为了便于敷设,电缆两端有代号标记,此标记是非永久的。电缆进入设备紧固后,在进入处需缚上永久性代号标记。如图 2-8-5 和图 2-8-6 所示。

各船厂的标记形式不同。一般采用腰形铜牌,用钢印敲代号,两侧开槽,穿紧固铜皮。

二、接线

电气设备对外接线有两种方式:集中接到接线端子板(也称端子板或排)上和直接接到器件上。

一般控制设备都采用接线端子板与外部连接。

配电设备的电力开关电流大,如果通过端子板转接,既增加连接导线和连接点,又占

104

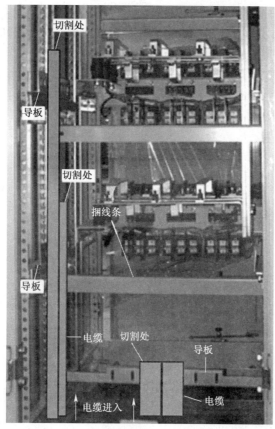

图 2-8-7　电缆直接进入大型设备示意图

据空间。有的配电板外部电缆进入设备,芯线直接接到开关的出线端子上。

接线应保证正确无误、接触良好、连接牢固。

1. 对线

1)进线电缆检查

参照系统图检查进入设备的电缆数量、代号、规格是否正确。

2)端子板检查

每台设备都有接线图或标有端子编号的原理图,施工图纸中也有各设备的接线图册。检查图册的电缆接线端子板与设备端子板的编号和端子编号是否一致。

例如:表 2-8-1 是某船焚烧炉电气控制箱的接线图。进入电缆有八根,都标有电缆型号和代号。有两条端子排 b0 和 L1。b0 的端子编号为 2、4、6,连接电缆的代号是 15101,型号、规格是 TPYRY－2.5,芯线用颜色红(R)、白(W)、兰(B)区分,分别接端子编号 2、4、6。检查设备的端子排编号是否是 b0,端子编号是否是 2、4、6。

3)芯线标记

现在电缆芯线一般都有色标或数字标。例如:红、白、兰,1、2、3、4、5 等。

芯线要另外做标记,让使用者可以识别应该接哪个端子。一般采用与端子编号一致的标记。例如:表 2-8-1 中 15103 电缆三根芯线接 40、41、42,芯线上标记同样的编号。芯线接线的端子是唯一的。

多芯控制电缆一般都有备用芯线。例如:表 2-8-1 中的电缆 15106 可能是 7 芯电缆,用 4 芯还有 3 芯备用。一般都不提供编号,需要现场标记。例如:标 B1、B2、B3。电缆的另一端在设备代号为 JB15 内,也应标同样的标记。在 JB15 内又有其他电缆的备用芯线,标记需要协调,不应重复。

一般是采用塑料套管印字的方式。如果线端采用铜接头,选择套管的尺寸正好套在铜接头上,或芯线上。向上接线要防止套管太松掉在下面看不见。

套管字的方向一般采用右手写字的方向。套入要注意接线端子方向。如图 2-8-8 所示。

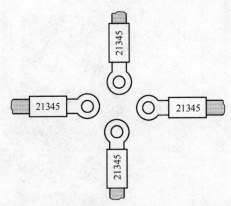

图 2-8-8　标记套管编号和套入方向示例

表 2-8-1　焚烧炉电气控制箱接线图

设备代号	端子排号	端子编号	芯线号	电缆型号/电缆代号	芯线号	端子编号	端子排号	设备代号
焚烧炉电气控制箱	b0	2	R	TPYRY-2.5 15101	R			MSB 主配电板
		4	W		W			
		6	B		B			
	L1	101	R	TPYRY-1.5 15102	R	U		电动机 1
		102	W		W	V		
		103	B		B	W		
		40	R	TPYRY-1.5 15103	R	Y		电动机 2
		41	W		W	G		
		42	B		B	Y2		
		1	W	DPYRY-1.5 15104	W			ECC
		2	B		B			
		63	W	DPYRY-1.5 15105	W			
		64	B		B			
		60	W	TPYRY-20 42811	W	14		SUB3
		61	B		B	15		
		107	R	TPYRY-1.5 15107	R	14		JB15
		108	W		W	15		
		109	B		B	16		
		29	1	MPYRY-1.5 15106	1	1		
		30	2		2	5		
		31	3		3	6		
		32	4		4	7		

106

设备代号	端子排号	端子编号	芯线号	电缆型号/电缆代号	芯线号	端子编号	端子排号	设备代号
GP-3	TB1	4	W	DPYRY-1.5	W	27		JB15
		5	B	15108	B	28		
SUB3			W	TPYRY-20	W	25		
			B	42812	B	26		

4）对线

检查电缆两端设备是否正确。例如：焚烧炉控制箱接线,检查表 2-8-1 中代号 15101 的电缆,另一端是否在主配电板内。

查对芯线是对电缆两端同一芯线的确认,也是对色标或数字标的再确认,同时按接线图套上芯线标记。

准备按接线图的端子编号打印的、适合芯线尺寸的套管。准备对线的电缆芯线剥露出导线。

对线是两人合作,采用电流回路的方法,如图 2-8-9 所示。一人在设备 1 处,用连接线将一根芯线对地连接,箱脚的固定螺栓是与船体连接;一人在设备 2 处,用校线灯的一端接地,一端依次连接导线,灯亮,说明这根线与设备 1 接地的是同一根。两端套上套管标记。

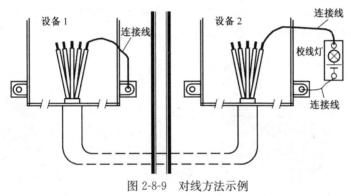

图 2-8-9　对线方法示例

用万用表的电阻挡也可以。同一根芯线电阻指示接近零,不是则电阻无穷大。

两人需用对讲电话或声力电话联络。

2. 接线端子

设备对外的接线端子一般有如图 2-8-10 所示意的几种：螺栓紧固、螺母紧固和压板紧固。两根导线是通过在绝缘底座上的导电板连接。导电板两端连接孔攻螺纹,导线用螺栓紧固。导电板两端用螺栓(柱)连接,导线用螺母紧固。导电板两端是导线插孔,内有压板,导线插入,拧入螺栓压下压板紧固导线。

电缆的芯线导体与接线端子应保证良好的接触、制作方便、可多次拆装。

最简单的连接方式是绕个圈直接压在端子上。早期的小截面导线采用这种方式。工艺上要求多股导线绞紧、用样棒绕圈成形、扎接口、塘锡。大截面采用铜接头塘锡。塘锡给制作带来许多不便,制作依赖工人的手艺。

现在普遍采用冷压铜接头的制作工艺。制作质量主要取决于铜接头和工具的质量。

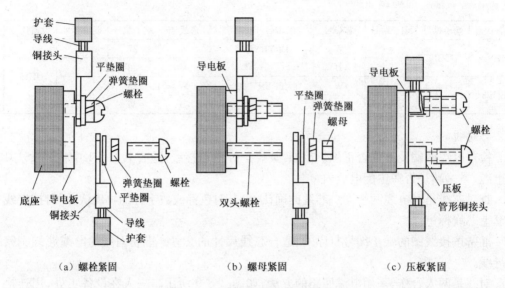

（a）螺栓紧固　　　　　　　　（b）螺母紧固　　　　　　　（c）压板紧固

图 2-8-10　接线端子的连接方式示意图

实际使用的端子排如图 2-8-11 所示。图 2-8-11(a)是螺栓(钉)压接端子排,图 2-8-11(b)是双头螺栓压接端子排,图 2-8-11(c)是压线接线端子排。螺栓压接端子的电流为 20A～600A,大电流端子的螺栓头为六角和十字合用,上螺栓可用螺丝刀,紧固用六角套筒扳手。双头螺栓压接端子较少使用。压线端子一般用于控制电路。

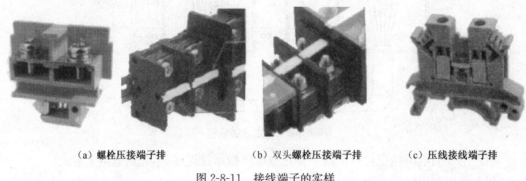

（a）螺栓压接端子排　　　　（b）双头螺栓压接端子排　　　（c）压线接线端子排

图 2-8-11　接线端子的实样

3. 冷压工艺

铜接头是导线与其他导线和器件连接的过渡器件。从上面可以看出,铜接头有两种连接,即与导线的固定连接和与器件的可拆卸连接。与导线的固定连接是用与导线直接相当的铜管套入导线,用"挤压"的方法使两者紧密地连接在一起。挤压是在常温下进行,因此称为"冷压"。与器件的连接通过"孔"用螺栓或螺母压接,或插入铜管用压板压接。

1)冷压铜接头的种类

铜接头一端是铜管,管径配合导线的截面积为 $1mm^2 \sim 400mm^2$,另一端可以配合各种连接需要。如图 2-8-12 所示。最常用的是图 2-8-12(a)所示孔型。螺栓插入孔,即使因某种原因螺栓或螺母松动,铜接头也不会脱落。船舶运行条件最适宜采用这种方式。图 2-8-12(b)和图 2-8-12(c)所示叉型有孔口,不必全部拆卸螺栓或螺母铜接头就可以直接插入,操作较方便。但螺栓或螺母松动铜接头有可能脱落,要求较高的船舶。如舰船一般不允许采用。图 2-8-12(d)所示管型没有连接孔,套管既作冷压又作连接。

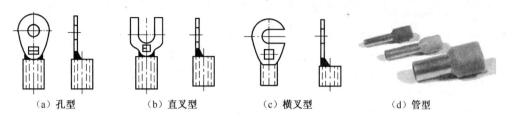

（a）孔型　　　　（b）直叉型　　　　（c）横叉型　　　　（d）管型

图 2-8-12　铜接头连接方式的实样

表 2-8-2 是常用的小截面孔型铜接头的形式和规格。使用的芯线截面范围为 $0.5mm^2 \sim 10mm^2$。

表 2-8-2　小截面孔型铜接头形式和规格

（单位:mm）

型号 Type	规 格 Specification	芯线截面 Conductor Size /mm^2	接头尺寸 Terminal Dimensions						
			D	d	d_1	L_1	L_2	B	δ
JB	0.75-2	0.5～0.75	2.2	1.3	3.3	7	12	5	0.7
	0.75-2.5		2.8				12	5.5	
	0.75-3		3.2				14	6	
	0.75-4		4.2				14	7.5	
	0.75-5		5.2				14	8	
	0.75-6		6.2				15.5	10	
JB	1-2	0.75～1	2.2	1.6	3.6	7	12	5	0.7
	1-2.5		2.8				12	5.5	
	1-3		3.2				14	6	
	1-4		4.2				14	7.5	
	1-5		5.2				14	8	
	1-6		6.2				15.5	10	
JB	1.5-3	1～1.5	3.2	2	4	7	14	6	0.7
	1.5-4		4.2				14	7.5	
	1.5-5		5.2				14	8	
	1.5-6		6.2				15.5	10	

型号 Type	规格 Specification	芯线截面 Conductor Size /mm²	接头尺寸 Terminal Dimensions						
			D	d	d_1	L_1	L_2	B	δ
JB	2.5-3	1.5~2.5	3.2	2.6	4.8	8.5	14	6	0.7
	2.5-4		4.2				16	8	
	2.5-5		5.2				16	8.5	
	2.5-6		6.2				18	10.5	
JB	4-4	2.5~4	4.2	2.8	5.2	9	18	10	0.8
	4-5		5.2				18	11	
	4-6		6.2				20.5	11.5	
JB	6-4	4~6	4.2	3.5	6.3	10	20.5	11	1
	6-5		5.2				20.5	11.5	
	6-6		6.2				22.5	12.6	
JB	10-5	6~10	5.2	4.3	7.7	11	22.5	12.5	1.2
	10-6		6.2				22.5	12.5	
	10-8		8.2				24	14	

使用有关的主要数据为孔径 D 和宽度 B。D 是配合螺栓的直径,常用的有 4mm、6mm、8mm 螺栓;B 是配合接线板的宽度,常用的有 8mm、10mm、12.5mm 等。

表 2-8-3 列出常用的大截面孔型铜接头的形式和规格。使用的芯线截面范围为 $10mm^2 \sim 120mm^2$。

表 2-8-3 大截面孔型铜接头形式和规格

(单位:mm)

型号 Type	规 格 Specification	芯线截面 Conductor Size /mm²	接头尺寸 Terminal Dimensions						
			D	d	L_1	L_2	L	B	δ
JG	16-6	10~16	6.5	6	16	32	41	12.3	3
	16-8		8.5					12.3	
	16-10		10.5					14	
JG	25-6	16~25	6.5	7	20	37	46	13.7	3
	25-8		8.5					13.7	
	25-10		10.5					15.3	

110

型 号 Type	规 格 Specification	芯线截面 Conductor Size /mm²	接头尺寸 Terminal Dimensions						
			D	d	L_1	L_2	L	B	δ
JG	35-8	25～35	8.5	8	22	41	52	15.3	3
	35-10		10.5						
	35-12		12.5					18	
JG	50-8	35～50	8.5	10	22	42	54	18.5	3
	50-10		10.5						
	50-12		12.5					20	
JG	70-10	50～70	10.5	11	24	47	61	21.1	4
	70-12		12.5						
	70-14		15					24	
JG	95-10	70～95	10.5	13	26	50	99	25	5
	95-12		12.5						
	95-14		15						
JG	120-12	95～120	12.5	15	28	55	73	28	5
	120-14		15						
	120-16		17						

有关使用的主要数据为孔径 D 和宽度 B。D 是配合螺栓的直径,常用的有 9mm、10mm、12mm 螺栓;B 是配合接线板的宽度,常用的有 12mm、18mm、20mm 等。

2)冷压工具

常用冷压铜接头的工具有手动机械式冷压钳和液压式冷压钳两种。

手动机械式冷压钳采用手压。带锁紧装置的冷压钳,适用于 2mm～6mm 的铜接头。使用时必须压到底,即压到符合要求的深度,冷压钳才会松开,以保证压痕的深度。图 2-8-13 所示是手动冷压钳。

有一种带冷压钳口的钢丝钳,可以压 4mm 以下的铜接头,但压的深度由操作者的握力确定,不能保证深度,只能作为临时接线使用。在设备上禁止使用。

液压式冷压钳有手动液压钳和电动液压钳。这类冷压钳用于大截面铜接头。如图 2-8-14 所示。配有各种截面的模具,使用时放入。

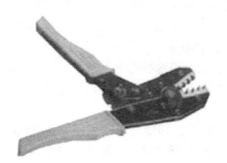

图 2-8-13　手动冷压钳

图 2-8-14　手动液压冷压钳

大截面铜接头的压痕形状有正六角形及矩形即坑形两种。船舶使用较多的是矩形。

3)铜接头制作工艺

铜接头制作如图2-8-15所示。剥去导线护套,插入铜接头管,冷压钳压坑,套上标记。

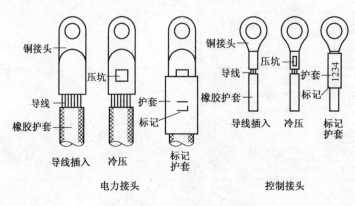

图2-8-15　铜接头制作示意图

制作要求如下:

(1)电力接头,切割芯线绝缘护套时,不能损伤导电铜丝。切割后露出的铜丝长度应比铜接头套筒长2mm～3mm。即芯线插入铜接头后外面露出2mm～3mm。用以表示芯线已插到底。

(2)控制接头即小截面芯线,一般应采用如图2-8-16所示的脱线钳。可以防止损伤导线。

(3)剥去端头芯线绝缘护套,露出所需的长度,保持导线原来的绞合状态,不要再绞,否则会增加直径,插不进铜接头管。特别对大截面导线更应注意。

(4)有的导线外有一层透明的薄绝缘覆盖,应清除。

(5)选择标明截面的铜接头,不能大或小。大,不能保证压"实",小,芯线插入有困难。

(6)大截面导线插入应按(多股)导线绞合的方向慢慢转入,用木质棒轻敲端头,应有插到底的感觉。

(7)选择与铜接头规格一致的压模,铜接头放入时应感觉不松、不紧,否则应检查是否同一标准。例如:国产铜接头用日本的冷压钳或日本的铜接头用德国的冷压钳等。

(8)大截面铜接头应压在正面,小截面铜接头的接口在正面,应压在反面。

(9)无论手压或液压冷压钳,都必须压到机构自动松开。

铜接头压制结束一般要套一段护套,保护铜接头与绝缘护套之间露出的导线。芯线的标记套管可以代替。现在铜接头厂商提供一种称为"预绝缘"的铜接头,在铜接头尾端有一段绝缘套。在这种情况下,应另外套芯线标记。

大截面芯线制作铜接头前都有切断多余段的操作。切断要求切面平直,不能歪斜。切断用锯或剪的方法。锯容易使多股绞合的导线松开,锯面不平。普通剪刀更容易使导线松开。合理的切断操作应采用图2-8-17所示的电缆切断剪刀。刀口的剪切为圆形,多股绞合的导线不会松开。

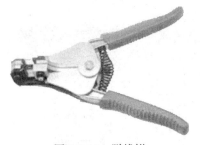

图 2-8-16　脱线钳

图 2-8-17　电缆切断剪刀

4.芯线束的安放

进入设备的芯线都有一定的余量,特别是控制电缆。必须整理、安放这些芯线。安放的原则是美观、便于检修。

1)安放位置

中型箱式设备一般从底部进线,接线端子排也在底部,水平排列。个别设备的电源接线在电源开关的进线端,开关布置在上部。芯线的余量安放在底部即进线处。

大型设备也是从底部进线,控制接线端子排在底部,有水平排列,也有垂直排列在侧面的。正规制作的设备都考虑到芯线的安放。

参看图 2-8-18 所示的某配电板的外接线控制端子排的布置,端子排垂直布置,旁边提供一条包有绝缘的捆线棒。

图 2-8-18　外接线端子排布置实例

前面图 2-8-7 所示,是主配电板配电屏外部电力电缆进入通过内部的走线导板到靠近所要连接的开关处,切割外层护套。近开关处设有捆线条。

图 2-8-19 所示是某机舱集控台的控制接线端子,垂直布置,外部接线一侧设有走

线槽。

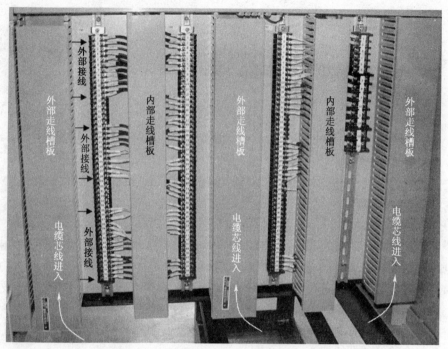

图 2-8-19　外接线端子排和走线槽布置实例

2)芯线捆扎

接线之前要把每根芯线拉到接线端子处。电力电缆芯线截面较大,余量少,$10mm^2$以上几乎没有什么余量。考虑到发热,可以与控制电缆芯线分开。控制电缆芯线必然有一段余量需要整理、安放。整理除为了美观外主要是为了减少占用空间。每根电缆芯线的安放应易于识别所属的电缆。

放置在走线槽内的芯线无需捆扎。多芯电缆做接线头时芯线松开,放入走线槽应理齐成捆,每根电缆的芯线可辨。芯线束折弯应以最近电缆的第 1 根芯线接线端子为依据,如图 2-8-20 所示。芯线的余量在右边,顺次向右的芯线多出的余量放在左边。如果余量太多,则到槽的尾端折弯。

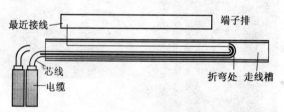

图 2-8-20　走线槽芯线余量的安放示意图

置于箱底的控制芯线需要捆扎。捆扎的方式有集中和分电缆。集中较美观,但芯线所属电缆不易识别;分电缆易识别,但不美观。如果有较多的空间,可以分电缆捆扎。

捆扎是为了美观、避免芯线束松散。一般采用尼龙扎带。不要扎得太紧、太密。切忌扎带嵌入芯线。

114

有捆线条或捆线棒的设备,查看是否有绝缘包覆,如无包覆则应用塑料带全部包覆。

3)备用芯线的处理

多芯控制电缆一般都是有备用芯线。电力电缆一般无需备用芯线。

备用芯线与其他芯线一样做接线端子。按与其他设备的备用芯线标记的协调,或系统设计已有规定,做标记套管、套入。

处理的原则是,端头的铜接头有保护、标记可见、使用方便。

为此:

(1)端头的铜接头应包扎。可以用塑料管套入,折弯返回对齐,用线扎好,防止松开。如图 2-8-21 所示。

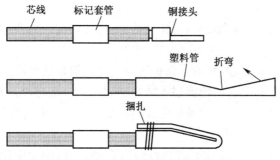

图 2-8-21　备用芯线端头包扎示意图

(2)标记套管放在外面。

(3)单独捆扎,放在容易看见的位置。

(4)进走线槽内的应最后放入,放在打开槽盖就可以看到的位置。

5.芯线的连接与紧固

1)孔形铜接头接线

(1)接线前应检查接线端子的螺栓或螺母及平垫圈、弹簧垫圈等是否齐备、是否松动。

(2)确认芯线套管标记是否与端子标记一致。

(3)铜接头应正面连接,如必须接两根芯线,则一正一反。

(4)同排的所有铜接头应平行放置。

(5)螺母紧固应用套筒扳头,不允许用活络扳手。

(6)螺栓紧固应根据螺栓头的形式,六角头应用套筒扳头,十字或一字应用相同规格的螺丝刀,避免小刀口拧坏螺栓槽口。

(7)接线紧固后,调整标记套管到同一位置,标记字样向外,如字方向不一致应重做。

2)管形铜接头接线

压线接线端子采用管形铜接头插入接线。压线紧固靠导线端子受压变形。如果不能变形则不可能紧固。管形铜接头可以满足要求。称为销状铜接头的,销状端插入紧固,但销状端在接线端子排中受压不变形,无法紧固。领用铜接头时就应检查是否可以使用。

接线时先松开压板螺栓,管形铜接头完全插入才能紧固。拧紧后,用手拉动芯线检查,不能有松动现象。

6.接线检查

对照接线图,所有标有接线的端子应有接线、标记(编号)一一对应。

备用接线柱上的螺母、垫圈应配齐全、紧固。

清除杂物。盖上走线槽盖板。

第九节　电气接地工艺

一、电气接地的种类

"地"：陆地上是大地,钢质船舶是船体钢结构。

船舶电气接地是指将电气设备外壳(包括铠装电缆的金属外壳)通过导体与地即船体结构连接起来。

按接地的作用可分为:安全接地;工作接地;抗干扰接地。另外,还有防静电接地。

1. 安全接地

安全接地也称为保护接地,是为了保护人身安全而设置的接地。

"电"对人身产生威胁是有电流流过人体,轻则灼伤、重则身亡。人体流过电流必须有电压存在。人身某个部位(如手)触及带电体,即触及电源一端,身体另一部位(如脚)与电源的另一端构成回路,则产生电流。

船舶电源即交流发电机输出的三相电压,没有接地点,但发电机绕组对地有电容存在,输电线路对地也有电容存在,可以看成发电机的中点经电容接地。

电气设备是金属外壳,如果某种原因设备内的电源的某一极碰到金属壳体,外壳与地之间有电压存在,即所说的外壳带电,人站在地上(即船体),身体或手触及外壳,电源通过人体与地形成回路,产生电流——触电。如果将金属外壳用导体与地连接起来,外壳与地是等电位,人触及不会产生电流,不会危及人身安全。同样,铠装电缆的金属编织外壳,电缆带电源的芯线碰到金属外壳,如不接地,同样会危及人身安全。

安全接地是将电气设备机壳接地、电缆金属编织外壳接地,以保护人身安全。

2. 工作接地

工作接地是为了保证电气系统正常运行所需的接地。

钢质船体结构是金属导体。电力系统的电源某一极,如果不用电缆导线,而借用船体作导线,例如:三相照明变压器次级星形连接的中点接地(船体),照明灯只需用一根电源导线,另一根接地,灯就会亮。灯具的外壳也必须接地。这个接地是用来作为电气器件的工作回路。

但船舶低压(380V、440V)电力系统的电源,一般都不接地(即绝缘系统)。设备的接地是安全接地,不是工作接地。

3. 抗干扰接地

抗干扰接地是为了防止设备相互之间产生干扰影响系统正常工作所需的接地,也称为屏蔽接地。

无线电通信、导航设备一般称为弱电设备,易受电磁干扰。现在船舶电力设备大量使用电子技术,有人称为强电弱电化。大功率电子器件在逆变器中使用,产生大量谐波,对其他设备产生干扰,电子控制电路又会受到其他设备的干扰。电气设备的外壳接地和电缆金属(屏蔽)壳接地,可以防止干扰。

船舶电气安装的施工内容,电气接地主要是安全接地和抗干扰接地两种。

二、电气设备接地工艺

电气设备的带电部件以外的所有可接近的金属部分均应接地。

电气设备的金属外壳,人经常可能触及,必须接地。

对那些不会接近的,如灯具内的灯罩、不可能带电的器件(如电缆支承件)等无需接地。从人身安全来看,对人的危害主要是电流的大小,电流的大小决定于电压的高低。试验数据表明,电气设备的工作电压在50V以下对人体是安全的。50V以下的电气设备也无需接地。

1. 接地方法

电气接地是指将电气设备外壳和电缆的金属外壳(如有的话)通过导体与地即船体结构连接起来。接地方法是解决通过什么导体、怎样与船体结构连接的工艺。

1)以箱脚、底座或支架作为接地导体接地

规范规定:

"当电气设备直接紧固在船体的金属结构上或紧固在与船体金属结构有可靠电气连接的底座或支架时,可不设专用导体接地。"

"如采用专用导体接地或靠设备底座或支架接地,其接触面均应光洁平贴,保证有良好的接触,并应有防止松动和生锈的措施。"

电气设备的安装脚紧固在焊接在船体结构上的底座或支架上,可不设专用导体接地,而是利用箱脚、底座或支架作为导体接地。为了保证箱脚与底座或支架的接触面光洁平贴,箱脚与底座或支架的接触面应刮去油漆,打光表面,露出金属层,用锡纸衬垫其间。锡纸应露出接触面。紧固应加弹簧垫圈,防止松动。紧固后接触处应涂红丹漆密封,防止生锈。如图 2-9-1(a)所示。

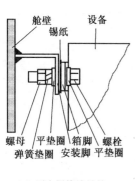

(a)无专用接地导体

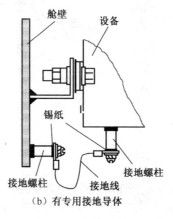

(b)有专用接地导体

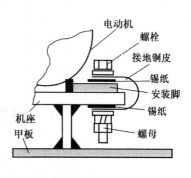

(c)电动机接地导体

图 2-9-1 设备的接地导体

三只箱脚的设备可以只用一只脚接地。三只箱脚以上的设备至少应对角两只脚接地。

通过钢丝减震器安装的小型设备,可以以钢丝减震器和安装脚接地。钢丝减震器与设备、安装脚的接触面应用锡纸衬垫。如图 2-9-2 所示。

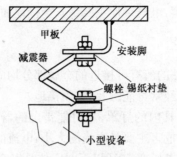

图 2-9-2　钢丝减震器接地

有的照明属具如接线盒、插座、开关等外壳为塑料，是绝缘材料，无需接地。有的电工没有学习接地工艺，所有塑料外壳的器具都衬锡纸接地。这是没有意义的。

2)专用导体接地

电气设备上设置专用的接地螺栓或接地螺柱，用导线与地连接，导线就是专用的接地导体。钳工准备工作焊装设备安装件，同时在舱壁上焊装接地螺栓或接地螺柱。用两端有铜接头的接地导线连接。如图 2-9-1(b)所示。铜接头与接地螺柱之间的接触面应衬垫锡纸。紧固后接触处应涂红丹漆密封，防止生锈。

电动机的外壳也必须接地。如果没有专用的接地螺柱，则不能按照箱体设备那样用设备与安装脚的接触面来连接，而应用接地铜皮跨接连接。如图 2-9-1(c)所示。

采用橡皮减震器安装的设备，也采用接地铜皮跨接连接。如图 2-9-3 所示。

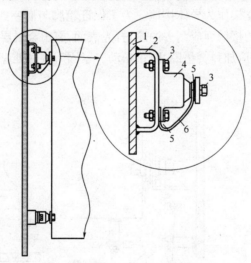

图 2-9-3　橡胶减震器铜皮跨接接地
1—舱壁；2—安装脚；3—螺栓；4—橡胶减震器；
5—锡纸衬垫；6—接地铜皮。

2. 接地导体的截面

接地采用导体说明有电流流过。导体的截面选择与流过的电流大小有关。电气设备不带电的金属外壳与电源接触，流过接地导体的电流决定于电源，可以作为依据的是电源电缆芯线的截面。

单独固定的接地导体,截面积选择依据如下:

(1)电源导线截面积小于 120mm^2,接地导体选择电源导线截面积的 1/2。

(2)电源导线截面积大于 120mm^2,接地导体固定为 70mm^2。

(3)考虑到机械强度,电源导线截面积小于 2.5mm^2,接地导体固定为 1.5mm^2;大于 2.5mm^2,接地导体不小于 4mm^2。

专用接地导线一般采用多股黄绿相间的胶质(软)导线,并在两端压有与接地螺栓相匹配的铜接头。

三、电缆接地工艺

电缆接地主要是指电缆的金属护套或金属外护层的接地。

电缆接地大多数情况下是指金属护套或金属外护层接船体,少数由于技术上的原因是接设备内电路的某处,如直流工作电源的负极。

电缆接地的一般要求是:电缆的金属护套或金属外护层应于两端作有效接地,但最后分路可只在电源端接地。对于控制和仪表设备的电缆,由于技术上的原因,如一端接地较为有利时,则不必两端接地。

电缆的金属护套或金属外护层可采用下列方式之一进行接地:①用金属夹箍夹住,并以专用铜接地导体连接至船体的金属结构上。②用专用接地填料函接地,这种填料函能保证有效的接地连接。③用电缆紧固件接地,这种电缆紧固件应以耐腐蚀的金属材料制成,并应能使电缆金属护套或金属外护层与金属之间有良好的接触。

电缆接地有两种作用:安全和抗干扰。船用电缆的金属护套有钢丝编织和铜丝编织,俗称钢丝壳电缆和铜丝壳电缆。一般来说,钢丝壳是保护用的,也称铠装电缆;铜丝壳是抗干扰用的,也称屏蔽电缆。使用要求,穿出甲板或外围壁到室外的电缆必须是铜丝壳。如果由于机械强度要求是钢丝壳,穿出的一段电缆必须加套铜丝壳。

电缆的金属编织外露,即金属护套外没有其他绝缘外护套,则跟电气设备一样,无论是钢丝壳或铜丝壳电缆都需要进行安全接地。

现在船舶多采用金属护套外再加绝缘外护套的电缆,没有必要进行安全接地。如果有屏蔽要求,则必须进行抗干扰接地。

过去电缆的屏蔽要求一般都是在无线电通信设备中强调,现在电力系统和电力拖动系统中的控制和仪表设备都十分重视。而且不是接地越多越能抗干扰。实际使用发现,有的控制系统的电缆,两端接地反而起不到抗干扰,必须一端接地。

例如:某船的绞缆机械是自动收、放缆控制。控制系统测量缆绳的张力来自动控制。测量电缆的屏蔽金属编织外有绝缘外护套,进设备时金属编织接地(即船体)。试验时发现测量张力的电路不能正常工作,测不出张力。询问制造厂(外商)才知道,电缆屏蔽壳不允许接船体地,必须接到电源的负极。

因此,对于控制系统复杂的船舶,应按技术部门提出的要求进行。如果需要接地,则制作工艺是一样的。

1. 电缆金属护套接地

要求电缆两端接地。两端是设备,因此接地是在设备进线处进行。

1)金属夹箍接地

电缆通过单填料函进入设备,填料函没有供电缆金属护套接地的措施,采用专用的、带金属夹箍的接地导线接地。如图 2-9-4 所示。

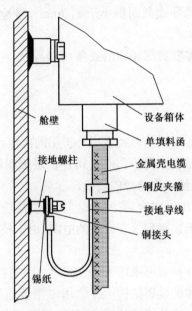

图 2-9-4　金属夹箍接地方法

在设备下端近旁的舱壁上焊装接地螺(母)柱。接地导线采用 2.5mm² 的裸露金属编织软线,一端为铜皮夹箍,另一端为铜接头。

电缆切割进设备,填料函密封紧固后,距填料函 50mm～100mm 处,去除金属编织表面的污垢,用酒精擦净,包上铜皮、夹紧。去除接地螺柱接线面的污垢,用酒精擦净。接地螺栓套入弹簧垫圈、平垫圈插入铜接头,衬入剪孔锡纸,拧入螺栓,紧固接地线。

2)电缆进线紧固件接地

这种接地方法是基于设备的金属箱体已接地。用来支承和紧固电缆的进线导板表面镀锌(或其他金属镀层),焊装在箱体上。只要保证电缆金属外壳与紧固电缆的导板有紧密的接触,可以保证电缆金属外壳可靠接地。

目前非水密的设备进线采用扎带紧固在导板上。紧固前,在电缆束上用略宽于扎带的锡纸包一圈,再用扎带收紧。电缆束中电缆直径相差太大,不易扎紧,可能影响电缆金属壳之间的接触,如果进线孔足够宽,可以分束捆扎,如图 2-9-5 所示。

成束电缆接地,也采用通过电缆导架接地的方法。与电缆紧固接触的导板必需是表面镀锌的。在金属扎带与电缆之间、电缆层间衬垫锡纸,以保证接触。扎带紧固电缆在导板上,导架焊接在船体上,金属扎带紧固达到电缆金属护套接地的效果。如图 2-9-6 所示。

2. 有绝缘外护套的电缆接地

目前使用较多的是金属编织外有绝缘护套的电缆。进设备接地一般采用"有接地锥

120

套"的单填料函。如图 2-9-7 所示。填料函体和螺母采用铜质或不锈钢。普通填料函的螺母侧和出线孔侧各有一只平垫圈。这种填料函的出线孔侧是接地锥套。

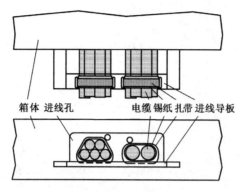

图 2-9-5　电缆进线紧固件接地方法

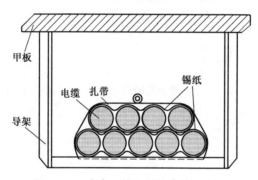

图 2-9-6　成束电缆金属护套接地方法

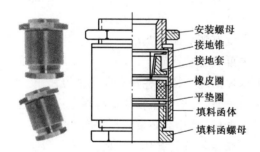

图 2-9-7　有接地锥套的填料函

　　电缆进填料函的制作如图 2-9-8 所示。电缆切割后套入填料函螺母、平垫圈、橡皮圈、接地套,翻出金属编织,沿接地套剪齐,套入接地锥,插入金属编织,接地锥、套夹住金属编织,穿入芯线,塞入电缆至接地锥到函底,电缆的内护套刚要出孔的位置,推入橡皮圈、平垫圈,手拧入螺母同时拉住电缆,保持内护套在孔口。用扳手拧紧螺母同时拉住电缆,保持内护套露出 3mm～5mm。

　　带绝缘外护套的电缆,也可以用其金属编织层拆散后,在端部压制铜接头直接接地。

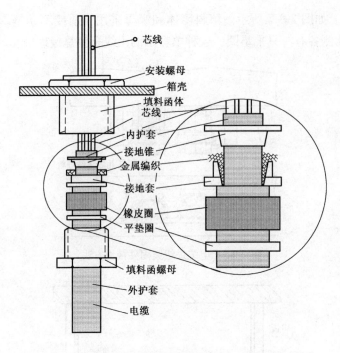

芯线

安装螺母

箱壳

填料函体

芯线

内护套

接地锥

金属编织

接地套

橡皮圈

平垫圈

填料函螺母

外护套

电缆

图 2-9-8　有接地锥套的填料函的电缆进线制作示意图

复 习 题

1. 船厂的电气安装工艺为什么要符合船东指定的船级社的建造规范?
2. 船舶建造是否必须进行电气安装生产设计?
3. 主干电缆与局部电缆有哪些差别?
4. 电装生产设计主要解决哪些问题?
5. 电缆敷设是否可以像陆地大楼那样放在电缆槽内?
6. 导板是否可以不用吊脚,直接焊接在船体结构上?
7. 船体结构开孔贯穿电缆,为什么必须烧焊贯穿件?
8. 普通电缆盒与电缆管在使用上有什么区别?
9. 电气设备为什么必须通过设备支架安装?
10. 单件形式的设备脚与整体形式的设备支架在使用上有什么区别?
11. 船舶电气安装是全船性的,为什么还要划分区域?
12. 电气安装参与分段预装有什么好处?
13. 分段预装看图应注意哪些事项?
14. 梁上开电缆贯穿件孔,应遵循哪些原则?
15. 电缆贯穿件的安装位置与电缆支承件之间应怎样配合?
16. 为保证电缆有足够的支承点,普通电缆盒是否可以作为支承点?
17. 电缆路径的选择主要应考虑哪些因素?

18. 在哪些地方敷设电缆需要穿线管？

19. 电缆支承件和设备支架为什么不可以烧焊在船壳旁板上？

20. 电缆芯线的导线为什么选用多股而不允许采用单股？

21. 已知某型号 2×1 电缆的载流量为 11A,是否可以认为 2×4 电缆的载流量为 44A？

22. 两种型号电缆,导体最高工作温度为 60℃ 的 3×70 的电缆,额定载流量为 95A; 最高工作温度为 95℃ 的 3×25 的电缆额定值也是 95A,各自通以 95A 一段时间,电缆表面温度是否一样,为什么？

23. 额定电压为 600V 的电缆是否可用于 220V 照明系统;250V 的电缆是否可用于 380V 电力系统？

24. 电缆表册的停止点或停止记号做什么用？

25. 为什么主干电缆总是选择中间部位向两端设备穿拉电缆？

26. 成束电缆重叠为什么要求不超过两层？

27. 为什么要求电力电缆和信号电缆分束敷设？

28. 单芯电缆用于三相交流输电,为什么敷设时,要求"品"字形排列？

29. 大电流用三根三芯电缆并联,应怎样并联？

30. 三根单芯电缆用于三相电力输送,机舱下面是否可以分三根电缆穿线管分别穿电缆？

31. 直角转弯的成束电缆,弯曲半径取最粗电缆的外径,最细电缆该怎样处理？

32. 浇注型贯穿件内的各电缆之间、电缆与函体之间为什么必须要有足够的空隙？

33. 是否可以用柏油浇注填料函？

34. 舱壁贯穿件的两个浇口选在舱壁同一侧好还是两侧好？

35. 甲板电缆浇注型贯穿件,为什么要求两次浇注？

36. 分段预装阶段为什么一般只安装设备支架,不安装设备？

37. 哪种安装方式在钳工准备阶段需要用样板安装？

38. 用螺栓紧固设备,弹簧垫圈应放在哪一边？为什么？

39. 在什么环境条件下,设备需要通过减震器安装？

40. 电缆切割之前电缆牌号应如何处理？

41. 电缆进入设备,外部要求电缆有一定长度的直线部分,除美观外还有什么作用？

42. 电缆的金属编织和绝缘外护套为什么在入口处必须切除？

43. 大截面导线的芯线可以少留余量,为什么控制芯线要留接到最远处和再做几个铜接头的余量？

44. 切割外护套,要求不划伤芯线绝缘,如果割破一点,对使用究竟有没有影响？

45. 有的工艺要求设备内的电力电缆芯线,外面套塑料管,这样是否会影响散热,是否有其他作用？

46. 非水密设备的进线口,电缆进入后有空隙,既然非水密,为什么要塞填料？

47. 电力电缆的芯线护套如果有色标,控制电缆的芯线护套上如果有数字标记,是否可以不必对线？

48. 如果铜接头规格与导线略有差异,导线塞不进套管,是否可以剪去一两股铜丝;

如果塞进太松,是否可以塞几根铜丝,然后再压制?

49. 压制铜接头为什么必须用冷压钳,压模的规格必须与铜接头一致?

50. 一个接线端子最多允许接 2 个导线端子,接 3 个或 4 个是否可以,为什么?

51. 如果设备没有提供安放芯线的走线槽,几根控制电缆的芯线是捆成 1 束好,还是 1 根电缆捆 1 束好?

52. 电力芯线与控制芯线是否可以捆扎在一起,为什么?

53. 控制电缆的备用芯线是与使用芯线捆成束好还是分开好?

54. 为什么要求备用接线端子上的螺栓、垫圈、弹簧垫圈或螺帽必须配齐、紧固?

55. 为什么强调旋圆头螺栓的螺丝刀要适合槽口的规格,旋六角头螺栓要用套筒扳手?

56. 电气设备安装在设备支架上,再焊装在船体结构上,为什么还要再接地?

57. 陆地上采用"漏电开关"来防止人身触电,船上是否可以采用?

58. 电气设备接地如果采用设备安装脚衬垫锡纸,应采取哪些措施来保证接触可靠?

59. 塑壳开关和接线盒等照明属具是否需要接地?

60. 船舶作为电源的发电机的中点不出线,与地绝缘,电源线碰设备外壳,通过接地线的电流不大,为什么接地导体的截面要按设备电源导线的截面来选用?

61. 电缆的金属编织外有绝缘护套,是否需要在进入设备处制作安全接地?

62. 电缆抗干扰接地,是否电缆两端的金属编织都必须接地(船壳)?

63. 设备或电缆制作接地后是否可以认为既有安全接地的作用又要抗干扰的作用?

第三章　船舶电气设备

第一节　船舶电气设备的一般要求

一、环境条件

船舶是一座移动着的城市。海船要在各种海域和海况下航行,电气设备经常处于恶劣的环境条件下。

室外温度变化大,机舱温度高,相对湿度大,温度一般在$-25℃\sim+45℃$范围变化。

海上空气潮湿,空气中含有盐雾、油雾、霉菌和水汽。

经常处于摇摆和倾斜状态。横倾、横摇可达$\pm22.5°$;纵倾、纵摇可达$\pm10°$。

经常处于振动状态。舵机舱和有往复机械(如柴油机)的舱室尤为严重。

某些舱室和部位空气中含有爆炸性气体。

船舶碰撞、靠离码头会产生冲击。

舰艇火炮发射和受到射击会产生强烈的冲击。

电气设备在所安装的部位,出现最恶劣、最不利的环境状况(设备本身或采取附加的安装措施)应保证可靠地运行。

二、防护等级

电气设备由执行该设备功能的若干元器件和连接导线组成。外面用罩壳加以防护,防止液体和固体进入。

固体进入设备会造成机械损伤,金属固体进入会引起短路,人体某部分,如手指进入会触电或损伤。

液体进入设备会引起绝缘下降、短路。

低压电气设备的绝缘介质是空气。电气元器件置于空气中,工作时一部分电能将转换成器件的导体和连接导线的发热损耗。发热使元器件和导线温度上升,散发出的热通过导体表面、安装的绝缘构件、导线的绝缘护套与周围空气产生热交换,空气温度上升,空气对流带走热量,温度上升到一定值,达到热平衡状态,温度不再上升。周围空气温度越高,元器件达到稳定的温度越高。元器件和导线的绝缘材料能承受的温度是有限的,温度超过会使绝缘老化、损坏。

外壳防护的作用是将设备的元器件和导线与外部隔离。隔离影响内部温度与外部环境的温度交换。为了使温度不超过允许值,元器件和导线的载流量需按外壳封闭的程度相应减少。封闭得越严实,散热越差,元器件和导线的使用越不经济。外壳的封闭程度由所安装的部位决定。部位不同,防护要求也不同。

外壳的封闭程度有:防滴、防溅、防尘、防爆、水密等。这种程度上的描述只有定性而没有定量,难以对设备的封闭程度进行考核。

为此,国际电工委员会制定了"外壳防护等级分类"的规定。

防护等级用 IP□□ 表示。IP 是防护的特征字母,随后是两位特征数字,前位数表示对固体的防护程度;后位数表示对液体的防护程度。数字越大防护等级越高,反之越低。

防护特征数字的定义见表 3-1-1 和表 3-1-2。

表 3-1-1　防护特征数字的定义(第一位特征数字表示的防护等级)

第一位特征数字	防　护　等　级	
	简　述	定　义
0	无防护	无专门防护
1	防护大于 50mm 的固体物	人体某一大面积部分,如手(但不防护故意接近)。直径超过 50mm 的固体物
2	防护大于 12mm 的固体物	手指或长度不超过 80mm 的类似物体。直径超过 12mm 的固体物
3	防护大于 2.5mm 的固体物	直径或厚度超过 2.5mm 的线材或带材等。直径超过 2.5mm 的固体物
4	防护大于 1mm 的固体物	厚度大于 1mm 的工具、线材等。直径超过 1mm 的固体物
5	防尘	并不能完全防止灰尘进入,但进入的灰尘数量不足以影响设备的良好运行
6	尘密	灰尘不能进入

表 3-1-2　防护特征数字的定义(第二位特征数字表示的防护等级)

第二位特征数字	防　护　等　级	
	简　述	定　义
0	无防护	无专门防护
1	防滴	滴水(垂直滴落的水滴)应无有害影响
2	15°防滴	当外壳偏离其法线位置倾斜不超过 15°的任一角度时,垂直滴水应无有害影响
3	防淋	离垂线不超过 60°的任一角度的淋水应无有害影响
4	防溅	从任何方向向外壳溅水应无有害影响
5	防喷	用喷嘴从任何方向向外壳喷水应无有害影响
6	防浪	汹涌海浪的浪水或强力喷嘴的喷水进入外壳不应达到有害的数量
7	防浸	当外壳在规定的压力及时间条件下浸入水里时,应不可能进入有害数量的水
8	防潜	设备适宜于在制造厂规定的条件下长期潜入水里(一般这就意味着设备是水密的)

三、运行要求

(1)设备本身的操作设置应简便;设备所安装的部位应方便操作。

(2)在规定的环境条件下应能可靠地运行。

(3)电压和频率在一定范围内变化能可靠工作。

(4)设备本身和所安装的部位应防止机械损伤、人体触电,避免发生火灾。

(5)设备至少应设置防止过载和短路引起的损坏和火灾。

第二节　船舶电气设备的分类

一、船舶电气设备的系统分类

船舶电气设备根据其性质和用途一般规类成如下几种系统：

(1)电力系统，是一个由生产、分配、传输和使用电力所构成的整体。

(2)电力拖动系统，是各个独立的电气机械，把电能转换成机械能，拖动工作机械运行。

(3)照明系统，是全船各区域照明和日用电器所组成的系统。

(4)船内通信系统，是各个独立的通信和信号系统，如电话、广播、警铃、火警等。

(5)无线通信和导航系统，是各个独立的对外无线电通信器件和导航设备，如收、发信机，高频电话，电罗径，测深仪和雷达等。

(6)舰船有各种武器装备系统，如火炮指挥仪、识别仪等。

二、船舶电力系统

电力(电能)的生产和使用(消耗)是同时进行的，消耗多少、生产多少。

生产出(发电)的电力必须有选择、有控制地分配(配电)，通过导电线路的传输(输电)供给众多的用电设备使用(用电)。发电、配电、输电和用电有机地连成一个整体构成了电力系统。如图3-2-1所示。

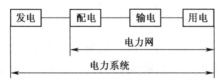

图 3-2-1　电力系统组成

1. 系统参数

(1)电流种类。直流电和交流电。目前无论是民用船舶或舰艇都采用交流电，水下舰艇采用直流电。随着工业技术的发展也在逐步采用交流电。

(2)电气参数。电力系统运行的质量指标是电压和频率。一般船舶和舰艇的电压等级是低压。船舶低压电力系统广泛采用50Hz、380V或60Hz、440V。

考虑到电气设备的配套和泊岸可接用的电源，船舶采用陆地低压电力系统的电气参数。我国采用50Hz、380V。远洋海船要在不同国家港口泊岸，60Hz、440V设备接用50Hz、380V的电源可以运行，比50Hz、380V设备接用60Hz、440V电源运行有利。我国的远洋海船的电力系统也采用60Hz、440V参数。

大型船舶(舰船)，如邮轮(游轮)、集装箱船和液化气船等，工程船舶，钻井平台等，电力系统和设备的功率高。一定的电压等级，电力输送的功率增加，输送的电流也相应增加，输送导线的截面也相应增加。电力输送和设备的制造采用低压等级都有困难，需要升高电压。

目前采用 3000V(3kV)~11000V(11kV)。我国船级社 CCS 称这个电压等级为"高压",有些国家船级社按陆地电力系统标准称为"中压"。目前常见使用的有 6.6kV、50Hz 或 60Hz。

电力系统的电压与用电设备电压是一致的。考虑到输电线路引起的电压下降,低压电力系统的电源(发电机)电压比用电设备的高。陆地规定高 5%,如系统电压为 380V,发电机则电压为 400V;440V 则为 460V。船舶线路比较短,主要设备集中在机舱,离发电机近,电压降较小。现在 380V 的发电机电压为 390V,440V 则为 450V。高压电力系统一般不计及电压降。发电机与系统电压一致。例如:用电设备电压为 6.6kV,系统和发电机电压也都是 6.6kV。

(3)配电线制。配电线制是指用几根导线配电输电。

交流电力系统由三相电源供电。三相电源可以是三相发电机也可以是三相变压器。三相电源是指电源设备中有三个电源,三个交流电源的交变在时间上相差 120°(电度)。如图 3-2-2 所示,三个电源是 U1U2、V1V2 和 W1W2。每个电源有两根出线端子,1 是首端、2 是尾端。三个电源单独输出供电要出六根线。当外部三相负载相等即三相负载平衡时,电源和负载的三个尾端可以分别连在一起。首端的出线称为相线,U、V、W 或 A、B、C 或 R、S、T,连在一起的尾端称为中点或中性点,出线称为中线 N。

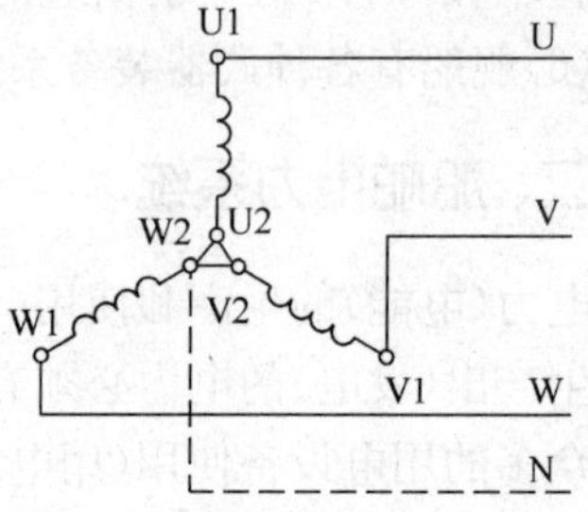

图 3-2-2　三相电源的组成和出线

大多数三相负载是三相感应电动机,是平衡三相负载,中线没有电流流过,不需要连接。

三相电源用三根线配电传输称为三相三线制。中点不出线,三个电源与"地"即船体之间没有联系,是绝缘的,这种配电系统称为三相三线绝缘系统。船舶低压电力系统基本上都采用这种配电系统。

2. 系统结构

海船低压电力系统的结构如图 3-2-3 所示。它包含三个系统:正常、应急和临时应急。

正常配电系统由主电源供电。主电源一般为数台发电机,设置在机舱。主电源经主配电控制接入主电网向正常负载配电。由主电网直接或通过分配电板间接供电的一般是动力用户(负载)。照明和日用电器用户经变压器降压后供电。

应急电源海船一般是发电机,小型船舶可能是蓄电池。应急电网通过应急配电选择供电的电源。正常情况下由主电源供电,主电源故障的应急情况下由应急电源供电。

蓄电池供电时处于放电状态,无法补充,电能放完则停止供电,在主电源、应急电源都失电的情况下作为临时供电的电源。蓄电池是直流电,用户是直流电用户或可以用直流电的用户。正常情况下应急电网或主电网提供的交流电源,整流成直流电向临时应急电网上的用户供电,同时向蓄电池进行充电,保持充足状态。主电源、应急电源失电,蓄电池立即向用户供电。

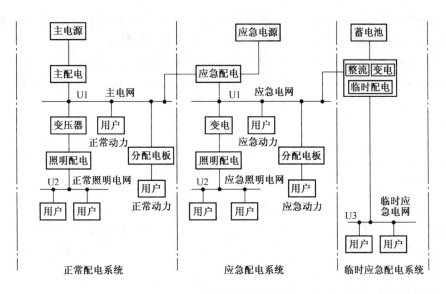

图 3-2-3　低压电力系统结构

电源与各用户之间通过各种节点(即配电设备)用电缆线路连接起来,构成的网络称为电力网,简称电网。如图 3-2-4 所示。

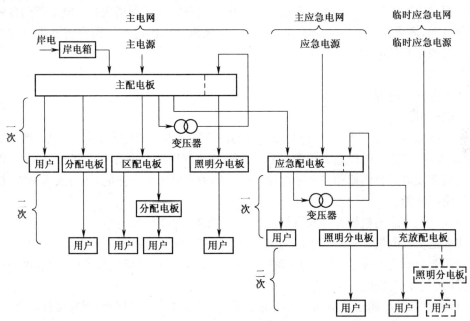

图 3-2-4　电力网示意图

按供电电源的不同,电网可分为:

(1)主电网——由主发电机通过主配电板供电的网络;

(2)应急电网——由应急发电机通过应急配电板供电的网络;

(3)临时应急电网——由蓄电池通过蓄电池充放电板用以传输临时应急电能的网络。

为设绘和施工看图方便,习惯上按供电方式分为:

(1)一次网络——由主配电板直接向区配电板、分配电板和负载供电的网络,也称为一次系统,一般把由应急配电板直接供电的网络也纳入一次网络;

(2)二次网络——由区配电板或分配电板向负载供电的网络,也称为二次系统。

重要设备、大功率用户、分配电板和区配电板等由主配电板直接供电构成的电网,作为一次网络。分配电板和区配电板供电的用户、区配电板再通过分配电板供电的用户构成的电网,作为二次网络。

实际工作中也有按用途分为:

(1)动力网络——船舶电网中向动力设备供电的网络;

(2)照明网络——船舶电网中向照明设备、电风扇及小容量电热设备供电的网络;

(3)弱电网络——船舶电网中向各导航、通信及无线电设备等供电的网络。

船舶电网的分类带有实用和习惯性。例如:一次和二次网络的严格定义是,与发动机有电联系的是一次网络;无电联系(只有磁联系)的是二次网络。例如:弱电网络从供电来看是分散的。

一次配电系统系指与发电机有电气联系的系统。

二次配电系统系指与发电机无电气联系的系统,如用双绕组变压器加以隔离的系统。

主配电板和应急配电板的配电有电力和照明两部分,电力由发电机输出直接供电,照明经变压器降压、隔离供电。

电源发出的电能通过配电设备的分配和电缆线路的输送到达用户。电源要向各种用户提供电能,需要根据用户的要求进行分配。在电源可以供电和该用户需要供电时接通开关。对该用户供电的开关称为配电分路。

3. 船舶电站

船舶电站由电源装置与配电设备组成。

1)船舶电源

电是能源的一种形式,把某种物质所含的能量转换成电能称为发电。例如:燃料能发电、水能发电、核能发电以及太阳能发电等。陆地上常用的是燃煤发电和水力发电,现在也采用核能发电。目前船舶主要是燃油发电。燃油燃烧产生的热能,转换成机械能,机械能再转换成电能。

用来产生电能的机械称为发电机。现在使用的都是旋转发电机。

用来拖动发电机旋转的称为原动机。目前船舶采用的原动机一般是柴油机。

船舶电源有主电源、应急电源和临时应急电源。电源通过配电设备的控制,再经过输电线路向用电设备供电。

(1)主电源是船舶正常情况下使用的电源。通过主配电板向全船所有设备配电。

主电源是设在主机舱或辅机舱的发动机组,至少设置两台,一般商船设置3台~4台,称为主发电机。

主发电机较多的是用柴油机驱动,所构成的发电装置称为柴油发动机组。

考虑到节能和减轻劳动强度,有的船舶航行时采用由主机附带驱动的发电机,这种发电机的原动机是主机,称为轴带发电机。

另外,航行时利用主机排气驱动汽轮机,汽轮机再驱动发电机,称为废气汽轮(透平)发电机。

轴带发电机和废气透平发电机只能在航行时使用。还需要设置柴油发动机组。

舰船也有采用燃气轮机驱动的发电机。

(2)应急电源是在主电源失电的应急情况下使用的电源。通过应急配电板向全船所有应急设备配电。

海船的应急电源一般是设在艇甲板上专用舱室内的柴油发电机组。

不设发电机组的则采用蓄电池。

(3)临时应急电源是蓄电池。蓄电池由化学能转换成电能,只要没有耗尽,随时可以使用。不使用时可以充电,把电能转换成化学能,使用(放电)时不能补充电能,使用的时间有限,只能临时使用。

2)船舶交流发电机

交流电制的船舶都是采用旋转三相交流发电机。它是把机械能转换成电能的机械。

交流发电机的外形如图 3-2-5 所示。轴伸出端通过联轴器与原动机连接。发电机负载运行时绕组和铁芯会发热,一般采用自通风冷却。轴上带风扇,旋转时风从尾端吸入,经过内部气隙空间,从轴伸端排出,带走热量。大功率发电机有冷却器,封闭循环冷却。

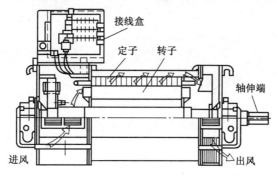

图 3-2-5　交流发电机外形

发电机有两个主要电气部件:磁场绕组(线圈)和电枢绕组,两组绕组相对运动,在电枢绕组中感应出电势——发电。对应的两个机械部件:(转动的)转子和(静止的)定子。磁场的功率一般是发电机功率的 $1\%\sim5\%$。电枢电流比磁场电流大得多,因此用于供电的发电机,电枢绕组作为定子,磁场绕组作为转子,称为转场式发电机。磁场由磁极和磁场绕组流过直流电流产生,称为励磁。转子磁极由原动机拖动旋转,旋转的励磁磁场和静止的电枢绕组相对运动,电枢绕组被旋转的磁场切割感应出电势。电枢绕组端子接上负载,在电势的作用下流过电流,形成电压。电枢电流也产生磁场,称为电枢磁场。励磁和电枢磁场相互吸引,阻止轴转动,原动机必需增加输入的燃料保持旋转速度。负载消耗电能所做的功由原动机输入的燃料(转换)提供。负载增加、输入燃料增加;相反则减少。即电力的生产和使用是同时进行的。没有负载即空载,原动机的旋转仍需要消耗一定的燃料,以补偿各运动部件的风阻和摩擦等损耗。

磁场绕组的电流需要外部励磁电源提供。电流流动必需有导体作为载流体。转子绕组在旋转,导线不能直接与绕组连接,需要通过旋转的滑环和导电的碳刷连接。过去采用这种有碳刷的励磁结构的发电机。

励磁电源也需要能源。一般采用由原动机拖动与(供电)发电机同轴旋转的(励磁)发电机提供。提供励磁电源的发电机称为励磁机。船舶发电机的励磁机现在采用交流发电机,称为交流励磁机。它的结构是定子是磁场绕组、转子是电枢绕组,称为转枢式发电机。旋转电枢绕组发电,输出通过安装在轴上旋转的整流器变换成直流电,向旋转的磁场绕组提供直流励磁电流。无需碳刷结构,称为无刷发电机。发电机磁场绕组和励磁机电枢绕组在同一根转轴上,在同一壳体内。

主发电机和应急发电机一般都采用柴油发动机组。外形如图 3-2-6 所示。发电机和柴油机安装在公共机座上。

图 3-2-6　柴油发电机组外形

一般所说的电力系统电压是与用电设备电压一致的,如 440V 或 380V、220V。发电机是电源,电力传输在输电线路上要产生电压降,用电设备得到的电压比发电机的端电压低。为了保证用电设备的电压在允许范围内,陆地标准规定发电机的额定电压比用电设备高 5%。发电机额定电压是 460V 或 400V,照明电压是 230V。船舶的特殊情况是输电线路短,主要用电设备都集中在离发电机很近的机舱。因此现在有的船舶系统设计把低压发电机额定电压 460V 定在 450V,400V 定在 390V。380V 系统的频率是 50Hz,440V系统的频率是 60Hz。

3)蓄电池

蓄电池是化学能源。

用电设备使用时蓄电池放电,化学能转换为电能,化学能在使用过程中转换消耗。反过来可以用其他电源向蓄电池充电,补充被消耗的化学能。充电是把其他电源的电能转换为化学能,电能以化学能的形式储存在蓄电池内。蓄电池可以充电、放电反复使用。

4)主电站

由数台主发电机和主配电板组成。安装在机舱或辅机舱内。

一般商船设一个主电站。发电机组的数量主要考虑经济性和备用,一般为 3 台～4台。

战斗舰船和大型旅游客船考虑到生命力和安全性,设两个或两个以上的主电站。

主配电板安装在机舱的集控室内,便于值班操作控制。

5)应急电站

以发电机为电源的应急电站由应急发电机组和应急配电板组成。一般设置一台用蓄电池启动的柴油发电机组。

正常时,应急配电板由主配电板的主发电机供电,主电源失电的应急情况下转换由应急发电机供电。海船的应急发电机能在应急情况下自动启动、转换供电。

6)临时供电装置

蓄电池与充放配电板组合构成供电的电站,但习惯上并不称为电站,而是称为供电装置。

蓄电池使用后要充电,不使用也要定期进行充放电。配合蓄电池使用的是充放配电板(或称充放电板)。

充放配电板的用户是各安全和报警装置。

三、船舶电力拖动系统

以电动机为动力拖动各种工作机械的工作方式,称为电力拖动。

船舶电力拖动的机械对象为:辅助机械、起锚系缆机械、起重机械、舵机和特种机械等。统称为船舶辅助机械或船舶辅机。

甲板机械一般多指起锚、系缆(绞盘)机械和起重(起货机)机械。

舵机是与主机同样重要的电力拖动机械。

目前商船和多用途工作(拖)船一般都配置电力拖动的侧向推进装置。

舰船、工程和特殊用途船舶设置电力拖动的特种机械设备,例如:弹药输送机械、防摇鳍、疏浚机械、自动系缆机、钻探机械和水泥输送机等。

船舶推进动力采用电动机即电力推进也属于电力拖动。

电力拖动系统由电动机、控制设备、传动机构和工作机械组成。如图 3-2-7 所示。

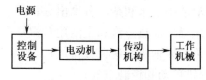

图 3-2-7　电力拖动的组成

1. 电力拖动的动力

电力拖动的动力是电动机。电动机是旋转电机,是实现电能转换为机械能的机械。

工作机械的运转方式无论是旋转、平行移动还是上下移动,通过传动机构与电动机的接口总是作旋转运动。

现代船舶的辅机电力拖动都采用三相交流异步电动机。

三相异步电动机有鼠笼型(简称笼型)和绕线型。笼型电动机的转子绕组是短路的,无需接触导电器件,结构简单,辅机电力拖动一般都采用笼型。

2. 电力拖动设备的控制

电动机接通电源到正常运转有一个从静止到运转的启动过程。把电动机接通电源运转称为启动;切断电源停止运转称为停止(或停机)。

风机和泵类辅机都是作单速、单向或可逆连续运转,只有运转和停止两种状态。

船舶电动辅机一般需要带运行保护、遥控或自动控制。采用电磁力动作的接触器、过载保护的热继电器和辅助控制、操作和指示器件组成控制设备,称为磁力起动器,简称起动器。

根据电动机的功率与电网容量的比例决应定采用的启动方式,起动器有直接起动器、星型/三角型(Y/△)降压起动器和自耦变压器降压起动器。各种起动器可以附加可逆控制、遥控、受拖动对象的物理量自动控制等。

发生火灾时,风机和油泵运行会助长火势扩大,必须切断电源禁止运行。在机舱各层甲板的门口和驾驶室设有应急切断按钮,切断这些设备的配电开关。

电网失电,电动机械设备因断电停止运行。恢复供电后,一般设备不允许自动恢复运行,必须手动逐一启动;为主机服务的重要辅机则按照设定的时间顺序逐一自动启动。

甲板电动机械,如锚机、系缆机和起货(重)机等有专门的控制装置。这些机械操作频繁、速度范围宽,多采用电动—液压控制。电动机驱动液压泵单速、单向运转,所有操作为液压控制。

3. 机舱辅机电力拖动系统

船厂一般把机舱的(除主机和发电机)机械称为机舱辅机。

目前,一般商船和舰船都是以柴油机为推进动力。为柴油机主机(以下称主机)服务的辅助机械一般都是采用电力拖动。这些机械设置在(主)机舱或辅机舱,习惯上称机舱辅机。例如:

(1)主机淡水泵——供给汽缸、缸盖等冷却用的淡水;

(2)主机海水泵——供给冷凝器冷却淡水的海水;

(3)主机滑油泵——供给运动部件润滑油;

(4)喷油嘴冷却泵——供给喷油嘴冷却水;

(5)燃油输送泵——向日用油柜供油;

(6)燃油分离器——将燃油中的水和杂质分离出去;

(7)滑油分离器——将滑油中的水和杂质分离出去;

(8)燃油辅锅炉——使用燃油加热蒸汽和生活用蒸汽;

(9)机舱通风机——为机舱或辅机舱送风或排风;

(10)空气压缩机——提供启动和控制空气;

(11)盘车机——检修盘动主机曲轴、活塞等。

主机运行必需工作的水泵、油泵都是成对互为备用地设置。

机舱还设置安全和生活用辅机,例如:

(1)日用海水泵——向海水压力柜充水,供生活设施使用;

(2)日用淡水泵——向海水压力柜充水,供生活设施使用;

(3)消防泵——提供消防水,也兼作压载水泵;

(4)压载泵——输送压载水,也兼作消防泵;

(5)总用泵——可以兼作消防、压载、冷却等水泵;

(6)舱底泵——排出舱底积水。

4. 甲板电力拖动系统

机舱以外的电动机械一般都纳入甲板机械。例如:

(1)起锚、系缆机——起、放锚,锚链和绞盘缆绳;

(2)起(货)重机——吊、放货物；

(3)侧推装置——船首或船尾侧面助推转向；

(4)舵机——操纵舵叶偏转；

(5)起艇机——起、放救生艇；

(6)电梯——载人、载货升降。

四、船舶照明系统

船舶照明包括确保航行安全和人员安全的照明、工作处所照明以及生活区域照明等，是船舶航行、作业和船上人员生活的必要条件。船舶都是采用电气照明。

船舶照明除了照亮船内工作舱室、生活舱室和内外走道外，还要提供：船外的照明，例如：夜间升降救生艇、攀爬舷梯、靠码头系缆、带浮筒系缆、海上搜寻等都需要比一般照明灯亮得多的光，即强光灯；夜间航行或能见度低的雾天航行，对外显示本船位置和特征的信号灯和航行灯；通过某些特定的水域，该水域特定的信号灯、专用灯、操船灯等。

电气安装工程把舱室电风扇和小型电热器等生活电器都纳入照明系统。

除了生活、工作和作业必需的照明外，现代船舶的照明系统还包括娱乐处所装饰性的灯光布置和临时连接的彩灯等。

照明和日用电器是单相负载，电压现在大多采用 220V。电力系统电压 380V 或 440V 通过变压器降压向照明系统供电。

1. 船舶照明灯具

1）电光源

电光源按发光原理可分为热辐射光源和气体放电光源两大类。

热辐射光源主要采用白炽灯泡。它是利用灯丝（钨丝）通过电流产生热量，使钨丝升温至白炽状态发光。输入灯的电能大部分化为热能和不可见的辐射能，只有 10% 左右的电能化为可见光。缺点是发光效率较低、使用寿命较短、抗振动性能差。优点是使用无需附加装置，价格便宜。

船舶采用的气体放电光源主要是荧光灯。它由荧光灯管、镇流器和起辉器组成。船舶使用的为自启动荧光灯，无需起辉器。

荧光灯管属于低压汞灯俗称日光灯，是一种管状发光体，两端有钨丝电极，管内充有少量汞（水银）蒸气和一定量氩气体，管子内壁涂荧光粉。灯管两电极间被击穿放电，汞原子在电离过程中被激发出紫外线照射到荧光粉发出可见光。发光效率较白炽灯高。荧光灯管需要与镇流器组合才能工作。随着电子技术的发展，荧光灯的起辉和镇（限）流已逐步被电子电路代替。

荧光灯是目前船舶使用的主要电光源。某些部位，如锅炉的水位灯、临时应急照明灯、航行灯和信号灯等都必须用白炽灯泡。强光灯和探海灯采用钠灯和氙灯。

2）灯具

照明灯装在灯具内。灯具有：防护型、防潮型、防水型和防爆型等，采用的形式根据所安装的部位决定。

船员居住舱室的灯具主要是顶灯和床灯，另外还可能有台灯和壁灯。会议室主要是顶灯和壁灯，另外还可能有装饰灯。这类灯具采用防护型。防护类似手指大小的固体伸入灯具。一般沿用陆地生活设施的灯具。生活舱室的灯具如图 3-2-8 所示。

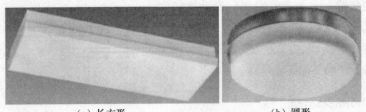

(a) 长方形　　　　　　　　　　　　(b) 圆形

图 3-2-8　居室顶灯外形

安装在工作处所的照明灯具,壳体上有本身安装固定的安装件(脚)和电缆进入的填料函。如图 3-2-9 所示。

(a) 防水型白炽灯　　　　　　　　　　(a) 防水型荧光灯

图 3-2-9　工作舱室和外走道灯外形

夜间航行,在规定的部位安装航行灯,表示本船的位置和航行方向。航行灯灯具是专用的。各种航行灯的亮度、照射的角度、灯罩颜色和安装位置有严格的要求。电光源采用白炽灯。灯坏必需立即更换,但不可能,特别是桅杆上的。双灯航行灯灯具如图 3-2-10 所示,有上下两个灯,一个使用、一个备用。驾驶员在航行灯控制箱上选择使用。灯坏会发出报警。

3)照明属具

照明系统中使用的开关、接插件和连接件称为照明属具。例如:开关、插头、插座和接线盒等。船舶照明属具除生活舱室外,都有一定防护等级要求的。外壳用金属或滞燃绝缘材料制成,有足够的接线和导线容纳空间和电缆进入的填料函。

控制照明的开关除生活舱室外都采用双极切断。有两个进线填料函的水密开关如图 3-2-11 所示。

机械舱室、工作舱室和露天场所主要用来接插移动灯具、电动工具和检测仪器等。采用水密插座。

图 3-2-12 所示是带开关的插座。不使用时关断电源,拧紧插座防护盖。插入的电器暂时不使用,可以关断电源,不必拔出插头。负载电流较大的电器,要求在关断电源后插、拔,带电流插、拔会损伤插头、插座。大电流带开关插座,开关手柄位置与插头机械联锁,只有在开关关断位置才能插、拔。

同一电源的各灯具之间、开关或插座的导线不允许导线相互缠绕对接,必须通过这些器具的接线柱或接线盒的接线板用螺丝紧固连接,保证接触良好。

图 3-2-13 是有 4 个进线填料函的接线盒。

图 3-2-10 双灯航行灯外形

图 3-2-11 两个填料函水密开关外形

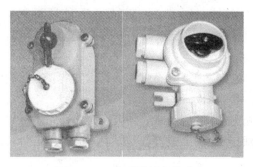

图 3-2-12 带开关插座外形

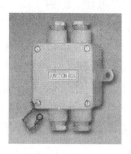

图 3-2-13 接线盒外形

2. 照明系统

船舶照明按功能分有:室内照明、室外照明、探照灯和航行灯、信号灯。

按供电方式分有:正常照明、应急照明和临时应急照明。

(1)正常照明系统。正常照明是全船的主体照明,由主配电板通过各层甲板、各区域的照明分配电板供电。所有生活、工作区域和机械处所都设正常照明。

(2)应急照明系统。应急照明是应急情况下必需的照明,由应急配电板通过各层甲板、各区域的应急照明分配电板供电。各主要工作场所、通道、逃口都需设应急照明。

(3)临时应急照明系统。临时应急照明是在主电源失电,应急电源还未启动投入供电转换的断电期间,为保证旅客和船员安全,由蓄电池通过各层甲板、各区域的临时应急照明分配电板供电的照明。

3. 航行灯、信号灯

航行灯和信号灯统称为"号灯"。航行灯是船舶在夜间(日落至日出)或能见度低的情况下航行,向其他船舶和航行观察处所表明自身位置、状况和动向的灯光信号。信号灯是船舶在港口内或运河内夜间航行,表示本身装载和运行状态等的灯光信号。

1)航行灯

长度大于50m的船舶,设置前桅灯、后桅灯(小于50m的船舶,桅灯只设一盏)、左舷灯、右舷灯和尾灯等五种灯。航行的设置位置如图3-2-14所示。

各航行灯的颜色、照射弧度和照射的能见距离有严格规定,相互不能替换。例如:桅

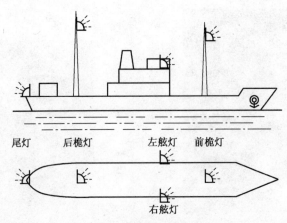

图 3-2-14　航行灯设置示意图

灯为白(透明)色、照射 225°、能见距离 6 海里;舷灯左红、右绿、照射 112°、能见距离 3 海里;尾灯为白(透明)色、照射 135°、能见距离 3 海里。电光源采用白炽灯。

另外,属于航行灯的还有拖带灯、环照灯和闪光灯等。

航行灯用航行灯控制箱控制。控制箱安装在驾驶室的隔舱壁上。设置驾驶室控制台的,控制箱则制作成暗式结构,嵌入驾驶室控制台面板。

航行灯控制箱是夜航的重要设备,用两路电源供电,一路故障转换到另一路。一般由主配电板和应急配电板分别供电。发生故障时需要发出报警,通知值班驾驶员,进行转换操作。

航行灯控制箱上有与外部灯同时亮的指示灯,外部灯因故熄灭,指示灯也熄灭,并发出声报警,通知值班驾驶员,进行换灯操作。

2)信号灯

航行用的信号灯是指船舶向外部(其他船舶或岸上)发出的信号。属于这类信号的有:声号、旗号和灯号。

声号用鸣汽笛称为号笛;敲钟称为号钟;敲锣称为号锣。无论白天、黑夜声号都可以听见。号笛在两船相遇时用来发出操纵和警告信号,例如:"我正在向右转向"、"我正准备从你右舷超越"等。对号声的长短和间隔所组成的信号意义,国际上有规定。与电气相关的号笛是用电磁阀控制汽笛,如雾笛控制器。

旗号有字母旗和数字旗等,用不同颜色和形状组成。悬挂一面或几面不同字母旗和数字旗,表示各种国际规定的信号意义。船舶在港内或运河航行,需要用旗号表示自身的运行状态,例如:"需要引航员"、"需要拖轮"、"本船在试航"、"本船在船厂码头试车"等。

旗号只能在白天使用。夜间必须使用灯号即信号灯。

信号灯用有色、无遮挡(360°可见)、无防护的灯具,安装在罗径平台甲板上的信号灯小桅杆上,左右、上下排列,如图 3-2-15 所示(灯的数量和排列仅为示意)。光源采用白炽灯。

按国际规定的信号意义点亮一组灯,表示本船的状态或需求。例如:上下白、绿、红,表示"本船在船厂码头试车";白、红、绿,表示"本船需要污水船";白、绿,表示"本船需要拖轮"等。

138

五、船舶通信和导航系统

1. 船内通信

1）电话

船舶电话有两类用途：航行指挥电话和日常工作联系电话。

航行指挥电话是驾驶室（或其他驾驶部位）与各操纵部位之间的指挥联系电话，是重要的通信设备。一般采用人工电话。

日常工作联系电话是各舱室之间日常事务的联系电话。一般采用自动电话。

电话是有线通信，通话一方的音频在送话器中转换成音频电流通过导线传输到另一方的受话器，将音频电流再转换成送的声音。

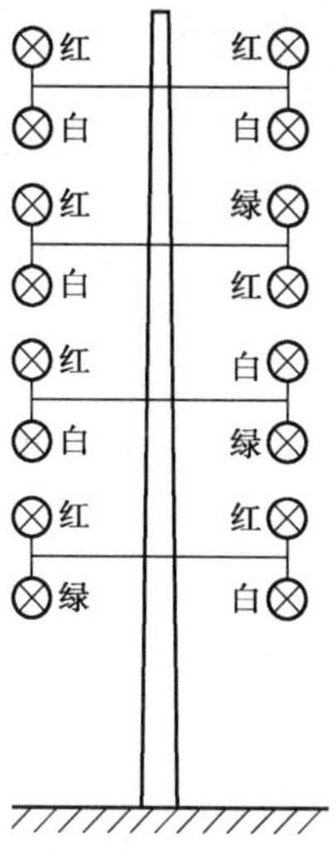

图 3-2-15　信号灯布置示意图

电话设备除了实现双方通话外还要向对方发出呼叫信号。呼叫信号除必须有声响外，有的还需要光信号。

（1）声力电话。声力电话是靠声音的振动能量在传话器中产生的音频电势，通过导线与对方的受话器连接产生电流，音频电流在受话器中转换成振动、还原声音，实现远距离有线通话。这种通话器件无需外部电源。只要线路不断、电话不损坏，任何情况下都可以通话。为了保证通话质量，现在都采用带增音器（放大器）的声力电话。内附干电池提供放大器的电源。呼叫摇动手摇发电机，对方铃响、灯亮。

一般驾驶室与机舱、舵机舱必须设置一对一的直通声力（或增音）电话。

驾驶室也可以设置多路（4 路～12 路）声力电话的总机，用总机上的开关选择通话的对象。

声力电话是人工电话，通话点有限，对象固定。

（2）共电式指挥电话。这是需要电源（如直流 24V）的多路（4 路～12 路）总机电话。外部电源向呼叫信号和通话放大器提供工作电源。总机和单机的送话和受话都设有放大器，保证通话质量。接在总机上的所有单机，用总机上的开关选择通话的对象，可以实现总机与单机对讲、总机与所选择的各单机同时通话、单机与单机之间通话。

共电式指挥电话是人工电话，需要人在总机上选择通话的对象。

图 3-2-16 为人工电话系统示意图。①为直通声力电话，②为指挥总机电话。

（3）自动电话。船用自动电话一般采用程控电话交换机，可以设置多个通话点。用电话机的拨号选择通话对象。各条绳路可以同时通话。

工作电源主用船电交流 220V，备用直流 24V。船电失电自动转换到蓄电池供电。

船用电话设备与陆用不同主要是环境条件，要求环境温度在 $-10℃～+55℃$、相对湿度 95％能正常工作，能承受航行中的倾斜、摇摆、冲击和振动，能耐受盐雾、霉菌。

2）广播

船舶设有广播站，各工作舱室、居室、内外走道设有扬声器。广播站可以向船员或（客轮）旅客发布通知、播放节目，驾驶室可以有选择地向指定部位发布命令。

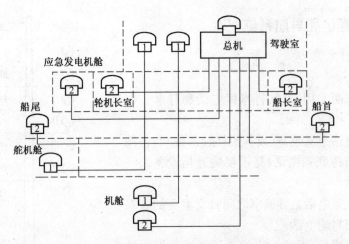

图 3-2-16　人工电话系统

广播的主体设备是扩音机(广播机)。扩音机通过话筒输入语音、收音机输入无线电节目、播放机输入录音或唱片节目,放大后输出到各个连接的扬声器发声。

船用扩音机用于指挥调度、向指定的部位喊话、单独广播和集体广播。例如:船进出港和靠离码头,驾驶室与船首、船尾需要指挥喊话。扩音机需要能遥控、选择喊话的部位、范围等。

图 3-2-17 所示是广播系统示意图。扩音机工作电源主用船电交流 220V,备用直流24V。船电失电自动转换到蓄电池供电。遥控台分别设在驾驶室、驾驶室左右舷、船首和船尾。

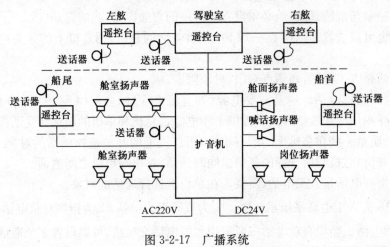

图 3-2-17　广播系统

3)传令钟

传令钟也称车钟,是驾驶室用来向机舱传送主机运行命令和机舱向驾驶室回复操作的设备。驾驶室为发送传令钟,机舱为接受传令钟。机舱传令钟安装在集控台上,在主机上的操纵台旁安装复示器。

传令钟有电动(指针)式和灯光式。采用交流电的一般是指针式,直流电的有指针式和灯光式。一般用直流电的灯光传令钟作为备用,称为应急传令钟。

电动传令钟上有发令手柄和回令指针。驾驶室的发令传令钟,发令时扳动手柄转动,在每个指令条(如停车,完车,前进1、2、3、4、5和后退1、2、3)上可以定位;机舱的回令传令钟的指令指针随发令转动,发令转动到要求的令条上停止,机舱的指针也停止,轮机员根据令条操作主机运行到需要的方向和转速上,并扳动手柄回令,驾驶室回令指针随回令转动,在对应位置上停止。传令钟上的手柄与指针不在同一位置,呼叫铃响,在同一位置,铃声停。

驾驶室遥控的主机,主机操纵与传令钟合一。驾驶员操作传令钟到需要的命令位置,主机遥控系统自动操作主机到需要的转向和转速。不使用遥控系统,传令钟只执行传令的功能。

图3-2-18是主机驾驶室遥控的传令钟位置与主机操纵位置例图。主机操纵与传令钟合一。可以在驾驶室控制台上用传令钟通过主机遥控系统操纵,也可以在机舱集控台上用传令钟操纵。轮机员也可以在机旁根据传令钟复示器显示的指令操纵。

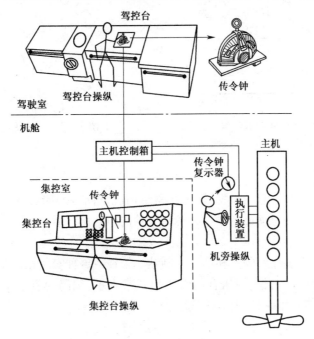

图3-2-18　传令钟与主机操作例图

4)主机转速指示

一般情况下,在机舱集控台、驾驶室、海图室和轮机长室的人员需要了解主机的转向和转速。转速信号由随主机旋转的转速信号传感器发出,传送到需要指示的部位。

转速传感器一般有永磁发电机和脉冲探测。

直流永磁测速发电机是利用在磁场不变的条件下发电机输出电压与转速成正比、电压极性随转向改变的原理。如图3-2-19所示。测速发电机的转轴与主机轴通过链条传动。转速表是可逆指示的直流电压表,转速指示刻度与电压对应。测速发电机的转速与转速表电压所对应的转速有关。主机轴上的齿轮与发电机轴上的齿轮按照转速表电压所对应的发电机转速来配合。直流测速发电机输出的电压经接线盒与各转速表连接。驾驶室和海图室夜航关灯,转速表有外接电源的照明灯供观察指示,亮度可以用调光器调节。

脉冲探测是利用电磁线圈靠近铁磁物质能产生电脉冲的原理。测速装置是与主机轴同时旋转的测速齿轮。测速传感器每经过一齿发出一个脉冲,例如:有20个齿,检测到20个脉冲表示转了一转。在一定的取样时间内检测到多少脉冲就可以得到每分钟的转速值。柴油主机轴上的飞轮有盘车齿,可以作为测速齿轮。如图3-2-20所示,靠近齿轮的位置安装测速传感器,输入测速装置计数检测,为了测出转向,需要用两个传感器比较。两个90°位置安装的传感器信号输入测速装置,输出转速信号通过转速表指示。

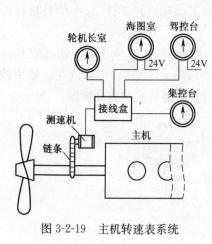

图 3-2-19　主机转速表系统

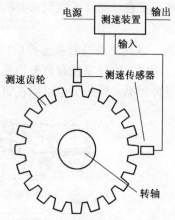

图 3-2-20　主机转速表系统

2. 报警系统

1)通用紧急报警

通用紧急报警也称为总动员警铃,是在紧急情况下向全船船员或客船向旅客或舰艇向舰员发布紧急情况的总动员信号。警铃和警种的声音比广播、喊话更直接,可以更使人警觉。

报警按钮开关安装在驾驶室和消防控制站。警铃或警种安装在机舱、走道、工作舱室等部位。紧急情况以声响长、短组合的编码形式来表示,编码的意义布告全体船员和旅客。例如:"弃船"信号用一长、七短来表示。

2)火警报警

火灾是船舶最严重的事故,在海上发生火灾,人员没有可撤退的地方,设备损坏可能影响航行甚至无法航行。探测各部位的火情及时采取行动特别重要。

火警报警系统是在各可能发生火灾的部位安装火灾探测器,发生火情时向火警报警装置发出火警信号。火警报警装置一般安装在驾驶室。面板的报警指示按探测器安装的区域划分,发生火情,装置发出声、光信号,值班人员根据报警区域采取救火措施。

火灾探测器是根据火灾的物理现象,如发热、发光、冒烟等,用检测热、光或烟的传感器进行探测。常用的有烟雾传感器、火焰(光)探测器和温度(热)探测器。

3. 无线通信

船舶为了能安全而可靠地航行,必须及时获得有关航区的气象预报和航道、航标等变化的通报。承担客货运输的船舶,需要随时和公司及有关港口取得联络、报告船舶运行的情况并为旅客提供相关的电信服务。特殊用途的船舶,如测量船、钻井平台等,需要与岸上及时传送大量数据。在发生海难事故时,更需要及时播报事故的详情和组织救援。无线电通信是实现这些要求的必要手段。

无线电通信是通过天线传播和接收信息。天线是导体,与船体、大地(河水、海水)构成电容。按一定频率交变的电源一端接地、另一端加到天线上时,对地电场形成电流。电流产生磁场。当频率高到一定程度,交变电磁场会以电磁波的形式向周围空间传播。具有发射、传播特点的高频(率)也称为"射频"。

1)常规无线电通信

常规无线电通信是指常规的地面无线电通信系统。使用的设备是发射机、接收机、电台、救生通信设备和终端等。其使命是进行遇险报警、援救协调通信、搜救现场指挥通信以及日常的公众通信和业务往来的电信联络等。使用中频、高频和甚高频频段。

(1)中频、高频电台由发射机和接收机组成。发射机的基本任务是将被传送的音频信号变换为射频单边带信号,并放大到所需功率,经配谐以后由天线发射出去。

接收机的基本任务是接收发端所传送的信息,并能够在复杂的干扰条件下基本地恢复,并按一定的信噪比馈送给收端的终端设备(耳机、扬声器或电传机等),达到高质量通信的目的。

(2)甚高频电台通信系统由港口电台和船(电)台组成。可用来实现船、岸间或船船之间近距离通信,同时通过港口电台的转接还可实现船台与陆地公众网用户之间的通信。VHF电台无论岸台或船台均包括发射机、接收机和天线。船台的收、发机合在一起,岸台可以分开设置。

(3)窄带直接印字电报终端。是在船舶电台与岸台或船舶电台之间使用 MF/HF 波段以遇险、安全及一般电传通信为目的的自动收发电报装置。它和 MF/HF 电台连用可以实现船岸间、船舶间、船台和经岸台延伸的电台或国际电报网用户间的电传业务,同时还可以向某组或所有船舶播发电传信息。

2)救生通信系统

船舶遇险救生工作主要有三个过程:船舶遇险报警过程,与救助船舶通信联络过程,救助船舶搜索救生过程。

船舶遇险救生工作中使用的通信设备有:紧急无线电示位标和搜救雷达应答器等。

(1)紧急无线电示位标用于船舶遇险报警。是利用设备发射的射频信号表示自己的存在状态及其位置以期待搜救它的接收装置找到它。在船舶航行遇险必须弃船时,人工启动紧急无线电示位标开关,发射示位信号,以示请求营救。因此,它是作为船对岸(船)重要的报警装置,也是一种有效的报警救生手段。

(2)搜救雷达应答器。当船舶遇险时,为了能使搜救作业中尽早发现海难幸存者或救生艇,特别建立了寻位系统。搜救雷达应答器是用于船舶遇险时,进行搜救的寻位装置。该设备可以永久性安装在救生艇上,也可以作为自由漂浮体由落水者携带,当船舶沉没时,能浮出海面并自动启动。

搜救船舶(或直升机)上的导航雷达探测信号作用到应答器上,经应答器的天线、环行器,并经直接检波和视频放大后,产生频率在一段范围内连续变化的微波脉冲信号,该微波信号经环行器及天线向搜救船舶(或直升机)发射。与此同时,被接收机放大的信号还驱动指示灯,使它改变闪烁速度,遇难幸存者可得知已经有搜救船舶或直升机在靠近。

3）卫星通信

在船舶无线电通信中,其高频通信只适用于近距离(视距)通信。中、短波段通信容量小,传输速率低,由于中、短波电波传播信道不稳定,可靠性和抗干扰性能差,其可通信时间和地区受到限制。为适应现代化航运事业和船舶遇险报警及搜救通信发展的需要,开发了卫星通信系统。

卫星通信是以卫星作为中继站的微波通信系统,它具有通信容量大、传输速率高、可靠性好、抗干扰性能强等优点,并能实现快速、不间断的保密通信和数据传输等特点,已成为远距离通信的主要手段。该通信系统使用的人造卫星,在赤道上空 36000km 高度的轨道上与地球同步运行,因此,又称为同步卫星。目前航运业使用的海事卫星通信系统,就是利用海事同步卫星进行全球通信业务。

系统由卫星、船舶地球站、海岸地球站、通信网络协调站和运行控制中心组成。系统工作示意见图 3-2-21。

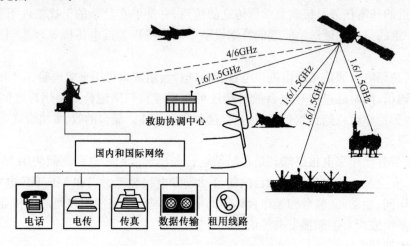

图 3-2-21 卫星通信系统工作示意图

4. 导航系统

导航系统的使命是确保海洋运输船舶及工程船舶的航行安全、准确地引导船舶按预定的航线迅速地到达目的地。

(1)磁罗经。磁罗经是一种精密完善的指南针,它是利用磁性指针在地球磁场的作用下,自动指北特性制作而成。为了减少转动摩擦力及增加运动时的阻尼,带有磁性指针的度盘放置在充满液体的密封容器中。

带有电气复示的磁罗经可以用于自动操舵。

(2)陀螺罗经。陀螺罗经是利用陀螺仪特性制成的,又称为电罗经。它能连续自动地提供船舶航向信号,并能随时向所需设备和系统提供航向信息。

(3)计程仪。计程仪是测量舰船航速、里程的航海仪器。它除了向航海人员提供舰船的航速、航程参数,进行航海作业外,还可向自动雷达标绘仪、卫星导航仪、组合导航系统等现代导航仪器提供准确的航速信息,以实现船舶的自动定位、安全操纵和避让;向各武备系统的指挥仪提供所需的航速信息,提高武器的命中率。

144

(4)测深仪。回声测深仪是利用向海底发射超声波,并接收它的回波来测量水深的仪器。船舶在海上航行或舰船执行战斗任务时,需要知道水深的情况,以防止搁浅或触礁;抛锚时,要根据水深确定抛出的锚链长度。

(5)船舶气象仪。船舶气象仪主要用来测量风向、风速、温度、相对湿度、大气压力等气象参数,人工或自动输入航向、航速值,经计算机处理后,能显示真风向、真风速,还具有20min 的平均相对风向、平均相对风速。

船舶气象仪主要由风向、风速、温度、相对湿度、大气压力等气象传感器和主机等组成。各气象数据由传感器通过模拟接口电路、数字接口电路传送到中央微处理机,经过计算处理后数据送至显示器或送打印机,或输出到其他系统接口线路。

(6)无线电测向仪。无线电测向是船上的无线电测向仪接收岸上(数个固定的)的无线电信标来确定本船的所在位置。无线电信标设在沿岸或岛屿,具有准确的地理位置并定时发射规定的无线电信号,供船舶利用测向仪测定方位。无线电信标一般由 2 个~6个台为一组。

无线电测向是用环状天线接收信号的方向性来确定船与无线电信标的方向,测得的信号有双值性,即信标在正面还是在反面,因此需要辅以垂直天线来消除双值性。

(7)罗兰导航系统。罗兰是一种远程、低频、脉冲相位双曲线导航系统。海洋船舶通过测量罗兰台链发射信号脉冲包络的时间差及信号载频的相位差,获得双曲线位置线,定出船位。由设置在岸上的罗兰发射台和船上的罗兰接收机组成。

(8)GPS 卫星导航系统。GPS 即全球定位系统,是一种测距卫星导航系统。是利用多颗高轨卫星,由用户测量卫星到用户的距离及距离变化率来精确测定用户位置(三维)、速度(三维)和时间参数。

GPS 卫星导航系统由 GPS 卫星网、地面监控系统和 GPS 接收机三大部分组成。

GPS 卫星网如图 3-2-22 所示,GPS 系统有 21 颗工作卫星和 3 颗备用卫星,平均分布在 6 个轨道上。卫星的运行周期约为 12h(717.88 min)。全球任意地理位置的任何时刻,在地平线以上至少可以观测到 5 颗卫星,最多时可看到 11 颗卫星。

卫星上装备有接收机、发射机、微处理器等各种设备,接收和记忆地面站发送来的各种资料和导航信息。卫星上的遥测发射机,将卫星的各种遥测数据发送到地面。

卫星导航仪接收 GPS 卫星不间断向地面播发的导航信号,获得导航信息来定位和导航。

图 3-2-22 GPS 卫星网

(9)导航雷达。船用导航雷达用于航行避让、船舶定位、狭水道引航。雷达能够及早地探测到远距离的目标,准确地测定目标的方位、距离以及计算出目标船的航向、航速和其他有用参数。在夜间尤其是在能见度不良时,雷达为驾驶员提供了必需的观测手段。现代导航雷达多与"自动雷达标绘仪"(ARPA)合为一体,作为组合导航设备中的一个重要探测设备。

第三节　船舶电气设备的一般介绍

一、船舶主配电板

　　船舶主配电板是指由主电源直接供电并分配和控制电能至船上各种设备的开关设备和控制设备组件。其主要功能是：对各发电机组的单机或并联运行进行控制、监视；对各用电设备进行配电（开、关）控制。

　　主配电板的主电路结构一般用单线图表示。单线图是用一根线来表示交流单相的两根线、三相的三根线。可以清晰地看出电源和负载之间的连接关系。

　　主配电板由实现各种不同用途的功能屏组成。功能屏有：发电机屏、同步（隔离）屏、电力负载屏和照明负载屏。

　　另外，现代船舶的电动机的控制多采用组合启动（屏）的设置方式。主配电板一般都安装在机舱集控室，有部分组合启动屏安装在集控室内，则作为整体制造，依附在主配电板的两侧或一侧，作为主配电板的一部分。

　　图 3-3-1 表示有三台发电机的单线图。一共有九屏。三台发电机屏处于中间位置，发电机屏之间插入同步屏，两侧是电力负载屏和照明负载屏。如果有组合启动屏则置于一侧或两侧的最外处。

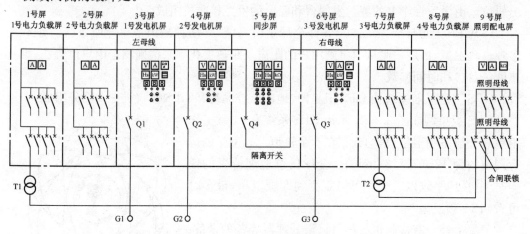

图 3-3-1　主配电板单线示意图

　　配电需要一条连接电源和负载的导线。这条导线用来汇集电源和负载称为"主汇流排"或"母线"。根据规范要求，母线至少分成两段，用隔离开关（图中 Q4）连接。平时隔离开关处于合闸状态，发生事故，如短路，断开隔离开关，隔离有故障的一侧母线，让无故障的一侧母线继续供电。

　　三台发电机 G1、G2 和 G3 通过各自的开关 Q1、Q2 和 Q3 接入母线。所有电力负载屏的开关从母线接出。

　　照明母线用两台互为备用的照明变压器 T1、T2，通过两台合闸联锁的开关供电。变压器的初级由两侧母线供电。

　　主配电板的面板总布置图如图 3-3-2 所示，左侧有一个组合启动屏。

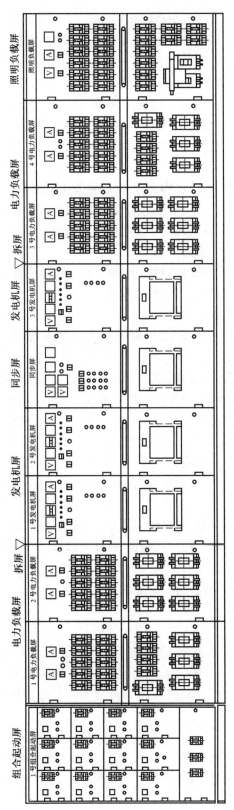

图3-3-2 主配电板总布置示意图

147

1. 发电机屏

发电机屏用来控制和监视主发电机的运行。

屏的前面板一般分为上下两部分,上部安装指示和操作器件,下部安装发电机开关。

显示仪表,规范要求至少设置电压表(V)、电流表(A)、功率表(kW)和频率表(Hz)共四只,国内习惯设置功率因数表(cosφ)共五只。电压表和电流表下面的对应位置设置选择开关,选择测量各相(线)电压和各相电流。另外,设置积时器,在发电机开关合闸时,积时器接入工作,累计机组的运行时间;设置监视运行参数越限的报警指示灯。

发电机屏的主体是发电机开关,控制发电机向母线供电。电力供电的开关称为断路器,它能够在外部发生短路时可靠地分断短路电流。低压断路器的绝缘介质是空气,称为空气断路器。有框架式和塑壳式(或称装置式)。主发电机多采用框架式。

面板操作器件,设置操作发电机开关分、合闸的按钮和相应的指示灯;调节发电机频率的调速开关;调节电压的电位器和防止发电机内部空间受潮的加热开关等。

2. 同步屏

同步屏也称为并车屏,是用来控制发电机投入或退出电网运行的。

同步屏的主体是母线隔离开关,也称为隔离屏。

隔离开关是在母线上发生短路故障时或者在两侧发电机并联运行有困难时才分断,而这些情况可能运行好多年也不发生,分断的机会很少,一般是采用可拆卸的电路连接器,称为隔离器。

有的舰船或设置轴带发电机的船,除了处理故障需要隔离外,根据工况可能需要分区供电。分断母线的开关称为联络开关。一般采用断路器。

同步屏的主要操作任务是操作各台发电机并联运行。发电机投入母线与其他发电机并联,需要进行同步操作。准备投入并联的发电机称为待并发电机。同步操作是根据同步指示器(也称为整步表)显示的待并与母线发电机的同步状态,用调速伺服开关调节发电机的频率,使两侧发电机尽量接近同步,在指示相角重合的(瞬间)时刻,操作发电机开关合闸。

考虑到同步指示器可能失效,同时使用同步指示灯。同步指示器和同步指示灯各机公用,用同步指示开关选择接入待并发电机。另外设有指示母线和发电机的电压表、频率表,用同步指示开关选择接入。

设置各发电机的分闸、合闸按钮和对应的指示灯。

设置监视电网绝缘的绝缘监视器(MΩ)。

3. 电力负载屏

电力负载屏用来向电力负载配电,设置若干电力负载开关(断路器),测量重要负载运行的电流表和转换开关。600A 以下的负载开关一般采用塑壳断路器(或称为装置式开关),600A 以上的则采用框架式断路器。框架式断路器配置相应的分闸、合闸按钮。

4. 照明负载屏

照明负载屏是用来向照明负载配电的。设置照明电源受电开关(或接触器),若干照明负载开关,测量电源电压和负载电流的电压表和电流表,监视照明电网绝缘的绝缘监视器(MΩ)。

5. 组合启动屏

组合启动屏是作为电动机控制中心,控制电动机运行。

组合启动屏是数台起动器的组合体,不属于配电功能,是作为整体制造和安装才依附在主配电板上。

二、船舶应急配电板

应急配电板接受应急发电机的电能,分配至全船各种应急设备。其主要功能是:对应急发动机组的运行进行控制、监视;对各用电设备进行配电(开、关)控制。

应急配电板的母线(主汇流排)有两个供电电源:应急发电机和主配电板。应急母线配电的应急设备(负载)可以由这两个电源之一提供。正常情况下由主配电板的主电源供电;主电源失电的应急情况下由应急发电机供电。由此可知,应急设备的重要程度比单独由主配电板供电的高。

典型的应急配电板如图 3-3-3 所示。应急发电机通过受电开关 Q1 向应急母线供电,主配电板通过联络开关 Q2 向应急母线供电。应急母线通过配电开关向应急负载供电。应急照明由照明变压器 T1、T2 供电。

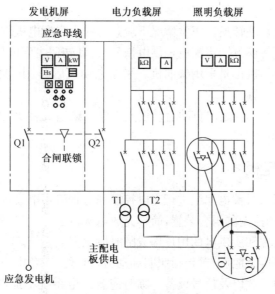

图 3-3-3　应急配电板的连接和布置

主电源和应急电源不允许同时向应急母线供电,即不允许两个电源并联运行。因为几台主发电机的容量足够,不需要应急发电机补充。一般也不允许应急电源向主配电板反向供电,因为应急发电机的容量只够应急设备使用。Q1 和 Q2 合闸联锁(图中△表示),只允许一个开关合闸供电。

应急配电板一般由发电机屏、电力负载屏和照明负载屏组成。

1. 发电机屏

发电机屏用来控制和监视应急发电机的运行。

显示仪表,设置电压表(V)、电流表(A)、功率表(kW)和频率表(Hz)共四只,电压表和电流表下面的对应位置设置选择开关,选择测量各相(线)电压和各相电流。另外,设置积时器,在发电机开关合闸时,积时器接入工作,累计机组的运行时间;设置监视运行参数越限的报警指示灯。

发电机屏的主体是发电机开关,控制应急发电机向应急母线供电。应急发电机容量较小,一般采用塑壳断路器,设置在屏的下部。

面板操作器件,设置操作发电机开关分闸、合闸的按钮和相应的指示灯;调节发电机频率的调速开关;调节电压的电位器和防止发电机内部空间受潮的加热开关等。

2. 电力负载屏

用来向应急设备配电。设置若干电力负载开关(塑壳断路器);测量重要负载运行的电流表。设置应急电网的绝缘监视器($M\Omega$)。

3. 照明负载屏

用来向应急照明负载配电。设置照明电源受电开关(或接触器),图 3-3-3 所示是两台塑壳断路器 Q11 和 Q12,加机械合闸联锁;若干照明负载开关;测量电源电压和负载电流的电压表和电流表;监视照明电网绝缘的绝缘监视器($M\Omega$)。

4. 应急电网供电自动转换

应急母线由主配电板和应急发电机两路转换供电。主配电板为主供电,应急发电机为备用供电。

目前都采用供电自动转换。正常情况下应急母线由主配电板供电,主配电板失电,应急发电机自动启动接替供电。主配电板供电恢复,自动转回主配电板供电。

应急发电机的原动机都是采用柴油机。采用电动机启动,由单独的蓄电池供电。蓄电池配有专用的充电装置。

应急发电机应能在 45s 之内自动启动投入供电。柴油机启动后转速直接上升到额定转速,供电立即带上负载。

三、充放电配电板

充放配电板是用来对蓄电池组进行充电控制和对直流用电设备或由蓄电池供电的设备,进行配电的开关和控制的组合装置,简称充放电板。

充放电板作为电源和所供电的用户构成临时应急配电系统。

正常电力系统提供全船所有(包括照明和动力)负载。应急电力系统只提供紧急情况下必需的照明和动力负载以及信号设备。临时应急配电系统不提供动力负载,仅提供少量紧急情况下必需的信号设备(或照明)。

临时应急配电系统与正常、应急电力系统的关系如图 3-3-4 所示。临时应急配电系统正常情况下由主电源供电,主电源失电由应急电源供电,应急电源失电由蓄电池供电。蓄电池供电时间有限,只能作临时供电。

直流用电设备主要是船舶安全必需的短时使用设施,例如:各报警系统(如舵机失电报警、火灾报警、二氧化碳施放报警及主、辅机报警系统等);应急信号系统(如总动员警铃、水密门关闭和开启信号系统、防火门关闭信号系统等)以及主机的安全系统和操纵系统等,也包括临时应急照明(即小应急照明)。

当主电网及应急电网失电或者电源降至额定值的 40%,临时应急照明自动接通蓄电池供电,主电网及应急电网电压恢复时自动切断。

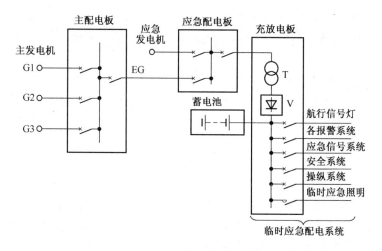

图 3-3-4　临时应急配电系统

临时应急电源一般采用直流 24V。大型船舶临时应急照明布点多、容量大,电压升高至 110V 或 220V。

典型的充放电板的外形如图 3-3-5 所示。面板上设有操作器件,选择充放电的蓄电池、工作方式、调节电流等;指示仪表,指示充电电流、输出电压、充电电压、直流电网绝缘;工作指示灯和故障指示灯等。电源开关在板内,需开门操作,负载开关的手柄露出,可在面板上操作。

主要使用的蓄电池有酸性蓄电池和碱性蓄电池两大类。

酸性蓄电池又称铅酸蓄电池,每个电池的电动势为 2.1V。碱性蓄电池主要使用镉镍蓄电池。每个电池的电动势为 1.25V~1.3V。

现在建造的船舶都采用"免维护"的铅酸蓄电池或镉镍蓄电池。

四、船舶舵机

船舶航行依靠主机的动力推进,依靠舵保持和改变航向。

用于操纵舵叶偏转的机械设备称为舵机。舵机是与主机同样重要的电力拖动机械。

舵机安装在船尾舵机舱内。一般是在驾驶室的操舵台上进行远距离操纵,应急情况下也可以在舵机舱进行本地操舵。舰船也可以在罗经平台或尾桥楼操舵。远距离操舵,驾驶员需要了解舵的偏转角度。舵机上有检测和显示舵角的设备,传送到驾驶室或其他操舵部位复示。

舵机动力机械有电动机械舵机和电动液压舵机两大类。电动机械舵机是电动机通过

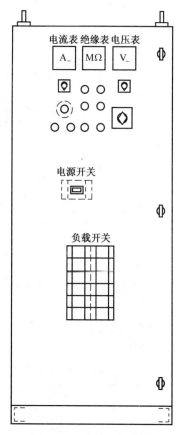

图 3-3-5　充放电板外形

151

机械传动来带动舵叶偏转。电动液压舵机是用电动机驱动液压泵工作,用油液作为传递能量的介质,利用油液的不可压缩性,以及油液的流量、压力和流向的可控性来驱动舵叶转动。

船舶按既定的航向直线航行,舵叶保持正舵即"0"度位置。由于某种原因使船偏离航向,驾驶员根据偏航角度的大小,操作舵叶偏转一个相应的、适当的反向角度,纠正偏航,随偏航角度减小,操作舵叶相应返回,直至消除偏航,舵叶回到正舵。改变航行,按同样的方法操舵。

操舵的基本方式有两种:非随动操舵和随动操舵。

非随动操舵是操舵者直接操纵舵角。随动操舵是操舵者给出舵角指令,舵叶自动跟随到指令的舵角。在随动操舵的基础上,操舵者给出航向指令,罗经测出实际航向,自动装置计算得出偏航角度,给出舵角指令,舵叶自动跟随到指令的舵角,随着偏航角减小,指令舵角相应减小、消除,舵叶自动跟随返回到正舵。

舵机控制系统一般设置三种操舵方式:非随动操舵、随动操舵和自动操舵。如图3-3-6所示,用三个选择开关 S1、S2 和 S3 来示意这三种操舵方式。

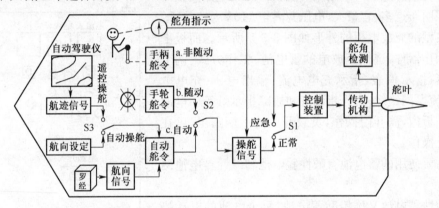

图 3-3-6　操舵方式框图

(1)非随动操舵也称为手柄操舵。将选择开关 S1 置于"应急"位,操舵者根据舵角指示器指示的舵角,操作操舵手柄,传动机构驱动舵叶转到所需要的位置,停止操舵,舵叶停留在该位置上。

(2)随动操舵也称为手轮操舵。将选择开关 S1 置于"正常"位、S2 置于"随动"位,操舵者根据航向要求将手轮转到所需要的方向和舵角上,传动机构驱动舵叶转到所需要的位置、停止。舵叶跟随手轮的位置转动。

(3)自动操舵。是用自动装置模拟人工操舵。人工只参与初始给定航向,以后的操舵由系统自动进行。

将选择开关 S1 置于"正常"位、S2 置于"自动"位、S3 置于"自动操舵"位,驾驶员设定航向,罗径给出实际的航向,两个信号在自动控制装置中比较,不一致时产生误差信号,得出纠正偏航的舵角指令,舵叶转动到给出的舵角停止,随着偏航减小,纠偏指令舵角相应减小、偏航消除、舵叶回到正舵。

船舶在给定的航向上航行,由于外界因素,如水流、风向、风浪等使航向偏离,自动操舵自动纠正偏航。改变航向由驾驶员再设定。

在自动操舵的基础上,用各种测量设备实时向自动操舵系统提供操舵性能所需的数据,例如:航速、吃水、风向、水深以及水流速等,系统得出所需的操舵性能数据,发出自动纠偏舵角指令。这种自动操舵称为"自适应操舵"。

另外,在自动操舵的基础上可以由外部"自动驾驶仪"按既定的航线自动驾驶船舶。这种由外部仪器操舵的方式称为"遥控操舵"。将 S3 置于"遥控操舵"位,自动驾驶仪由人工给出一条航线,根据各点航迹的航向,实时地提供给自动操舵系统作为给定航向,再与实际航向比较后发出自动纠偏舵角指令。

五、船舶电动辅机

1. 磁力起动器

风机和泵类辅机都是作单速、单向或可逆连续运转,只有运转和停止两种状态。

电动机接通电源到正常运转有一个从静止到运转的启动过程。把电动机接通电源运转称为启动;切断电源停止运转称为停止(或停机)。

船舶电动辅机一般需要带运行保护、遥控或自动控制。不能用一般的手动开关控制电动机,而是采用电磁力动作的接触器。用电磁接触器来开关电动机的起动器称为磁力起动器。以下简称起动器。

起动器电路结构框图如图 3-3-7 所示。它包括两个部分:即实现电动机开关控制的主电路和控制该开关的辅助控制电路。

主电路输入三相 380V(或 440V),通过开关器件控制(处理),输出三相 380V(或 440V)或启动过程降低电压,控制电动机运转。

控制电路输入有起动器本身面板上的启动、停止信号,外部的遥控启动、停止信号和被控对

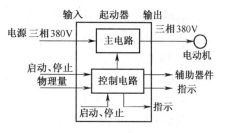

图 3-3-7　起动器电路框图

象的物理量等。输入信号通过逻辑组合(处理),输出控制主电路(开关)、面板指示、外部指示和辅助控制器件等。

原理图如图 3-3-8 所示。按一下启动按钮 S2、接触器 K1 通电吸合,主触头闭合,电动机启动运转;按一下停止按钮 S1,接触器 K1 断电释放,主触头断开,电动机停止运转。

按钮是一种自复位的开关,手按下,开关接通(原来是接通的则断开);手松开,开关断开(原来是接通的则接通)。如果不采取措施,按下启动按钮 S2,接触器 K1 通电,电动机启动运转;松开、断电,电动机停止。所采取的措施是"记忆",按下按钮的操作,接触器 K1 动作,一付称为"自保"的辅触点短路,启动按钮的触点,手松开、按钮触点断开,但自保辅触点仍闭合,记忆了刚才的启动操作,保持了接触器 K1 的通电吸合状态。

按下停止按钮 S1,触点断开,接触器 K1 断电释放,主触头和自保辅触点都断开,手松开,按钮触点恢复闭合,但自保被解除,K1 不会再吸合。

由此看出,K1 吸合、电动机运行时,如果电源中断,K1 释放、电动机停止;电源恢复,由于自保被解除,K1 不会再吸合。这就实现了"电源中断又恢复后的保护"功能。

电动机运行中发生过载,热继电器 F1 动作,输出触点断开,K1 释放、电动机停止,双金属片冷却后,输出触点闭合,K1 不会再吸合。

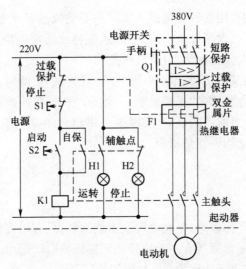

图 3-3-8　起动器基本设置原理

K1 的辅触点,不动作闭合的触点接通"停止"指示灯 H2;动作闭合的触点接通"运转"指示灯 H1。

起动器除手动控制启动、停止外还有自动控制的。例如:受对象的物理量控制、自动程序启动和备用泵自动启动等。

2. 日用水泵

它是用物理量控制的启动例子。水泵控制水柜的压力和水位在一定范围,供应全船的日常生活用水。水柜内的压力用压力开关检测,控制电动机的运行。

如图 3-3-9 所示。电动机带动水泵运转,将水从进口处吸入,通过止回阀排入压力水柜。随着水柜水位升高,水柜上部的空气被压缩,水位越高产生的压力越高,在压力的作用下,水被送到船的各个部位。水柜内压力的大小反映了水位的高低。压力开关测量出水柜的压力,向起动器提供信号,压力设定上限,即高水位,输出使电动机停止;压力设定下限,即低水位,输出启动电动机。

3. 辅机的自动程序启动

一般起动器电源中断又恢复后的保护要求是,不允许自动再启动。因为,有的机械启动前需要进行运行前的操作,例如开、关阀门。

无人机舱电网失电后,备用发电机会自动启动投入运行。因此,要求与主机运行有关的主要设备能自动启动运行。从供电来看,如果原来运行的设备都再启动,会对电网产生冲击,引起电压大幅度波动。需要解决避免同时启动的问题。程序启动或称顺序启动就是对重要设备逐个按顺序启动,可避免对电网产生冲击。

具有程序启动的起动器,参与自动启动的原则是,原来运行的自动启动、不运行的不启动。例如:两台互为备用的主机海水冷却泵,原来是 1 号运行,恢复供电后仍是 1 号启动运行。

实现这个原则的方法是对启动进行"记忆"。断电后记忆原来是在运行。恢复供电后按设定的时间自动启动。具有记忆功能的器件称为锁扣继电器。

锁扣继电器有两个线圈,一个置位,一个复位。置位线圈通电,继电器动作,衔铁动作被机械（或磁）锁扣,保持动作的位置(记忆);复位线圈通电,对锁扣进行"解扣",恢复原来状态(解除记忆)。

电路原理如图 3-3-10 所示。记忆电路采用锁扣继电器。启动按钮的置位操作使启动触点闭合并保持,电网失电,锁扣继电器保持置位的闭合状态,恢复供电后启动信号自动输入启动电路。按停止,锁扣继电器复位,启动信号触点断开。

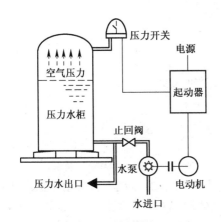

图 3-3-9　日用水系统

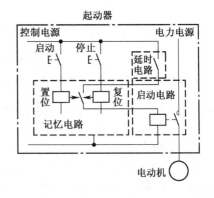

图 3-3-10　恢复供电后程序启动原理示意图

程序启动是按时间顺序排列各参与自动启动的起动器。时间用时间继电器即延时继电器接通电源后延时动作来实现。电源恢复后,尽管被记忆的启动信号已输出启动电路,但启动电路需等延时触点闭合才能工作。如果启动的时间采用均匀间隔为 3s,恢复供电后第 1 台延时 3s 启动、第 2 台延时 2×3＝6s 启动、第 5 台延时 5×3＝15s 启动。

4. 备用泵自动启动

为主机服务的重要设备,一般设置两台,互为备用。航行时一台运行一台备用。例如:淡水冷却泵、海水冷却泵、主滑油泵、喷油嘴冷却泵等。

运行机发生故障、备用机自动启动投入运行。

电气故障主要表现为(如失电,过载等引起的)主接触器断开。

机械故障主要是运行参数越限,例如:压力太低,备用机自动启动投入并联运行,经过一段时间,停止原来运行机。

图 3-3-11 是备用泵启动控制原理示意图。两台为主机某冷却系统供水的水泵,主机运行只需一台泵工作。水泵工作是否正常由压力开关监视。例如:工作正常,压力开关触点闭合,压力低或压力消失,触点断开。开关信号输出给启动的机械故障监视电路。图中一个压力开关公用,输出到 2 号起动器,接收后再输出给 1 号起动器。

起动器的面板上设有手动、自动(备用)选择开关。正常使用置自动,应急或检修置手动。自动表示备用启动是自动的。一台机手动启动运行,另一台机则自动设置成备用。例如:手动启动 1 号机运行,2 号机则自动处于备用状态。1 号机发生电气故障,如电源开关跳闸失电或过载引起主接触器断开,电动机停止;或电动机运转但机械系统有故障,水泵出口压力低或压力消失,向处于备用的 2 号机发出启动信号,同时发出报警。2 号机接替运行。值班人员接到报警,处理 1 号机组故障。正常后,1 号机又处于备用状态。

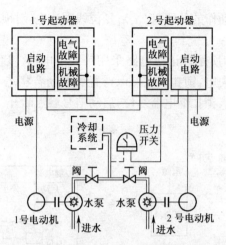

图 3-3-11   备用泵启动控制原理示意图

5. 辅助锅炉

锅炉是用来提供蒸汽的设备。以柴油机为主动力的船舶,蒸汽不直接用于主机,而是用于辅助设备,例如:加热主机的燃油,预加热主机的滑油和冷却用淡水。船员日常生活也需要用蒸汽。向辅助设施提供蒸汽的锅炉称为辅助锅炉或辅锅炉。

1)辅锅炉水位控制

炉水由给水泵抽水供给。给水泵电动机由辅锅炉控制箱中的水位控制单元控制。控制单元接受水位传感器检测的水位信号。

辅锅炉的水位随着加热蒸发和蒸汽的使用而变化。水位降低到一定程度启动给水泵运行补充炉水。

如图 3-3-12 所示,辅锅炉设定三个水位,高水位 A、低水位 B 和最低(危险)水位 C。正常水位在 A 和 B 之间,相差 60mm~120mm。

水位控制单元是物理量控制的起动器。下限是低水位,水位传感器检测到低水位,向起动器发出启动信号,电动机运行;给水泵供水;水位上升至高水位,水位传感器向起动器发出停止信号,给水泵停止供水。

辅锅炉的水位至少应湮没热交换器的火管,否则会因干烧损坏。如果水位自动控制发生故障,不能及时给水,水位再降低会产生损坏事故,当水位低至最低水位时,水位传感器发出最低水位信号,水位控制单元发出停止燃烧和报警信号。

2)锅炉燃烧自动控制

锅炉燃烧自动控制包括:蒸汽压力自动控制;燃烧过程的程序控制和锅炉的安全保护。

燃油辅锅炉是燃油在炉内燃烧,加热炉水、水汽化成水蒸气,炉内蒸汽增加形成压力。燃烧自动控制是要维持汽包内的蒸汽压力在一定范围之内。

燃烧电气控制器件的设置如图 3-3-13 所示。电动机带动油泵和风机运转,电磁阀控制喷油。从喷嘴喷出的雾状油在点火变压器通电打火时燃烧。火焰探测器检测到火焰,停止点火,锅炉燃烧。蒸汽压力由压力开关检测。锅炉控制箱控制各电气器件的工作。

燃烧程序控制是从点火、燃烧至熄火的过程控制,它包括:前扫气、点火、燃烧、正常熄

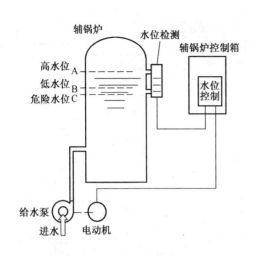

图 3-3-12 辅锅炉给水控制示意图

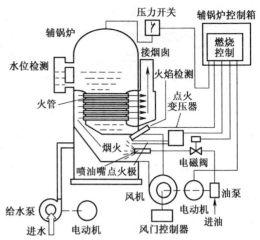

图 3-3-13 辅锅炉燃烧电气控制设置示意图

火和后扫气。

辅锅炉的燃烧控制有多种形式。

双位控制是蒸汽压力升至上限、熄火停止燃烧,跌到下限、启动点火燃烧。

三位控制是先大火燃烧、压力至上限,小火燃烧、跌到下限,再大火,超过上限后的设定值,熄火停止燃烧,再跌到下限,启动点火燃烧。

比例控制是压力上升到一定值进入比例控制,随着压力上升,燃烧量减少,超过上限后的设定值,熄火停止燃烧,跌到下限,启动点火燃烧。

双位控制最简单,但熄火、点火频繁。三位控制减少了熄火、点火次数。比例控制较复杂,熄火、点火次数最少。

6. 分油机

柴油主机使用的燃油和滑油会含有一些水分和杂质,使用前必须清除,否则会影响柴油机的正常工作。

分油机是用来净化燃油和滑油的专用设备。分油机随主机同时运行。

油、水和杂质的密度不同,杂质最大,水其次,油最小且黏度大。清除油中的水和杂质,最简单的方法是静置沉淀。密度最小的油浮在上面,水和杂质沉淀在底下。沉淀方法所需的时间长,且不能完全清除。要迅速、完全清除需采用分油机。

分油机用电动机拖动运行;分油作业用工作水操作。

电动机拖动分油机运转,通过变速机械传动使分离筒的转速升高至 7000r/min 左右,分离筒带动"待分离"油作高速旋转,油、水和杂质产生离心力,三者的密度不同产生的离心力也不同。杂质密度最大、甩得最远,在最外层;水较小,甩在中间层;油最小,甩在最内层。最内层的净油至出油口排出;中间层的水至排水口排出;附在最外层的杂质需定时人工或自动清除。人工排渣是在停机时拆开清洗;自动排渣是设排渣孔,用冲洗水冲洗。目前都采用具有自动排渣功能的分油机。自动系统组成和分油作业流程如图 3-3-14 所示。

待分离油用输送泵从沉淀柜抽出,需要用蒸汽(或电)加热,提高油温、降低黏度,才能输入分油机。油温最高不能超过 90℃,用温度调节机构设定调节加热的蒸汽量或电量。

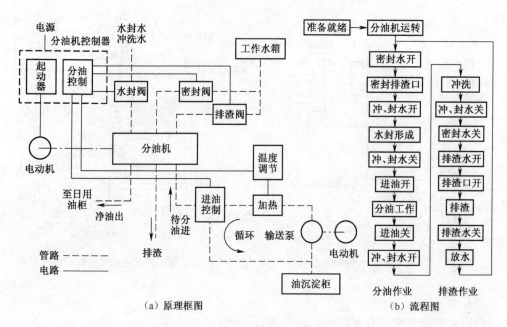

图 3-3-14 自动排渣分油机系统示意图

例如:重柴油在 40℃～60℃;润滑油在 50℃～70℃。

待分离油经进油控制阀定时输入分油机。控制器控制阀开、进油;阀关、回油循环。

输送泵运转吸油、温度调节加热油,准备工作就绪,可以进行分油作业。分油作业按设定的顺序和作业时间自动进行。

分油机运转后自动分油作业用电磁阀控制工作水输入。

(1)密封水阀开,工作水输入托起活动底盘,封住排渣口。

(2)冲(洗)、(水)封水阀开,引入水封水形成水封,防止油外溢(跑油)。

(3)水封形成,关冲、封水阀,缓慢开启进油阀,进行分油作业。

(4)净油至出油口排出;水至排水口排出;经设定的分油时间,关进油阀,停止分油。

(5)开冲、封水阀,冲洗分出的渣质,冲洗干净,关冲、封水阀。

(6)关密封水阀,开排渣水阀,活动底盘下落,排渣口开,水和渣从排渣口冲出。

(7)排渣完,关排渣水阀,放出剩水。

(8)返回,再分油作业。

现在的分油机连同其系统制作成模块式,某型号的实物如图 3-3-15 所示。系统中的设备和器件都已安装,管路、电路都已连接。整体吊入舱室安装,只需接入与外部连接的管路和电路。

六、船舶甲板电动机械

一般商船的甲板机械主要是起艇机、锚机、系缆机和起重机(起货机)。舰船、特种船舶、工程船舶等还有各种专用的作业机械。就动力拖动来说,是以电动机为动力,对机械运行控制是对电动机的启动、正反转、调速、制动和停止控制。现在许多大功率机械设备以液压为动力,对机械运行控制都在液压系统中进行。电动机仅仅驱动液压泵运行,液压

图 3-3-15　分油机系统外形

泵向液压机械系统提供液压能。就像柴油机驱动发电机运行，发电机向电力系统提供电能一样。不同的是，发电站是集中的，通过电网向所有用户供电；液压泵站一般是各自独立地向机械供液。冷藏和空调设备也纳入甲板机械。

1. 锚机

锚机是船舶必备的甲板机械。锚机是用来抛锚和起锚的机械设备。

船首不设系缆机的船舶，锚机可以作为系缆机收放绳绳。对电力拖动来说，锚机和系缆机的控制功能和电路是相似的。锚机和系缆机的电气控制设备是通用的。

船舶在无依靠的水面停泊，是靠抛入水中的锚和与船维系的锚链定位。船舶靠、离码头或浮筒有时也需要借助锚对船的定位作用。

船舶停靠码头是用缆绳拴系在码头的带缆桩上。缆绳需要根据涨潮、落潮水位变化收放。船舶停带浮筒是用缆绳拴系在浮筒上。靠、离码头也需要借助缆绳的拖、放。系缆机也称为绞盘。

锚设备包括锚、锚链、锚链筒、止锚器、锚机和锚链舱等。锚机是锚设备中的动力部分，由独立的原动机驱动。用电动机驱动的称为电动锚机，用液压马达（油马达）驱动的称为液压锚机。

过去一般船舶多采用电动锚机，现在特别是大型船舶多采用液压锚机。

电动机或油马达的驱动轴通过离合器与锚链轮或绳索轮连接。收放锚链与锚链轮连接；收放缆绳与绳索轮连接。离合器脱开，锚链轮和绳索轮由机械制动器制动。

1）电动锚机

电动锚机的起锚、抛锚运行主要是对电动机的运行控制。如图 3-3-16 所示。

从电气控制来看是对电动机可逆和变速控制。

电动机可以以不同转速运行；停泊、靠、离操作电动机运行是断续和短时的。电动起锚是电动机拖动锚运行；抛锚是锚拖动电动机运行，电动机处于再生（反馈）制动状态，落锚的速度被电动机所限制，不会成自由落体。

交流感应（鼠笼）电动机的正反转控制很容易实现，但调速控制较为困难。

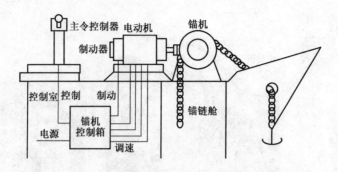

图 3-3-16　电动锚机系统示意图

调速采用变极调速,速度变化是跳跃的,一般只有两速或三速。采用变频变压调速,可以平滑调速,但设备复杂,价格昂贵。

交流三速电动锚机的电动机有三个连接绕组,分别连接得到低、中、高三个速度;一个制动器线圈,通电吸动制动(刹车)盘、松闸,允许运转,断电释放、紧闸,刹车。

图 3-3-17 是三速电动锚机的控制连接示意图。主令控制器置零位,不运转;置起锚1,低速绕组工作,同时制动线圈通电松闸,电动机低速运转、起锚;起锚 2,中速运转;起锚3,高速运转,抛锚也一样。

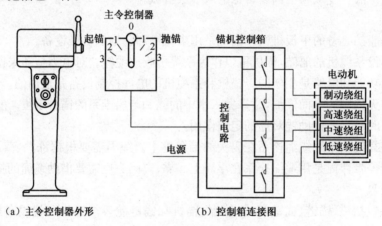

（a）主令控制器外形　　　（b）控制箱连接图

图 3-3-17　三速锚机控制箱连接示意图

2)液压锚机

电动锚机的动力是电动机,液压锚机的动力是液压马达。电动机的译音也是马达。液压马达是"液"动机的意思。

液压马达简称油马达,是把油液的压力能(简称液压能)转换为机械能的动力器件。液压能由液压泵提供。

液压泵由电动机驱动,电动机把电能转换成机械能,液压泵把驱动电动机的机械能转换成输到系统中去的油液的压力能。

液压锚机系统如图 3-3-18 所示。电动机启动,拖动液压泵运转。输出压力油经操纵控制阀控制,操纵油马达正、反运转和转速快慢。

操纵控制阀的输出方向和开度大小,可以改变旋转方向和平滑的调节转速。

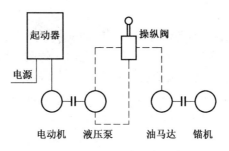

图 3-3-18　液压锚机系统示意图

电气控制只有起动器控制油泵电动机,其他操纵控制都由液压系统执行。

2. 起货机

起货机从一处起货物到另一处放货物,要做起吊、回转和变辐三个动作。

电动起货机所用交流电动机也是采用三速电动机。装卸货操作频繁、调速要求平滑。三速电动机转速变换成倍突跳,因设备费用低一度被广泛使用。单台起货机作业需要配备三台机械。采用双杆起货机,每台起货机只需配备一台起吊机械。如图 3-3-19 所示。同时操作主令控制器 1 和 2,操纵两台机械起、落,可以将货物从一处移到另一处。

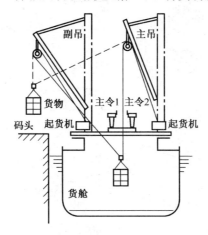

图 3-3-19　吊杆式起货机示意图

液压起货机的动力是油马达。

由于液压传动操纵和调速的优越性,在交流电制的船舶上,液压起货机已逐步替代电动起货机。多采用液压。

悬臂回转式起货机有起重、回转和变幅三台绞车。三台绞车的油马达分别由三台油泵控制驱动,三台油泵通过齿轮由同一台电动机驱动。所有液压机件(包括油箱)集中在同一个回转起重平台上的机舱内,驾驶室在机舱上部,置于同一壳体内。驾驶室、吊杆和所有液压机件随平台一起旋转。

起重和变幅的绞车和油马达是制成一体的结构,称为壳转式油马达。绞车卷筒作为油马达的壳体,旁边设置制动器。起重绞车卷筒旋转,收放钢索,升降吊钩、起放货物。变幅绞车卷筒旋转,收放钢索,改变吊杆的幅(角)度,从而改变吊钩的纵向位置。回转油马达通过小齿轮与平台底座的大齿圈啮合,驱动平台带动起货机整体旋转,改变钓钩的横向位置。也设置制动器。

制动器由液压控制松闸,不动作为"抱闸"的制动状态。

图3-3-20是悬臂回转式液压起货机设置示意图。驾驶室的驾驶座位两侧设两个操纵杆,左操纵杆为起货,右操纵杆为变幅和回转,一个人可以同时操纵三台绞车的运转。操纵杆的动作指令通过电液控制系统,控制液压变量泵的排油方向和大小,从而控制油马达的转向和转速。油马达转动时制动器动作松闸,停转时不动作、抱闸制动。起货操纵杆向前推,吊钩向下落货;向后拉,向上起货。变幅、回转操纵杆为平面动作,前、后操纵为吊杆变幅;左、右操纵为回转。操纵角度越大、速度越快。

起货机平台是旋转的,电源导线不能直接进入电动机起动器,而是接在碳刷上,碳刷与随平台旋转的导电滑环,接触导电,滑环把电源进入起动器。悬臂回转式起货机的外形如图3-3-21所示。电动机启动,驱动三台油泵持续旋转。

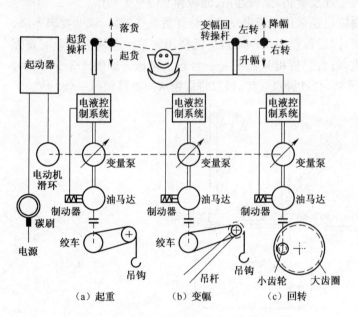

图3-3-20 悬臂回转式液压起货机设置示意图

图3-3-21 悬臂回转式起货机外形

3. 伙食冷藏设备

船员食品置于低温舱室冷藏,能在一定时间内保证食品不会腐烂变质。冷藏食品的舱室称为冷藏库。造成和保持冷藏库低温的设备称为制冷装置。

食品储存温度在0℃~5℃左右称为冷藏。主要是对蔬菜、水果的短期保鲜。食品储存温度在-15℃左右称为冷冻。主要是对鱼、肉等食品的长期储存。食品不同冷藏要求的温度不同,需要用不同的冷藏库储存,例如:鱼肉库、蔬菜库和乳蛋库等。

伙食冷藏主要采用蒸汽压缩制冷(简称压缩制冷)。制冷是利用制冷剂介质由液体变为气体的过程中,需要吸收热量引起的制冷效果。

目前常用的制冷剂有氟里昂R12、R22。由于氟里昂挥发对大气臭氧层有破坏作用,今后会逐步被新的制冷剂替代。

液态氟里昂 R12 在标准大气压下,汽化温度为－29.8℃。在节流、降压作用下送入冷藏库的蒸发器的盘管内,由于管内压力突变,液态制冷剂汽化,汽化过程需要吸收热量,致使冷藏库温度下降,达到制冷的目的。

压缩制冷装置由压缩机、冷凝器、热交换器、膨胀阀和蒸发器五个基本部件组成。如图 3-3-22 所示。制冷剂通过管路连接在这些部件中往返流动,构成制冷的工作循环。

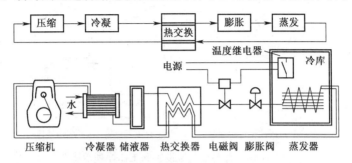

图 3-3-22 蒸汽压缩制冷系统组成原理

气态制冷剂(氟里昂)经压缩机压缩,为气态制冷剂向液态转化提供压力能;压缩后的制冷剂进入冷凝器,管外流动的高温气态制冷剂与管内的冷却水(海水)进行交换,使气态制冷剂向液态转换获得低温源;气态转换成液态的制冷剂进入储液器储存,再进入热交换器与从蒸发器返回的低温气态制冷剂进一步热交换,降低液态制冷剂的温度;膨胀阀是一种节流阀,利用小孔的节流、降压作用,加速液态制冷剂向气态转化;液态制冷剂在冷藏库蒸发器的盘管内汽化,吸收热量使库内温度下降;汽化后的气态制冷剂由压缩机抽回,经压缩、冷却又成为液态,再次送入冷藏库吸热制冷。

液态制冷剂通过电磁阀控制输入,冷藏库温度由温度继电器监视。库内温度上升至设定值,温度继电器接通电磁阀,阀开、制冷剂通过,经膨胀阀节流、降压喷入冷藏库的蒸发器盘管内,汽化、降温制冷。库内温度下降至设定值,温度继电器断开电磁阀,停止制冷剂输入。

4. 侧推装置

船舶在主动力推进下航行。主动力推进的作用是纵向,只能使船前进或后退,转向靠操纵舵叶的偏转。航速越快、舵叶偏转产生的转向效应越显著,航速越低、舵效应越差。靠离码头,船的运动很缓慢,有时几乎处于静止,用舵偏转来使船头或船尾向侧面转动几乎不可能。通常需要用拖轮顶推或拖引。大型船舶在港内或狭窄的航道要限(慢)速航行,靠舵转向显得很困难。

为了提高船舶操纵(转向)性能,在船首或船尾附近安装侧向推力装置,简称侧推装置,安装在首部的称为首侧推,尾部的称为尾侧推。

1)原理简述

图 3-3-23(a)是电动首侧推的设置示意图。船首的水下部位有一个左右舷相通的、类似隧道的圆筒,里面安装推进器(螺旋桨)。首侧推的作用如图 3-3-23(b)所示。推进器旋转将水从右舷吸入、左舷排出,船首左侧受力,产生使船首向右转的力矩。相当于航行时右舵产生的转向力矩。侧推动力在船静止时也能使船转向。尾侧推的作用如图 3-3-23(c)所示。推进器旋转将水从右舷吸入、左舷排出,船尾左侧受力,产生使船尾向右转的力

矩,船首则向左转向。相当于航行时左舵产生的转向力矩。

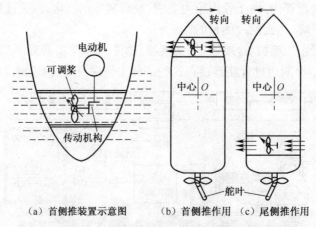

（a）首侧推装置示意图　　（b）首侧推作用　（c）尾侧推作用

图 3-3-23　首侧推装置设置和工作原理示意图

　　一般商船要设置侧推装置较多是安装在首部。多用途的、拖曳性质的工作船,需要快速、灵活地转向,可能首、尾都安装侧推装置。

　　特别是采用"动态定位"的船舶,这种船舶要求在水流和风浪的水面,无缆索维系和锚泊的情况下,保持船舶在确定的位置上。除了用主机的动力来纠正前后的位移外,还必须借助多台侧推的作用,纠正左右的位移。图 3-3-24 所示是设置多台侧推装置的示意图。

　　2)侧推控制和动力

　　船舶转向和速度是由驾驶员根据需要操纵的。为了使转向的操纵反应快速、调速平滑(无级),过去一般都是采用可变螺距螺旋桨简称可调桨,现在也采用定距桨、变频调速。可调桨的叶片角度即螺距是可调节的,在螺旋桨的图形上加箭头表示。桨叶在水中旋转,零螺距不产生吸水、排水作用,正或负螺距则产生。如果正螺距将水从右舷吸入、左舷排出,则产生向右的推力;向右排出,则产生向左的推力,负螺距则相反。螺距角越大、推力越大。可调桨用液压系统传动调节螺距,机械结构较复杂,密封工艺要求较高。

　　可调桨的操纵控制如图 3-3-25(a)所示,驾驶室控制台(简称驾控台)的侧推操纵板,遥控调节螺距角,一般采用电—液控制。螺距角的转动用液压伺服机构、电气控制伺服机构的电磁换向阀。螺距角的控制是一个随动控制系统,驾驶室发出螺距角的方向和大小指令,相应的电磁换向阀开通,伺服机构转动螺距角向指令的方向和大小转动,达到指令角的位置,螺距信号反馈给电气控制系统,电磁换向阀关闭,停止转动。

　　侧推力的大小和方向用可调桨控制,螺旋桨的转速则采用固定转速。有动力的旋转机械都可以用来驱动侧推推进器。常用的有电动机和柴油机,较多是采用电动机,有的多用途拖轮,机舱与首侧推的距离较近,用一台发电机的柴油机作侧推的原动机。驱动侧推时柴油机用离合器与侧推连接,发电机不供电。

　　侧推电动机采用一般的笼型电动机。电动机功率较大,一般采用星/三角或自耦变压器降压启动。必须在零螺距才能启动。启动控制电路引入零螺距联锁。

　　为了避免侧推电动机启动、运行对电网电压的影响,主配电板的汇流排连接方式,可以通过开关改变,用一台发电机作为侧推电动机专用,其他发电机向电网供电。

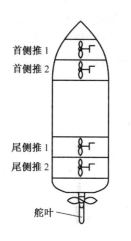

图 3-3-24　多台侧推装置设置示意图

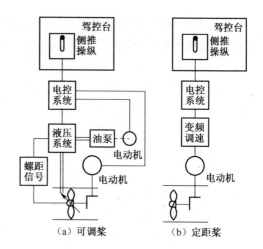

图 3-3-25　侧推装置控制设置示意图

一般 1000kW 以上的大功率电动机多采用高压,如 3kV 或 6kV。低压电力系统通过升压变压器供电。

随着大功率电子器件和变频调速应用技术的发展,交流电动机的变频调速得到广泛的应用。侧推装置已采用定距桨,拖动交流电动机采用变频调速控制系统。

变频调速的定距桨操纵控制如图 3-3-25(b)所示。侧推操纵通过变频调速控制系统控制侧推电动机的转速。

5. 电力推进

电力推进装置电动机为船舶主推进器动力。动力推进船舶的主机是电动机。

采用柴油机或其他机械作主机,启动、停机、正车和倒车等操纵比较麻烦,柴油机运行有一个最低转速,一般在额定转速的 40%~50%,船舶靠、离码头除了频繁地正、倒车启动外,可能需要很低的转速,拖曳性质的工作船作业、破冰船航行也需要更低的转速,甚至被堵停转。需要这种操纵性能的柴油主机船舶,一般采用可变螺距桨。柴油机以固定转速运行,驾驶室操纵航速是操纵桨叶螺距角的大小。螺距可以在零和正、负限值之间平滑调节。零螺距不产生动力;正螺距正车;负螺距倒车,螺距角越大动力越大。

主推进器的转速一般很低,柴油机的转速越低体积越大,需要相应大的机舱空间。柴油机安装位置到主推进器要用很长的传动轴系。

电力推进装置框图如图 3-3-26 所示。原动机把燃料变换成机械能,拖动发电机,发电机把机械能变换成电能,向电动机供电,电动机把电能变换成机械能,拖动螺旋桨。

图 3-3-26　电力推进装置框图

电力推进装置以发电机的原动机命名,采用柴油机作原动机的称为柴油机电力推进;采用燃汽轮机的称为燃汽轮机电力推进等。

电力推进装置的操纵有很好的机动性,从一种运行状态(如前进)可以很快地过渡到另一种运行状态(如后退),电动机过载能力大,调速性能平滑、调节范围广。

电力推进在原动机（原来的主机）和推进器中间增加发电机和电动机，经过两次能量的变换，增加了损耗，降低了效率；设备费用增加；设备复杂，维修技术要求较高。

操纵机动性要求高的船舶，例如：拖曳工作船、破冰船、救生船、起重船、车渡船和特殊要求的舰船等，采用电力推进装置可以满足要求。

用于推进的电动机有直流电动机和交流电动机。

直流电动机电力推进控制原理框图如图 3-3-27 所示。发电机输出的动力大电流直接与电动机连接，电流的大小和方向由发电机励磁控制，励磁电流大，输出电流大，电动机转速高，反之则低；励磁电流反向，输出电流也反向，电动机反转。驾驶室操纵主机动力前进或后退；可以有多挡速度，通过控制系统，控制发电机和电动机的励磁。电动机（主机）的转速由测速系统提供给控制系统，控制电动机的转速符合操纵指令的转速。

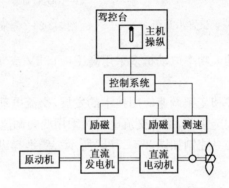

图 3-3-27　直流电动机电力推进原理框图

发电机与电动机一对一使用，发电机的电压是随主机操纵指令变化的，不能向其他用户供电。

直流电动机可以方便地改变转向，实现很宽的调速范围和很平滑的调速特性。正是因为具有这种优越的特性，电力推进装置才得以应用并发展起来。过去一般都采用直流电动机作推进电动机。直流电动机的转子电枢绕组必须通过碳刷和整流子滑动接触导电，碳刷和整流子会产生磨损，维修保养工作量大，使用范围受到限制。

交流电动机有异步电动机和同步电动机。一般多采用笼形异步电动机。

笼形异步电动机相对直流电动机来说，质量小、体积小、价格低和维修保养方便；要实现宽的调速范围和平滑的调速特性，有效的调速方法是改变频率。但过去要改变频率调速，技术上较困难。限制了作为电力推进动力的使用。

随着大功率变频调速应用技术的发展和成熟，交流电动机已替代直流电动机作电力推进的动力。即使在水下用蓄电池作推进能源的潜水艇，直流电动机也逐步被采用变频调速的交流电动机所替代。

图 3-3-28 所示是交流电动机电力推进原理框图。交流发电机发出固定的电压和频率，通过变频调速装置的交流/直流变换器输出直流，再经过直流/交流变换器输出交流，控制交流电动机运行。驾驶室操纵主机动力前进或后退各挡速度，通过控制系统，控制交流/直流和直流/交流变换器的输出。

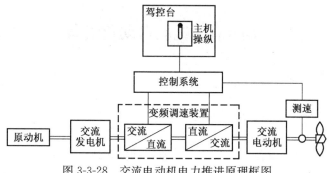

图 3-3-28　交流电动机电力推进原理框图

　　操纵主机动力前进,控制系统控制直流/交流变换器输出的三相交流正相序,使电动机正转向、动力前进;后退则输出逆相序,逆转向、动力后退。

　　操纵主机速度上升,控制系统控制直流/交流变换器输出的三相交流频率上升,反之则下降。推进负载增加,控制交流/直流变换器输出的直流增加。

　　在直流发电机—直流电动机电力推进系统中,是控制发电机的输出电压大小和极性来控制电动机的转速和转向的。发电机的电压是变化的,不能向其他用户供电,只能一对一地单独使用。电力推进是单独电源。

　　在交流电力推进系统中,为了避免电动机启动、停止、负载大幅度变化对发电机电压的影响,一般也是采用单独电源,发电机不向其他用户供电。发电机与电动机一对一地单独使用。如图 3-3-29(a)所示。

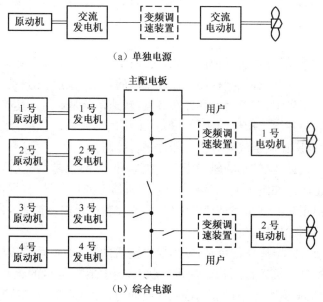

图 3-3-29　电力推进系统的供电方式

　　现在多采用如图 3-3-29(b)所示的综合电力推进系统,每个电力推进系统作为主电网上的一个用户。这是基于变频调速装置已具有平稳的启动和调速性能。图例中有四台发电机,任意一台或几台都可以根据电网用户和电力推进系统负载的需要供电,既提高了电网的功率裕度又提高了电力推进系统电源的可靠性。

第四节　机舱自动化设备

一、机舱自动化系统

为了缩减船员编制,从人性化出发也需要减轻劳动强度,按照陆地一样 8h 工作,有单休日或双休日。

机舱无人值班,机电设备和装置需要设置自动控制或遥控,要满足入级船舶的自动化标志要求。根据不同的自动化等级,中国船级社(CCS)规定的附加标志有:

AUT－0,推进装置由驾驶室控制站遥控,机器处所包括机舱集控站(室)周期无人值班。

MCC,机舱集控站(室)有人值班对机电设备进行监控。

BRC,推进装置由驾驶室控制站遥控,机器处所有人值班。

实行无人机舱的船舶入船级社,需要附加自动化标志 AUT－0。

要实现无人机舱,机械设备应具有自动控制系统、安全系统和监视报警系统。

自动控制系统包括主机遥控和自动控制系统、电站自动控制系统等。

安全系统在各控制系统中是独立的,当发生危及主推进装置、锅炉、电站以及其他重要机电设备的严重故障时,能使发生故障的机电设备自动产生保护性动作。

机舱监视报警系统是用来监视各重要动力系统设备的运行情况,显示和定时记录各运行参数,一旦发生任何运行故障或参数越限,发出报警通知值班人员处理,记录报警并延伸至值班人员居室。

1. 主机遥控

在驾驶室遥控操纵主机,对驾驶员来说,是在操作传令钟,每个指令只操作一次传令钟,原来由轮机员操作的所有控制程序由控制箱内的各个控制单元自动完成。

柴油机设有正车启动、倒车启动和停车装置,转速调节是通过调速执行机构对调速器的转速进行整定。各种运行操作的执行一般是采用气动元件。集控台距离主机较近,采用气动控制,即用低压控制空气对各执行器件进行控制。

驾驶室离主机较远,除较小的船采用空气控制外,一般都是用电信号控制气动元件,气动元件再控制主机。如图 3-4-1 所示。设置主机遥控的传令钟,根据传令手柄的位置,向主机控制箱发出正车或倒车和转速的电信号,各控制单元按设置的控制流程,输出控制电磁阀和有关调节阀,操纵主机运行。

驾驶员根据航行需要操作传令钟,发出操纵主机的指令,而无需参与任何操作,主机遥控装置将自动控制主机运行到指令规定的状态。例如:在停机的状态发出"前进 3"的指令,主机控制箱根据这个指令,发出从进气(或同时进油)启动,一直到达到前进 3 转速的一系列程序控制。又如在"前进 3"的运行状态发出"后退 3"的指令,主机控制箱根据这个指令,发出从正车降速、停车、换向、倒车启动,一直到达到后退 3 转速的一系列程序控制。

2. 电站自动化

电站自动化是为了保障电力系统供电的连续性。

供电的连续性是指在某电路发生故障期间以及故障之后,非故障电路的供电能始终得以保证。

中断供电的原因主要是发电机组发生故障。故障引起保护装置动作,开关跳闸,发电机组退出运行。单机供电运行,则供电被立即中断;双机并联运行,故障机退出后,运行机可能会因过载保护动作跳闸,中断供电。

1)故障处理

原动机和发电机的故障一般分为1级(轻度)故障和2级(严重)故障。发生1级故障机组还可以运行一段时间,发出报警通知人员处理,自动运行则报警的同时自动处理。发生2级故障发电机开关会立即跳闸、中断供电。

自动电站处理故障的流程如图3-4-2所示。图3-4-2(a)是发生1级故障时不间断供电转换机组。假设1号发电机组运行供电,如果发生1级故障,则自动启动备用的2号机组,待电压建立,自动同步操作合闸,投入电网并联运行,卸去1号机组的负载,负载转移至2号机组,分闸1号机组、退出运行,2号机组供电运行。图3-4-2(b)是发生2级故障时短时间断供电转换机组。假设2号发电机组运行供电,如果发生2级故障,则立即跳闸、退出运行,自动启动备用的1号机组,并自动投入运行。

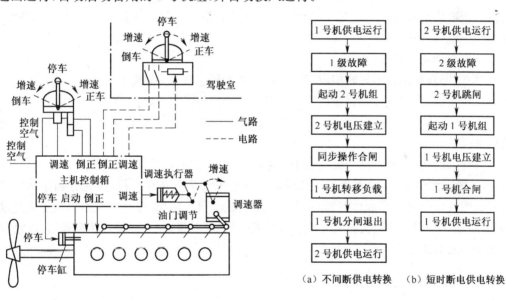

（a）不间断供电转换　（b）短时断电供电转换

图 3-4-1　驾驶室和集控台的主机遥控示意图　　图 3-4-2　故障处理流程示意图

2)并联运行自动控制

不间断供电转换机组的故障处理中,有两个基本控制组件:自动同步装置和功率自动分配装置。自动同步装置实现发电机投入电网并联的同步操作;功率自动分配装置实现并联运行各发电机之间的功率分配。

3)柴油发电机组自动启动

处于备用状态的柴油发电机组应能自动启动。

启动就是用外力使柴油机转动。外力转动使转速达到一定值,喷油、燃烧、爆炸推动活塞运动。柴油机在燃油燃烧作用下运转,无需外力,启动结束。主发电机容量较大,一般采用压缩空气启动。

作为主发电机原动机的柴油机都设有机旁控制箱。箱上设置遥控和就地控制方式选择开关,启动、停机按钮,紧急停机按钮以及故障报警指示灯和应答按钮等。

柴油机在备用状态,应能随时被启动到额定转速,立即带上负载,这样就需要采取措施保证各机械转动部分处于润滑、汽缸处于热态。一般是设置预供滑油泵,定时供油润滑,例如:每4h供油2min;设置预加热循环水泵,使汽缸冷却水温保持在一定值。

机旁控制箱向电站自动控制系统提供柴油机故障信号,遥控方式、允许自动启动和停机等操作接口信号。

4)功率管理

功率管理是根据船舶电网负载的大小来决定应投入运行发电机的数量。对船舶电站自动化的进一步要求,是实现安全地、合理地、经济地使用船舶电能。

电网运行所需的功率是变化着的,供电电源(发电机数量)应有一定的功率储备(裕度)。投入电源的数量是发电机台数为单位,一台运行的裕度不够则投入两台运行,再不够再投入一台。裕度太多则逐台退出。这是从已存在的状态来判断。

如果要启动一台大功率的电动机械,电网原有的裕度不能满足,需要先增加运行发电机的数量再启动大功率电动机。这种按预期的状态来判断是否增加运行发电机的功能,称为"重载启动询问"。

功率管理的功能是:

(1)电网功率储备不足时按设定顺序启动备用机组投入并联运行。

(2)电网功率储备过剩时按设定顺序解列某台机组退出并联运行。

(3)重载(大功率电动机)启动前先向电站询问,储备充足,允许启动;不足,投入备用机组并联后允许启动。

另外,设置轴带发电机或废气透平发电机的电站,具有经济运行的功能。

经济运行的出发点是轴带发电机或废气发电机与柴发并联运行,应充分利用轴带发电机或废气发电机的容量。例如:处于单机运行的废气发电机(或轴带发电机),负载超过90%,启动一台柴油发电机投入并联。废气发电机(或轴带发电机)接近满载运行,多余部分由柴油发电机承担。

二、机舱监测报警系统

对机械系统设备运行的检测报警,无论是有人或无人值班的机舱都必须设置。

有人值班机舱的监测点较少,仅限于可能危及设备安全的状态和参数。无人值班机舱的监测点则多得多。

1. 检测

主辅机的运行状态和参数一般都是非电量的物理量。检测这些物理量的器件称为"传感器",或简称"探头"。例如:压力传感器、温度传感器、流量传感器和液位传感器等。

监测报警系统是电气系统,非电量必须变换成电量才能进行检测,所采用的传感器是把非电量变换成电量。电量也有多种量值单位,量值范围也有不同。模拟量通常是变换成标准的4mA~20mA电流信号或0V~5V电压信号。担任这种变换的器件称为变送器。

报警检测原理如图 3-4-3 所示。检测点也称为监测点或报警点。系统设备的检测点设置传感器,例如:检测压力用管路连接输入到传感器;检测温度的传感器,检测元件用热电阻或热电偶制成"温包"插入检测点。模拟量传感器输出,通过变送器变换,输入检测电路检测,也可以连接显示仪表。有的传感器本身带有变送器,输出直接输入检测电路。检测的量值达到或超过设定的限值,检测电路动作输出报警。开关量传感器输出,是在设定的限值动作,如果是突变的电量,则经过检测电路输出报警;如果是触点信号则直接输出报警。

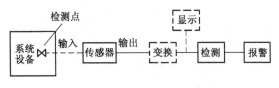

图 3-4-3　报警检测原理

2. 传感器

传感器有电量的和非电量的,这里讨论非电量的传感器。把非电量变换成电量,输入是被检测的物理量,输出是电量。电量包括:电流、电压、电阻和电触点。

物理量通常是连续的量值,在传感器检测范围内任何一点都有量值,这种连续的量值称为模拟量。传感器感受检测的模拟量,传递出的也是模拟量信号,称为模拟量传感器,如果传感器只对某个量值作出反应,传递出突然变化的信号,称为开关量传感器。把检测的模拟量再变换成标准的电流和电压信号,称为变送器,如温度变送器、压力变送器。

机械运行的参数有:压力、温度、流量、液位和转速等。传感器有各种输出形式以适应各种用途。用于机舱监测报警系统的模拟量传感器和变送器主要是压力和温度,对应的接口一般有:铂电阻,电阻值随温度变化;热电偶,热电势随温度变化;标准电流模拟量 4mA～20mA;标准电压模拟量 0V～+10V。

1)温度传感器

温度传感器的测温敏感元件有热电阻和热电偶。

(1) 热电阻有铂电阻和铜电阻。铂电阻可以在－200℃～500℃的环境温度卜工作;铜电阻则为－50℃～100℃。船舶多采用铂电阻。铂电阻在 0℃时的阻值有 46Ω、100Ω 和 300Ω,100℃时增加 1.393 倍。常用的为 100Ω,即 PT100。阻值随温度变化,把非电量的温度变换成电量的电阻。监视报警系统一般有专用的输入接口,把电阻值转换成对应的温度值。铂电阻传感器常用于水温和油温等的测量。温度测量范围一般在 0℃～200℃。

热电阻测温是利用电桥的原理。如图 3-4-4 所示。串联、并联的四只电阻,两个连接端接直流电源,另两个连接端接电流表。选择 $R_1 = R_3$;$R_2 = R_4$,两条支路流过的电流相等,则电压降 $U_2 = U_4$,电流表两端的电压相等,电桥平衡,没有电流流过。调节电阻 R_3,阻值减小,U_4 升高,$U_4 > U_2$,电流从左流向右;阻值增加,U_4 下降,$U_2 > U_4$,电流从右流向左。

把 R_3 换成置于热源处的热电阻 R_t,温度变化引起的阻值变化,电流表的读数就可以折换成温度值。从图 3-4-5(a)看出,连接热电阻的 2 芯导线,有电阻 R_L 存在。桥臂 $R_3 =$

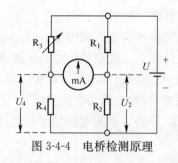

图 3-4-4　电桥检测原理

$R_t + 2R_L$。R_L 的阻值随环境温度变化,不能真实反映被测处的温度。为此,采用图 3-4-5 (b)的 3 芯导线连接。2 芯连接热电阻,1 芯将电源直接接到热电阻的电源端子上。原来用于比较的桥臂 R_1 为 $R_1 + R_L$;测量臂 $R_3 = R_t + R_L$。两个臂上的导线电阻同时变化,对测量的影响被抵消。

　　热电阻用 3 芯电缆与监视装置的转换接口连接,转换成相应温度的电量值,输入显示电路和报警检测电路。

　　铂电阻温度传感器的外形如图 3-4-5(a)所示。测量元件外有保护套保护,伸入被测量温度的管子或容器内。接线端有接线盒封闭,电缆从填料函进入,打开接线盒盖接线。

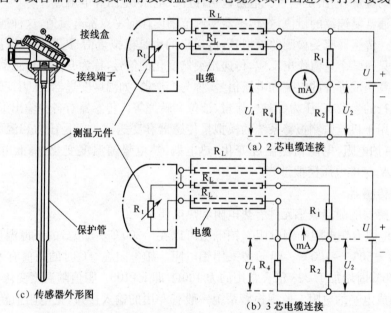

(c) 传感器外形图

(a) 2 芯电缆连接

(b) 3 芯电缆连接

图 3-4-5　热电阻测温原理图和传感器外形

　　铂电阻温度传感器的安装形式如图 3-4-6 所示。根据传感器和管子或容器的尺寸可以横装、直装和斜装。

　　(2)热电偶。热电偶是把两种不同的金属一端焊接在一起放在被测量处,另一端两根开口称为"参比端",放在外面,接电压表。当测量端与参比端的温度不一样,即存在温差,参比端两金属端产生电势,电势因热产生称为热电势。如图 3-4-7 所示。镍铬—镍硅热电偶可测 1000℃ 以下的温度,镍铬—铜可测 600℃ 以下的温度。柴油机排气温度采用热电偶测量。

　　热电偶传感器的结构如图 3-4-7 所示。热电极和金属线外用绝缘套管包覆,再加金

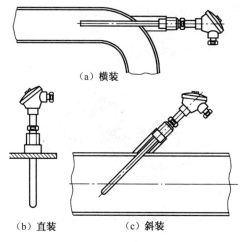

（a）横装

（b）直装　　　　（c）斜装

图 3-4-6　热电阻安装形式

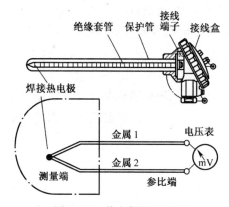

图 3-4-7　热电偶测温原理

属保护管保护伸入测量处。接线端有接线盒封闭，电缆从填料函进入，打开接线盒盖接线。

安装形式与热电阻传感器一样。

热电偶传感器和热电阻传感器传递出的是对应温度变化的模拟量，可以用来显示测量点的温度，也可以用来检测某一设定的限值。

2）压力传感器

压力传感器的检测敏感元件主要是弹性元件，如弹簧管、波纹管和膜片等。在压力的作用下弹性元件产生位移，再将位移转换成电信号。

电磁线圈中的铁芯产生位移可以转换为电压的变化，称为电磁感应式压力传感器。应变电阻片在压力的作用下变形，转换成阻值的变化，称为应变式压力传感器。

温度传感器是利用检测元件对温度的敏感。压力传感器的检测元件除了对压力的敏感外，对温度也有一定的敏感，会影响压力检测。例如：应变电阻片，只应该在压力作用下改变阻值，但温度变化同样引起阻值变化。需要采取温度补偿的措施消除温度的影响。传输导线的电阻也会受温度影响。现在使用的压力传感器都带有变送器，称为压力传感变送器或简称压力变送器，较多是采用 4mA～20mA 的标准输出。对使用来说，传感器采用什么敏感元件已无关重要,只需要知道该压力变送器的测量压力范围和所对应的输出电流。

压力传感变送器的外形如图 3-4-8 所示。

传感变送器
管接头

接线盒
填料函

图 3-4-8　某型压力传感变送器外形

温度开关和压力开关或称温度继电器和压力继电器都是开关量传感器。

温度开关通过介质转换成压力,再通过压力敏感元件转换成位移,温度升高到设定的温度值,位移到推动开关触点动作、转换状态,即原来接通的断开、原来断开的接通。

压力开关用压力敏感元件转换成位移,压力升高到设定的压力值,推动开关触点动作。

报警系统对某些机械的运行,只需要监视某一设定的限值;有的自动控制的设备只需要在某一参数达到设定值执行某一动作。对温度和压力的监视采用温度开关和压力开关。

液位监视一般采用液位开关(浮子开关)。浮子浮到设定的液位,浮子的连杆带动输出开关动作。

某些机械运行的压力参数,有可能产生短暂超过设定值的变化,但很快会恢复正常,短时的超过会使开关动作输出。报警系统对压力报警信号设置延时,用时间来确认压力参数超过的真实性。

船舶摇摆,大容积的液位会相应起伏,液位开关安装的位置,因船摇摆会引起虚假的动作。也需要设置延时报警。

3. 报警系统

报警系统或报警装置是接受输入的报警点信号、输出声、光报警信号。声信号用来呼唤值班人员,光信号用来显示报警点的名称。显然,声信号可以公用,光信号必须独立。

值班人员从声信号得知有报警,从光信号得知报警点,可以解除声信号,而光信号必须保留到故障消除。如果第一个故障报警未消除,光信号保留,第二个故障报警又来,声报警仍应动作,光信号应能够与前面的故障区别。

(1)报警信号。接到检测点发出的故障信号,报警系统同时发出声、光报警信号。严重故障的报警光色一般采用红色,普通故障一般采用黄色。为了区别未应答和已应答的故障,未应答故障的光报警信号为闪光。

(2)报警应答。值班人员对发出的(一个或多个)报警应答后,闪光转为平光(即持续亮),声报警消除(消音)。前面故障的应答和消音,不妨碍以后再发生故障的报警和应答。

174

光报警信号一直保留到故障消除为止。故障消除后,该报警通道自动恢复到正常工作状态。

(3)报警工作检测。报警系统具有自检功能,即对自身的故障自动进行检测和报警(或指示),以防止有警不报或误报警。

在检测点的设备正常运行时可以对报警系统进行检测,试验报警系统的功能是否正常。

(4)报警闭锁。有的检测点在某种状态或过程的报警信号是无意义的,例如:主机滑油压力,主机停机时没有压力。报警系统对某些状态或过程中的无意义报警信号进行闭锁。

(5)报警延伸。报警装置设置在机舱,一般在集控室内。发出的声、光报警只能在机舱集控室内接受。在机舱的几个角落设置"呼叫显示器",报警装置发出的报警信号,在上面显示"机械故障"光信号,并伴随声报警。值班人员巡回检查离开集控室,在机舱任何地方都可以接受,回到集控室可以得知报警点的所在。集控室还要接收传令钟、电话以及火警和二氧化碳施放报警,呼叫显示器也有光显示,并伴随可区别的声报警。如图 3-4-9 所示。

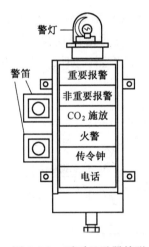

图 3-4-9　呼叫显示器外形

机舱无人值班,机械故障按"非重要报警"和"重要"故障,延伸到驾驶室、会议室、餐厅、阅览室和轮机员居室。集控台上有"值班轮机员"设置开关,可按照当班的轮机员设置,例如:今天是大管轮。考虑到房间无人,报警会往后传递。例如:大管轮不在房间,经一定时间无应答则转传至二管轮,无人再往后传。

(6)操作设置。根据这些功能,报警装置上设有:应答(消音)、试灯、功能试验等按钮。

4.监测报警系统

最简单的监测报警系统如图 3-4-10 所示。各检测点传感器 B1～Bn,分别通过各自的传输电缆把检测信号输入报警装置。有多少检测点需要多少根电缆。检测点离报警装置远、电缆长,检测点多、电缆多。无人机舱的检测点可能几十点,多的可能几百点。

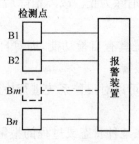

検測点
B1
B2
Bm
Bn
报警装置

图 3-4-10　报警系统

计算机技术的应用使得监测报警系统的功能增强、连接简化,检测、报警、数据显示、数据记录和报警记录等更方便、可靠。

1)数据采集

机舱轮机日志上如果有 60 个检测记录点,值班人员按日志编号到每一个检测点,观察数据,记录在该编号数据栏,逐一观察、逐一按编号记录,判断是否"越限"。平均一个点化半分钟,采集 60 个点的数据需要半小时。

采用计算机技术的数据采集原理如图 3-4-11 所示。在每个检测点集中的部位,设置数据采集箱,按检测点编号接入数据采集箱。主处理机设有同样编号的检测单元。数据采集箱与主处理机之间用一条数据总线连接。采集的数据由电子开关 S1、S2 同步动作选择,通过总线送入主处理机检测。如果一个点用 0.01s 检测,1s 可以检测 100 个点。

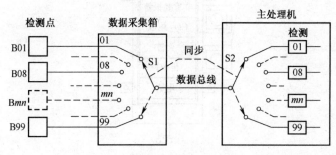

检测点　　　数据采集箱　　　　　　　主处理机
B01　　01　　　　　同步　　　　　检测
B08　　08　　S1　　　　　　S2　　01
Bmn　　mn　　数据总线　　　　　08
B99　　99　　　　　　　　　　　mn
　　　　　　　　　　　　　　　　99

图 3-4-11　数据采集原理

2)系统组成

监测报警系统组成的原理如图 3-4-12 所示。报警系统的主体是报警装置。如图 3-4-12(a)所示。它接受输入各个检测点的信号,处理后输出声、光报警信号。声信号用来呼唤值班人员,光信号(报警指示)用来显示报警点的名称。声信号公用。过去,检测(报警)点较少(如几十点)多采用这种装置。

现在,借助于计算机技术,采用主处理器作为报警装置,如图 3-4-12(b)所示。对采集的数据进行处理。模拟量的各种量值和开关量,制成各种直观的数据图标,按系统在显示器屏幕的各页面上显示。

各检测点的输出信号不必直接输入主处理器。在机舱各个不同的位置,设(数据)采集箱,输入该分区的各检测点信号进行处理,然后输入主处理器。数据传输采用数据总

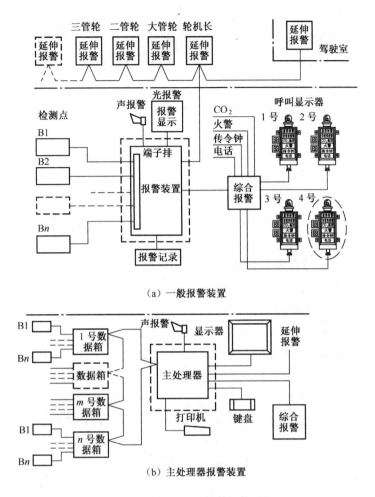

（a）一般报警装置

（b）主处理器报警装置

图 3-4-12　监测报警系统原理

线,环形连接,万一某处断开,系统仍能进行数据采集工作。主处理机用键盘选择显示器屏幕上的页面,检查检测点的运行数据,设置图标数据的报警值和延时时间(如果需要的话)。测量数据上升或下降到设定值,图标闪烁,同时发出声报警。

在机舱各处(图中有四处)设置的呼叫显示器,发出旋转警灯光报警和警笛声报警。呼叫显示器除报报警装置(主处理器)的"非重要报警"和"重要"故障外,还接收、发报传令钟、电话以及火警和二氧化碳施放报警。

报警延伸至各有关舱室,如驾驶室、会议室、餐厅、阅览室和各轮机员居室。集控台上有"值班轮机员"设置开关,可按照当班的轮机员设置。

连接在主处理机上的打印机可以按设定的时间打印出所设置的各种运行数据和状态,发生故障会自动记录故障名称、发生时间和故障数据。

发生故障报警,通过报警装置在集控台发出声报警,显示屏上显示报警点图标。报警延伸至各有关舱室。在机舱各处设置的呼叫显示器,发出旋转警灯光报警和警笛声报警。通过报警装置的应答按钮操作应答。

复习题

1. 电气设备的外壳主要防护什么物质进入?

2. 船舶电气设备的环境条件与陆地有哪些不同?

3. 防护等级和防爆等级有什么区别?

4. 发电机发电是在生产电能,没有负载也在发电,为什么说使用多少、生产多少?

5. 正常配电系统已设置几台发电机互为备用,为什么还要设置应急电源?

6. 接在主电网上的负载与应急电网上的负载比较,哪个更重要?

7. 船舶除主推进的主机多采用动力机械外,为什么大多数辅助机械设备都采用电力拖动?

8. 电力拖动设备的控制设备有哪些作用?

9. 白炽灯与荧光灯比较有哪些优缺点?

10. 正常情况下,应急照明是否需要投入工作,如果需要,应由什么电源供电?

11. 航行灯和信号灯应采用什么样的供电措施?

12. 设置自动电话是否还要设置声力电话,为什么?

13. 主机传令钟有哪些功能?

14. 主配电板有哪些功能?

15. 主配电板的母线为什么做成可以用隔离开关分成两段的结构?

16. 主配电板的配电开关除控制供电外还有什么作用?

17. 正常情况下应急配电板由主配电板供电,如果用电紧张是否需要应急发电机供电?

18. 应急发电机和主发电机的额定电压和频率一致,为什么一般都不并联运行?

19. 安全必需的报警系统和信号系统为什么采用直流电源,是否可以采用交流电源?

20. 重要设备的控制电源正常情况下由交流电源供电,失电时由蓄电池供电,采用什么措施来实现交流与直流的转换?

21. 应急操舵(非随动操舵)、随动操舵和自动操舵有哪些差别?

22. 用开关接通和断开可以控制电动机启动和停止,为什么还要专用的起动器?

23. 用水柜内的空气压力测量水位,自动控制水泵电动机的启动停止,是否可以直接用水的压力来控制?

24. 为主机服务的重要辅机,电网失电后停止,恢复供电后为什么要按顺序逐一自动启动?

25. 以柴油机为主机的船舶,是否可以设置烧煤辅锅炉或电加热锅炉?

26. 辅锅炉的水位控制,水位降低到低水位启动水泵给水,水位就不会再下降,为什么还要设最低水位,如果会降到最低水位,应如何控制?

27. 电动锚机起锚用电动机拖动,抛锚可以让锚自重下抛,为什么还要用电动机来抛?

28. 压缩制冷是控制冷库的温度,温度传感器的信号为什么控制电磁阀而不控制压缩机?

29. 采用可变螺距螺旋桨的侧推装置,电动机为什么必须在零螺距位置启动?

30. 机舱自动化是为缩减船员编制而提出的,如果不需要缩减人员编制,如舰船,是否就没有必要搞机舱自动化?

31. 在驾驶室遥控操纵主机与机旁有什么不同?

32. 电站自动化是为了保障电力系统供电连续性,是否在任何情况下供电都不会中断?

33. 具有自动启动功能的柴油发电机组,随时都可以启动,为什么还要预热和预润滑?

34. 机舱报警系统检测机械运行的压力和温度等参数,为什么必须通过传感器?

第四章 码头系泊试验

船舶电气安装工程的码头系泊试验(简称码头试验)是在电缆敷设、设备安装、切割接线结束后进行的。

根据设计部门编制的"电气试验、验收大纲"的项目和要求,对各系统设备进行试验、调整,提交船厂检验部门验收。对规定提交船级社、军代表和船东的,再由检验部门提出申请、组织提交。

试验的目的是向检验部门和船东提交符合试验大纲和船舶建造规范要求的系统和设备。

试验提交前需要对各项试验应达到的指标进行调整和校验。这项工作船厂称之为"调试"。

部分电气系统,如照明、通信等系统由电气人员调试。大多数动力系统的电气设备都与机械设备相关,通常是电气与机械人员相互配合进行调试,有的设备需要请制造厂派人参加协助,特殊的设备由设备制造厂派人调试、船厂派人配合。

第一节 主电站试验的程序和方法

主电站码头试验的主要内容是发电机组单机特性试验和并联运行的负载分配试验,以及与主配电板配电有关的联锁和保护试验。

一、试验提交项目

(1)发电机绝缘电阻测量。发电机进行发热试验前、后都需要测量绝缘电阻。如果达不到大纲的要求,则需要进行绝缘处理或请制造厂处理。

(2)发电机发热试验。发热试验是发电机在机舱环境的条件下、各种参数为额定值,运行规定的时间(如 2h)后,考核各部件的温升是否满足要求。同时,原动机(大多数是柴油机)也进行各项运行指标考核。

(3)发电机过载试验。主要是对原动机过载能力的考核。例如:柴油机具有 1.1 倍额定功率的过载 1h 能力。

(4)发电机电压性能试验。试验是考核负载变化时(动态)和变化后(静态)发电机电压的变化程度,即负载变化前、后的电压变化率,从开始变化到稳定所经历的时间。

发电机电压的动态和静态变化主要由本身参数和励磁系统决定。电压性能是指励磁系统对负载变化引起电压偏差的调节能力,因此一般称为电压调整率或调压率。

(5)发电机组频率性能试验。试验是考核负载变化时(动态)和变化后(静态)发电机频率的变化程度,即负载变化前、后的频率变化率,从开始变化到稳定所经历的时间。

试验是对原动机转速性能的考核。转速性能是指原动机调速系统对负载变化引起转速偏差的调节能力,因此一般称为转速调整率或调速率。

(6)发电机保护器件定值试验。考核发电机各项保护器件动作值的准确性和动作的可靠性。

(7)发电机并联运行试验。试验是考核手动同步操作的指示器件和操作联锁的正确性和可靠性,发电机并联运行时有功功率和无功功率分配的均衡性和稳定性以及负载转移操作的稳定性。

设有自动同步装置和负载分配装置的,需要考核用自动同步装置操作,发电机投入并联的准确性和可靠性,负载自动分配的平衡度,自动解列操作时负载转移的稳定性和分闸操作的准确性。

(8)供电联锁试验。一般是考核各台发电机与岸电开关之间联锁的可靠性。

有轴带发电机的电站,需要考核轴带发电机之间的供电联锁。

(9)报警单元动作试验。主要是试验发电机各报警点报警动作的准确性和可靠性。

(10)分级卸载和应急切断动作试验。分级卸载试验考核发电机负载达卸载值时,各被卸载分路开关分闸动作的可靠性。

应急切断试验考核各应急切断处所对各被卸载分路开关分闸动作的可靠性。

二、试验设备

发电机负载试验的设备是用来接受发电机发出的电能,把电能利用掉或消耗掉。发电机负载包括电阻性和电感性。电阻性负载是消耗电能的,是做功的;电感性负载是储存电能的,是不做功的。

"利用"发电机发出的电能,是把电能输送到"陆地电网"上,供给电网上的用户使用。这种方法涉及陆地电网的调度问题,船舶电站试验一般不采用。

"消耗"电能是目前广泛采用的试验方法。

发电机负载试验的设备与主配电板的连接如图 4-1-1 所示。试验设备有:电阻负载、电抗负载、接触器箱、控制箱和遥控按钮盒等,除遥控按钮盒放在主配电板附近外,其他设

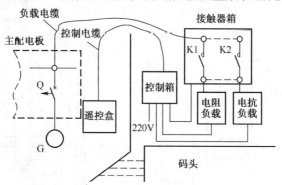

图 4-1-1 发电机负载试验设备连接示意图 1

备一般安放在码头上。主配电板的主汇流排(或发电机开关出线端)用软电缆作为负载电缆与试验设备连接。为了避免试验时开、关大电流影响发电机开关(断路器)的寿命,用接触器控制电阻负载和电抗负载的接通和断开。电阻负载与电抗负载同时控制,则并联连接用一台接触器(图中 K1);分开控制则用两台接触器(图中 K1 和 K2)。遥控盒与控制

箱用软控制电缆连接。试验人员用遥控盒通过控制箱控制电阻或电抗负载的接通、断开、增加、减少。

船随潮水的涨落而上下。负载设备安放在码头上，负载和控制电缆随船的上下移动。容量较大发电机的负载电缆数量很多，船上固定电缆处受下垂力容易损坏。

大容量发电机额定电压采用高压（高于1000V，如6600V），不能使用水电阻，只能采用干电阻。露天安放高压干电阻和电抗器对设备本身不利，人身安全也受到威胁。通常采用低压负载设备，发电机输出的高压通过降压变压器变换成低压接入负载设备。各种容量的电阻器和电抗器通过各自的接触器控制，改变负载的大小和性质（即功率因数）。用可编程控制器根据不同容量编程，控制接触器的动作组合，实现一次操作达到所需的负载容量。

低压干电阻器和电抗器等负载试验设备和封闭干式降压变压器，可以安放在船的露天甲板（如艇甲板）上（图4-1-2所示），以避免负载电缆特别是高压电缆跨越到码头。

有的船舶，发电机负载试验只考核原动机，负载 $\cos\phi=1$ 的有功电流，不需要负载额定电流。试验只需配置电阻负载。无需电抗负载。

1. 水电阻

水的电阻率很大，但有一定的导电性能。在水中插入两个有一定距离的电极，施加电压会产生电流，电流流过水电阻做功，水发热温度升高，电能转换成热量消耗掉。

在水桶中设置三对同样尺寸的极板，按120°布置，如图4-1-3所示。每组的一块极板与另一组的相邻极板连接，引出三根导线与三相发电机电压连接，构成水电阻负载桶，或称水负载桶。

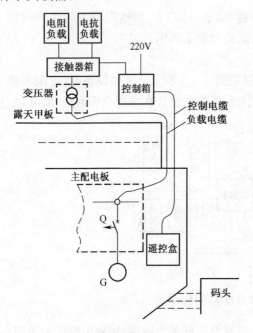

图4-1-2　发电机负载试验设备连接示意图2

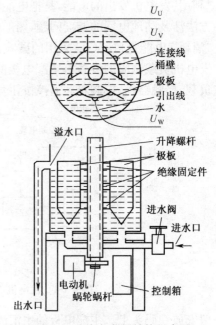

图4-1-3　水负载桶结构示意图

两相极板间的电阻值与极板之间的距离成正比，与极板浸水的面积成反比。极板的间距是固定的，要改变电阻，是改变极板浸水的面积。电阻越小、负载越大；电阻越大、负

182

载越小。

改变负载即改变浸水面积有两种方法：水位固定、移动极板和固定极板、改变水位。

发电机负载试验在每一设定的负载上要停留一段时间，特别是额定负载和过载停留的时间最长，如果水静止，水温将一直上升至沸点。水电阻会随温度变化而变化，温度升高、电阻减小，水沸腾时水电阻不稳定。要保持负载稳定除了保持极板的浸水面积基本不变外，还必须保持水温在一定范围内。因此需要排除热水、补充冷水。要达到这样的要求，采用水位固定、移动极板的方法比较方便。这种方法是在水桶的上端开个溢水孔，水从桶的下部进入，水位上升至溢水孔溢出，水位保持在溢水孔的位置。调节进水阀控制进水量就可以保持水温。即电流越大进水量越大。

极板一般是采用电动机通过蜗轮蜗杆机械或滑轮绳索机构移动。在主配电板旁用按钮控制电动机的正、反转，升、降极板就可以调节负载电流。

大电流水负载桶是用两三组极板并联。

水的电阻率与水质有关。城市自来水添加消毒物质，电阻率较小，可以用作水负载。河水的电阻率很高，一般不能用作水负载。

水电阻负载桶的优点是调节方便，电阻值可以无级调节；缺点是浪费大量水源。

水负载桶使用时不能摇晃，需要接用自来水不断地进、出，只能安放在码头边。

另外，不是什么水都可以使用。一般水负载桶的极板尺寸和桶容积是按照城市的自来水的电阻率来设计。用电阻率高的水，负载功率会减小。

案例： 某发电机组试验站建成后，初次承接成套试验业务。负载采用水负载桶。该站边有小河，用抽水机抽河水进负载桶作水电阻。试验时，接入水负载，水加满、极板全部浸没，功率表和电流表没有指示。开始以为接线不对，又以为开关接触不好。最后才怀疑河水的电阻率可能太高。改用自来水后一切正常。

2. 干电阻

干电阻是采用温度系数较小的金属电阻，如康铜带或不锈钢带制成一定阻值的电阻器，三只相同规格的电阻器组成一组三相电阻器作为负载电阻。

试验时按发电机容量选取适当组数的电阻器，通过接触器选择连接到负载线上。如图 4-1-4 所示。控制接入负载线的电阻器组数就可以调节发电机的负载。

干电阻负载用周围空气冷却，可以随意安放。

每台电阻器的阻值固定，负载调节是级进的。按需要的负载调节可能会缺少一定的功率尾数。需要配置较多的小功率电阻器调节尾数。或用调压器作尾数调节。如图 4-1-5所示。调压器 T 的次级接固定电阻器，调节次级输出电压可以平滑地调节负载。

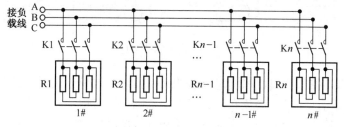

图 4-1-4　干电阻负载接线

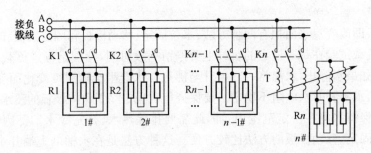

图 4-1-5　带调压器调节的干电阻负载连接

3. 电抗器

船舶发电机的功率因数都是滞后的,例如:铭牌标 P.F=0.8(滞后)。即发电机的额定电流中有 0.8 是有功的,有 0.6 是无功的。滞后的无功负载是电感性的。

发电机负载试验如果只用电阻负载,功率(即有功)达到额定值,即原动机输出达到满载,而发电机电流达不到额定值。如果用电阻负载使电流达到额定值,则功率过载,即原动机过载。

电感性负载是流过滞后电压的电流,是不做功的,即无功电流。额定负载试验接入电阻负载使功率达到额定值;接入电感负载使电流达到额定值。

导线绕制成线圈称为电感。作为电工器件使用称为电感器。电感器是在磁场里储存能量的一种器件。电感器两端施加交流电压,随着电压交变,电感器储存电源提供的能量,然后又释放回电源,在电感器回路中形成电流,电流在电源与电感器之间往返。如果回路中没有电阻,就没有能量损耗。因此电感器是无功负载。流过电感器的电流大小与电感量有关,电感量大、电流小,电感量小、电流大。电感量除了与本身的几何尺寸有关外,主要与匝数有关,匝数越多、电感量越大,匝数越少、电感量越小。

电感器在电力回路中使用称为电抗器,如图 4-1-6 所示。

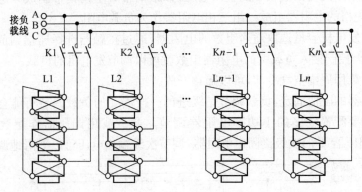

图 4-1-6　电抗器负载连接

带气隙的铁芯电抗器可以用作发电机的无功负载。这种电抗器的铁芯类似普通变压器,但铁芯磁路带有空气隙,避免在使用的电压范围内铁芯饱和。

电抗器有单相和三相。同规格的三台单相电抗器可以组成一组三相电抗器。电抗值是固定的;调节是级进的。

与干电阻负载一样,需要配置较多的小功率电抗器调节尾数,或用调压器作尾数调节。

4. 饱和电抗器

调节无功负载(电流)的大小,需要改变电感量。饱和电抗器是一种带直流励磁的电抗器,利用铁磁材料的饱和特性,以较小的直流电流来改变电抗器的电感量,控制流过电抗器的大电流。

三相饱和电抗器是用三台单相饱和电抗器组成。如图 4-1-6(a)中 L1、L2、L3、所示。电抗器是三柱铁芯。在铁芯的中柱上绕直流控制绕组 W_{DC},两侧柱上绕相同匝数的交流绕组 W_{AC}。两个交流绕组的连接极性相反,使两个交流磁通在中柱上抵消,中柱没有交流磁通,直流绕组就不会产生交流感应电压。而直流绕组产生的磁通磁化铁芯使铁芯饱和。改变直流绕组的励磁电流可以改变交流绕组的电感量即电抗值。

饱和电抗器需要可调节的直流电源控制直流励磁电流。可调节的直流电源一般采用自耦变压器和硅整流器组成,如图 4-1-7(c)所示;也可采用电动直流发电机组,如图 4-1-7(b)所示。

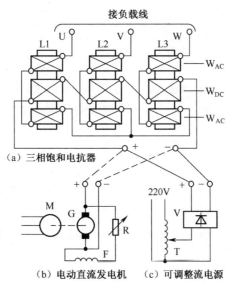

图 4-1-7　饱和电抗器控制原理

小功率发电机可以直接用饱和电抗器作为无功负载。大功率发电机采用(固定)电抗器,可以用饱和电抗器作为尾数调节。

5. 感应电抗器

感应电抗器是感应调压器的反向使用。

感应调压器的结构和原理类似堵转的绕线式异步电动机,能量转换关系类似变压器。借助手轮或伺服电动机带动传动机构,使定子、转子产生相对位移,从而改变定子和转子绕组感应电势的相位(三相)、幅值(单相)以达到调节输出电压的目的。冷却方式有油浸自冷、干式自冷和强迫风冷。强迫风冷的容量,三相可达 250kVA～1000kVA。

三相感应调压器的原理接线如图 4-1-8(a)所示。C 是公共绕组,置于转子上,次级串联绕组 S 置于定子上。绕组 C 输入初级电压为 U_1,绕组 S 则感应到电压 E_S,次级输出电压 U_2 是 U_1 和 E_S 的合成。转动转子,使定子、转子在 $0°\sim180°$ 之间变化,转子位移角 $\varphi=0°$,输出电压为最大值即 $U_2=U_1+E_S$,$\varphi=180°$,输出电压为最小值即 $U_2=U_1-E_S$。转动转子就可以平滑地变改变输出电压 U_2。

三相感应调压器反过来作电抗器用,原理接线如图 4-1-8(b)所示。输入电源接在次级,初级不接线。调节转子公共绕组 C 的位移角 $\varphi=0°$,两个绕组的合成电压最大,U_1+E_S,对输入电源来说相当于空载变压器,输入为空载电流、最小;$\varphi=180°$,两个绕组的合成电压最小,U_1-E_S,相当于短路变压器,输入电流最大。

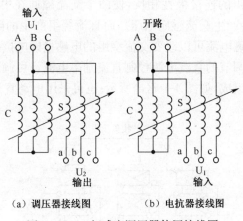

（a）调压器接线图　　　　（b）电抗器接线图

图 4-1-8　三相感应调压器使用接线图

三相感应调压器作感应电抗器用,发电机输出电源接在次级,初级不接线。调节转子位移角 φ,可以方便地调节发电机负载的无功电流。

小功率发电机可以直接用感应电抗器作为无功负载。大功率发电机采用(固定)电抗器,可以用感应电抗器作为尾数调节。

发电机负载试验的有功负载用水电阻或干电阻,无功负载用电抗器或饱和电抗器或感应电抗器。

6. 电缆

负载采用 3 芯或单芯橡胶软电缆。同样截面的单芯电缆,载流量比 3 芯电缆高 1.3 倍~1.5 倍;考虑到拖拉和悬挂方便,一般用单芯电缆并联使用。单芯电缆的载流量可查阅样本资料,也可以按 $1.5A/mm^2\sim2A/mm^2$ 估算。小截面可选高,大截面则应选低。例如:$70mm^2$ 可按 $2A/mm^2$ 估算,$150mm^2$ 则按 $1.5A/mm^2$ 估算,耐热橡胶电缆可选高,例如:$150mm^2$ 可按 $2A/mm^2$ 估算。

控制电缆采用截面为 $1m^2$ 或 $1.5m^2$ 的多芯电缆。芯数由控制箱的电路和使用情况确定。

三、试验前的准备

1. 试验设备

根据试验大纲的负载试验要求准备,选择负载设备类型、容量、台数。国内船舶通常要求按额定负载考核,有功和无功负载设备都需要。出口船舶一般以考核原动机为主,只要求额定有功负载考核,不需要无功负载设备。

2. 主配电板清洁和绝缘检查

主配电板通电之前必须保证各相导体之间、各相导体与地(金属壳体)之间绝缘良好。清除所有散落其间的尘垢、杂物等;擦净附着的潮气。

测量各发电机、汇流排及照明变压器初级、次级的对地绝缘电阻值,一般应不低于1MΩ。

3. 试验设备连接

1)主配电板汇流排的试验连接

码头试车阶段,发电机负载试验是与全船电气设备试验同时进行的。主配电板接受岸电向全船供电,同时进行发电机试验,主汇流排需要作适应性临时更改,它是发电机电源与用电负载的汇集点。发电机负载试验需要把用电负载的汇流排与发电机的汇流排分开,岸电接入用电负载汇流排。主汇流排的更改连接如图4-1-9所示。三台发电机接在主汇流排中段,负载屏汇流排在两侧。拆开两侧负载屏汇流排的连接,用电缆连接起来。主汇流排分成发电机和负载两部分。岸电电源可以从两个地方接入负载汇流排,经岸电开关或直接接入。

2)试验设备连接

主配电板有两个连接:岸电和发电机试验负载设备。

图4-1-9表示岸电可以直接接入或经岸电开关接入负载汇流排。

经岸电开关接入供电容量受到岸电开关的额定电流限制,只能应付一般照明和动力负载使用。通常是因为岸电容量本身不能满足该船码头试验的全部需要,一般试验情况下使用岸电,大容量负载使用时用船上发电机供电。在主配电板上转换电源(开、关岸电)比较方便。

只要码头供电的变压器在1000kVA以上,一般都采用岸电直接接入汇流排供电的方式。这也是船东的要求。船东不希望码头试验用船上发电机供电,缩短使用寿命。除非如"侧推"电动机这类大容量负载,必须用发电机供电。一方面是容量关系,另一方面需要考核启动大功率电动机对发电机供电的影响。图4-1-10所示是岸电直接接入汇流排。

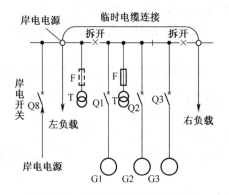

图4-1-9 主配电板主汇流排连接

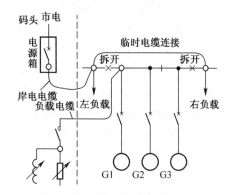

图4-1-10 发电机负载试验连接

3)遥控和通信连接

比较完善的负载试验设备都可以遥控,遥控有三种对象:

（1）负载接通、断开的接触器。

（2）水电阻负载增加、减小的伺服电动机或干电阻负载增加、减少的接触器（包括感应调压器的伺服电动机）。

（3）饱和电抗器负载增加、减小的变阻器或自耦变压器或感应电抗器负载增加、减小的伺服电动机。

根据所采用设备的控制电路，用多芯电缆与遥控设备连接。

不具备遥控的设备，需要安排人员在负载设备旁操作。用对讲机或声力电话联系。水负载的电流变化较大，需要在操作处设电流表监视。

4）试验电缆布放

采用水负载桶，试验设备安放在码头。

（1）发电机试验用的负载电缆和控制电缆，应沿不易擦碰、不妨碍交通的安全途径布放。各转弯和垂放处应衬防擦伤的衬垫，作防松散和滑动的捆绑。

（2）沿电缆路线应扎上红白旗号以示警告。

（3）从船上垂放到码头的电缆，应采用粗的非金属绳索捆扎吊垂，码头上留有足够的余量，以适应潮水涨落。

采用干电阻负载，试验设备安放在露天甲板。

如果是高压（如 6kV）发电机，负载电缆必须沿专用的途径布放，设置金属防护外壳，防止人触及，防止电焊、气割、机械损伤。沿电缆路线应扎上红白旗号和高电压告示牌以示警告。

四、发电机组试验和提交验收

发电机组按试验大纲要求进行试验、调整，各项运行性能满足要求后提交验收。提交验收前主要进行：单机性能试验、并联运行试验、保护动作整定和报警动作试验等。

1. 单机性能试验

发电机组运行性能指标主要考核电压、频率的稳态和动态变化率，额定运行条件下规定运行时间的温升。

电压性能指标是对发电机的电压调节即励磁系统的考核。主要有：

（1）稳态（或称为静态）性能指标，即负载从空载至满载、满载至空载的范围内，电压调整率（主发电机）不超过±2.5％。

（2）动态性能指标，即突加、突卸 60％额定电流及功率因数不超过 0.4（滞后）的对称负载时，电压下降不低于 85％；上升不超过 120％，稳定时间不超过 1.5s。

发电机的稳态和动态性能是计及了原动机的稳态和动态性能。

频率性能指标是对原动机的转速调节即调速器的考核。主要有：

（1）稳态性能指标，即负载从空载至满载、满载至空载的范围内，转速变化不应超过额定转速的 5％。

（2）动态性能指标，即突加和突减负载引起的转速变化率。

柴油机有不带（涡轮）增压器和带增压器的。不带增压器发电机组的按一次突加、突卸 100％进行；带增压器发电机组允许分级突加负载，突卸则仍按一次突卸 100％额定负载进行。

188

不带增压器发电机组突加和突减100%负载引起的转速瞬间变化应不大于10%,稳定时间不大于5s;稳态指标不大于5%。

带增压器发电机组,如分2级,突加50%的额定负载,恢复稳定状态后再突加余下的50%负载,转速的瞬间变化应不大于10%,稳定时间(转速恢复到额定转速的1%之内)不大于5s。

带高增压的柴油机可能分3级突加负载。例如:某船主发电机2320kW,分3级突加负载,3级负载是:33%、67%和100%。

柴油机的动态指标考核,突加负载可以分级,考核是最后突加到100%的一级;突卸负载则按一次突卸100%进行。

转速变化表现在电气上是频率的变化。

驱动发电机的柴油机,要求不大于10%,稳定时间不大于5s。在电气上的表现是,50Hz发电机,瞬态变化不大于5Hz,稳定后不大于2.5Hz;60Hz发电机,瞬态变化不大于6Hz,稳定后不大于3Hz。

柴油机本身有燃烧、润滑、冷却、平衡等性能指标的试验。

温升性能指标是对发电机在所安装环境的长期运行的考核。一般运行2h~4h发电机内部的温度上升至稳定值。

为了满足并联运行的负载分配要求,柴油机的负载特性应是有差的下降特性。即随着负载增加、转速相应下降。各台发电机组的下降特性斜率应尽量一致。

2. 发电机保护调整、试验

一般发电机设置:过电流三段保护、逆功率保护、欠电压保护和定子绕组高温保护。容量大于等于1500kVA(舰船1000kVA)的设置内部短路保护(如差动保护)。

(1)过电流保护。过电流是超过额定电流的不正常电流。过电流保护的动作是跳闸,断路器分断大电流对主触头会带来损伤。有经验的船东不希望直接用大电流校验保护的动作值。一般都采用模拟电流校验。

过电流保护包括:脱扣预报警、长延时脱扣、短延时脱扣和瞬时脱扣。

脱扣预报警,动作电流整定在额定电流的90%~110%之间,延时整定为长延时脱扣的1/2,达到整定值、动作输出报警或卸去次要负载。

长延时脱扣,动作电流整定在额定电流的125%~135%之间,延时整定为10s~30s。保护特性为"反时限"。作延时时间随电流增加而减小试验,应在规定的考核电流值上考核动作延时时间。动作跳闸。

短延时脱扣,动作电流整定在额定电流的200%~250%之间,延时整定不大于0.5s。保护特性为"定时限"。动作跳闸。

瞬时脱扣,一般不考核。

(2)逆功率保护。发电机向电网吸取有功功率,进入电动机运行状态称为逆功率。逆功率只有在并联运行的情况下才会发生。动作整定值为发电机额定功率的15%(之内),动作延时3s~10s。

动作调试可以用单机模拟。采用交换保护装置一组电压或电流接线,负载正功率对保护装置来说是逆功率。用正功率校验动作值。

实效试验(电压或电流接线返回)是在两台发电机并联的情况下,一台机升速、一台机降速校验,降速机功率为负值后的动作值。

（3）欠电压保护。按海船规范要求欠电压保护的范围在70%～35%,不固定在某个确切的数值上,延时一般为0.5s。

（4）定子绕组高温保护。高温保护是监视设定的温度限定值。温度是非电量。定子绕组的温度是通过埋在三相绕组最热点的温度传感器,将温度变化转换为电阻的变化。传感器采用热敏电阻,温度超过限定值,电阻值骤增。

温度检测继电器用来检测温度传感器—热敏电阻在设定值的电阻变化,温度达到或超过设定值动作(如90℃)输出触点信号。一般输出报警。

3. 发电机同步操作试验

交流发电机投入电网(与其他发电机)并联,需要满足同步条件即:电压、频率和相角接近一致。

试验时先将一台发电机调节至额定值投入电网运行,再启动一台作为待并的发电机,调节电压与电网发电机接近一致,借助同步指示器件的指示,操作待并发电机的调速开关,使频率接近一致,即同步指示器缓慢旋转,在接近相角重合(12点)时,操作合闸,能安全、可靠地把待并发电机投入电网运行。

每台发电机都进行同样的试验。

4. 发电机并联运行试验

发电机投入电网与其他发电机并联,通过调速操作使各发电机组的有功功率分配平衡,同容量发电机则是相等。在平衡的情况下,不再参与人工调节,负载缓慢变化的过程中和突加、突减负载后,各机组的功率和电流分配应满足规范要求,保持稳定运行。

发电机退出并联需进行解列操作。解列前需进行负载转移操作,手动操作调速开关,要退出的机组降速、留在电网上的机组升速,保持母线频率基本不变,负载平稳地转移,当退出机组功率卸至接近0时,切断发电机开关,解列退出并联。

5. 提交验收

发电机组各项运行性能指标、保护动作、操作联锁和报警动作调试结束,向船厂检验部门申请检验,检验部门向船级社提出申请,并通知有关部门,如船东、设计部门参与检验。

单机试验程序如图4-1-11所示。

（1）试验前先测量冷态绝缘电阻。

（2）冷态的静态电压调整率考核,电压和频率调节到额定值,从0开始缓慢加载每25%停留几分钟,记录电压数据,再从100%缓慢减至0,同样记录数据。电压调整率应在±2.5%之内。

（3）冷态的动态电压调整率考核,电压和频率调节到额定值,负载在60%额定电流和$\cos\varphi \leqslant 0.4$(滞后)时,进行突卸和突加负载试验,记录电压的最大波动值和电压稳定时间(用秒表测定)。当电压跌落时,其瞬态电压值不低于额定电压的85%;当电压上升时,其瞬态电压值应不超过额定电压的120%,而当电压恢复到与最后稳定值相差3%以内所需的时间不超过1.5s。

（4）发热试验。发热试验是发电机在额定负载运行条件下,考核温升是否满足规范要求。

190

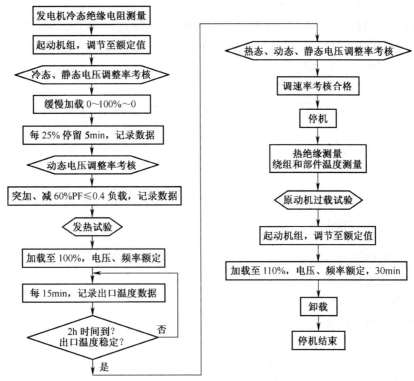

图 4-1-11 单机负载试验程序

负载调节至额定值,电压和频率调节至额定值,开始发热试验。温度上升到稳定需要一定的时间。一般规定在额定负载条件下运行 2h,考核温升。

试验时需定时记录发电机进风口和出风口温度。最后几次(运行接近 2h)记录的出风口温度基本一致,说明发热已稳定。发热试验结束。

(5)热态的静态、动态电压调整率考核。发热试验结束的电压反映了热态的电压调整率。原动机在热态情况下进行的静态、动态调速率考核,同时记录电压数据。

同时配合轮机考核原动机的调速率,不带增压器的柴油机 100% 突加负载考核;带增压器的是分 2 级或 3 级进行突加负载考核。

(6)温升测量。温升测量是在额定负载的发热试验结束后立即进行的。船舶条件下一般采用温度计法测量,即直接用水银温度计或半导体点温计测量,水银温度计的测量端需要用传热好的软金属如锡纸包覆,压在被测部位(定子绕组和磁场绕组)上约 2min~5min,待指示稳定后读出数据。

发电机的温升允许值与制造的绝缘等级有关。目前多采用 B 级或 F 级。用温度计测量,B 级不超过 65℃;F 级不超过 80℃。

(7)热态绝缘电阻测量。热态绝缘电阻比冷态低,一般应不低于 1MΩ。

(8)原动机过载试验。过载试验是对原动机负载能力的考核。柴油机的过载能力是 1.1 倍、1h。试验的功率为 1.1 倍额定功率、0.5h~1h(也有定 15min~30min)。

(9)保护动作试验。根据试验大纲的要求,发电机保护:过电流、逆功、欠电压(大功率发电机设内部短路保护)和各故障报警可以在单机试验之前或之后进行。一般在并联运行试验之前必须确认保护动作无误。

（10）并联运行试验。各台发电机进行投入电网并联的同步操作试验。每两台发电机的并联运行负载分配试验，负载转移试验和解列试验。如有三台或更多台长期并联运行，则作相应台数的并联运行试验。

第二节　应急电站的试验程序和方法

应急电站码头（系泊）试验的主要内容是发电机组单机特性试验、保护试验和供电转换试验。

试验的目的是向检验部门和船东提交符合试验大纲和船舶建造规范要求的应急电站。

一、试验提交项目

（1）发电机绝缘电阻测量。
（2）发电机发热试验。
（3）发电机过载试验。
（4）发电机电压性能试验。
（5）发动机组频率性能试验。
（6）发电机保护器件定值试验。
（7）柴油机自动启动、停机试验。
（8）供电转换试验。

二、试验前的准备

试验前需配备负载设备，有功负载采用水电阻或干电阻；无功负载采用饱和电抗器或感应电抗器。

清洁配电板并进行各部位的绝缘检查和测量。

1. 配电板内部连接

码头试车阶段，发电机负载试验是与全船电气设备试验同时进行的。应急配电板接受主配电板供电，再向全船应急负载供电。进行发电机试验，主汇流排需要作适应性临时更改。发电机负载试验需要把发电机的出线连接与主汇流排分开，主配电板供电接入用电负载的主汇流排，发电机的出线通过软电缆接入试验负载设备。如图 4-2-1 所示。发电机试验时发电机开关 Q11 与主配电板供电开关 Q12 需要同时合闸，合闸联锁应拆开。

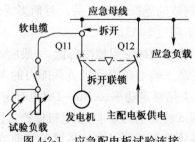

图 4-2-1　应急配电板试验连接

2. 试验负载设备连接

应急发电机只有一台,只需要一套试验负载设备。国内船舶发电机负载试验,要求负载额定电流,需要电阻负载和电抗负载;出口船一般只要求负载额定功率,只要电阻负载。需要分两级突加负载试验,则需要两组包括两台接触器和两组电阻负载。

3. 遥控连接

(1)接通、断开负载的接触器。

(2)水电阻负载增加、减小的伺服电动机或干电阻负载增加、减少的接触器(包括感应调压器的伺服电动机)。

(3)饱和电抗器负载增加、减小的变阻器或自耦变压器或感应电抗器负载增加、减小的伺服电动机。

根据所采用设备的控制电路,用多芯电缆与遥控设备连接。

4. 试验电缆布放

(1)发电机试验用的负载电缆和控制电缆,应沿不易擦碰、不妨碍交通的安全途径布放。各转弯和垂放处应衬防擦伤的衬垫,作防松散和滑动的捆绑。

(2)沿电缆路线,应扎上红白旗号以示警告。

(3)从船上垂放到码头的电缆,应采用粗的非金属绳索捆扎吊垂,码头上留有足够的余量,以适应潮水涨落。

三、发电机调试

静态性能指标是,负载自空载至额定负载范围内,且其功率因数为额定情况下,保持其稳态电压的变化值在额定电压的±3.5%以内。

动态性能考核的负载是,突加或突卸60%额定电流及功率因数不超过0.4(滞后)的对称负载,突加或突卸负载引起的电压瞬时波动为-85%、+120%;电压恢复到稳定所需的时间不超过1.5s。电压恢复到最后稳定值相差3%以内就算稳定。

四、提交验收

1. 负载试验

试验前、后测量冷态和热态绝缘电阻。

(1)发热试验。

(2)静态、动态电压调整率考核。

(3)发热试验。

(4)柴油机调速率考核。

(5)柴油机过载试验。

发电机负载试验提交结束,拆除负载电缆,恢复发电机开关出线与主汇流排的连接和发电机开关与主配电板供电开关之间的合闸联锁。

2. 柴油发电机组自动启、停和电源自动转换试验

大多数应急配电板的母线都是采用双连接供电的方式。

主电源供电故障,应急母线失电后,应急发电机组应自动启动投入应急母线供电。主电源恢复供电后,应急发电机开关应自动分断,(应急配电板上的)主配电板供电联络开关

应自动合闸供电。

　　试验提交前应把柴油机控制箱的控制方式开关置于遥控(或自动)位置。

　　转换试验按图 4-2-2 流程确认。

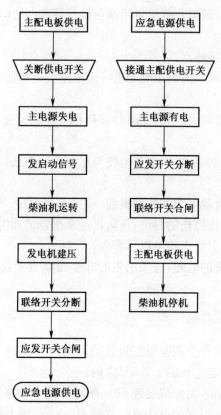

图 4-2-2　应急电网供电自动转换试验流程

　　(1)主电源失电转换供电。

　　①关断主配电板上的应急配电板供电开关,模拟主电源供电故障。

　　②柴油机自动启动至额定转速。

　　③发电机电压建立。

　　④联络开关自动分断。

　　⑤应急发电机开关自动合闸。

　　⑥应急电源供电。

　　(2)主电源恢复转换供电。

　　①接通主配电板上的应急配电板供电开关,模拟主电源恢复供电。

　　②主电源有电。

　　③应急发电机开关自动分断。

　　④　联络开关自动合闸。

　　⑤主电源供电。

　　⑥柴油机停机。

第三节　燃油锅炉的试验程序和方法

燃油辅锅炉直接用燃油燃烧加热水产生蒸汽的锅炉。一般以柴油机为主机的船舶都设有燃油辅锅炉。

燃油锅炉的试验主要有:锅炉给水自动控制、燃烧自动控制和安全保护。电气与轮机相互配合进行试验。

一、辅锅炉给水自动控制试验

炉水由电动给水泵抽水供给。电动机由辅锅炉控制箱中的水位控制单元控制。控制单元接受水位传感器检测的水位信号。

辅锅炉一般设定三个水位,高水位、低水位和最低(危险)水位。正常水位在高水位和低水位之间。水位传感器检测到低水位,向起动器发出启动信号,电动机运行;给水泵供水;水位上升至高水位,水位传感器向起动器发出停止信号,给水泵停止供水。当水位低至最低的危险水位时,水位传感器发出危险水位信号,水位控制单元发出停止燃烧和报警信号。

试验程序如图 4-3-1 所示。参考电路如图 4-3-2 所示。

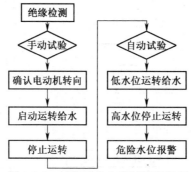

图 4-3-1　辅锅炉给水控制试验程序

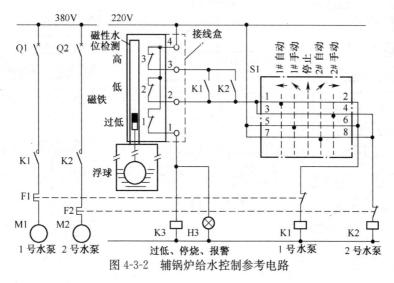

图 4-3-2　辅锅炉给水控制参考电路

(1)动车前检查、确认各部位的绝缘良好。

（2）请轮机人员开启有关阀门，确认给水系统可以运行。

（3）手动试验，操作电动机运转（即停），确认（两台泵）转向无误。

（4）分别启动两台水泵运转，轮机人员检查给水系统，确认给水运行正常。停止运转。

（5）自动试验，先模拟水位检测器的触头动作，即在接线盒内短接、断开接线。

（6）例如：置1号水泵自动。短接端子4、2，低水位启动运行；断开端子3，高水位停止运行；短接端子4、1，危险水位报警。

（7）恢复接线，实效试验。

二、锅炉燃烧自动控制试验

锅炉燃烧自动控制包括：蒸汽压力自动控制；燃烧过程的程序控制和锅炉的安全保护。

锅炉是压力容器，必须在轮机进行完整的密性试验、管路畅通检查、安全设施检查后，电气与轮机相互配合进行试验。

以某型三位（熄火、小火、大火）锅炉为例，试验程序如图4-3-3所示。

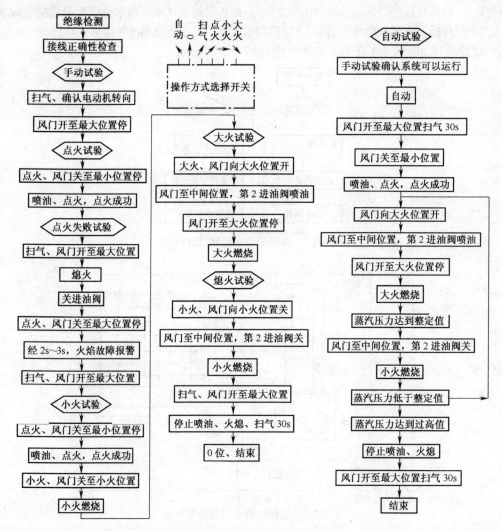

图4-3-3　辅锅炉燃烧控制试验程序

手动、自动控制由操作方式开关选择,有六个选择位置:自动、0(断开)、扫气、点火、小火和大火。0 位是不运行位置。右面四个为手动位置。

先在手动各位置检查电路工作的正确性,配合轮机调试、检查。

动车前检查、确认各部位的绝缘良好。检查接线的正确性。

1. 手动试验

(1)"扫气"试验,开关置"扫气"位,风机(燃油泵)电动机运转,确认转向。同时,轮机检查管路,调试安全阀等。风门开至最大位置,停。

(2)"点火"试验,开关置"点火"位,风门关至最小位置,停;(第 1 进油阀打开)喷油;点火;点火成功。同时,轮机检查喷油雾化质量。

(3)"点火失败"试验,为此,开关置"扫气"位,熄火;扫气不少于 30s,关进油阀,开关置"点火"位,风门关至最小位置,停;喷油(阀关不喷);点火;点火不成功;经 2s~3s,发"火焰故障"报警。

(4)开关置"扫气"位,扫气不少于 30s。

(5)"小火"试验,开关置"点火"位,风门关至最小位置,停;喷油;点火;点火成功;开关置"小火"位,风门开至小火位置,停;小火燃烧。

(6)"大火"试验,开关置"大火"位(已在小火燃烧状态),风门向大火位置开,开至中间位置,第 2 进油阀打开、喷油,风门开至大火位置,停;大火燃烧。

(7)"熄火"试验,开关先置"小火"位(已在大火燃烧状态),风门向小火位置关,关至中间位置,第 2 进油阀关断,小火燃烧,开关再置"扫气"位,风门关至最小位置,停;第 1 进油阀关,熄火;扫气不少于 30s;开关再置"0"位。结束。

在手动试验过程中进行各控制器件、保护器件的整定和试验。

2. 自动试验

自动试验在手动试验和各控制、保护器件的运行参数整定和试验结束后进行。

开关置"自动"位,设备按设定的程序:扫气、点火、小火燃烧、大火燃烧。

模拟蒸汽压力达到上限值,应返降到小火燃烧;模拟蒸汽压力达到下限值,应回升到大火燃烧。模拟蒸汽压力过高,应停止燃烧,熄火。模拟(危险)水位过低,应停止燃烧,熄火。

第四节　机舱主要成套设备的试验程序和方法

一、滑油、燃油滤器自动清洗

滑油和燃油系统中设有滤器,滤去油中的杂质,净化送入主机的滑油和燃油。过滤出的杂质残留在滤网内,杂质积聚过多将阻碍油流通。需要定期清洗滤网。机舱自动化较高特别是无人值班机舱采用"自动清洗滤器"装置。

自动清洗滤器装置的工作如图 4-4-1 所示。装置内一般设有四只滤桶。三只工作滤桶一只清洗滤桶。工作滤桶因杂质积聚产生阻塞,进油压力因阻塞比出油压力增高,检测进、出口压力的压差开关接受的压力超过整定值、动作,输出控制电动机运转,通过减速机构四只滤桶转动,已清洗的滤桶转入工作,一只工作滤桶转出,转至清洗位置,电动机停,冲洗电磁阀通电打开,压缩空气从反方向进入吹洗滤网,冲洗出的残渣从排渣口排除。经过设定的冲洗时间,电磁阀关断,一只滤桶清洗结束再转至下一只,轮流清洗,直至进出口压差低于允许值,停止清洗。

试验与轮机配合进行。

试验前检查、测量电动机和设备的绝缘,检查接线,正确。试验程序如图4-4-2所示。

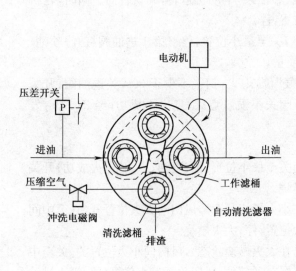

图 4-4-1 自动清洗滤器工作示意图

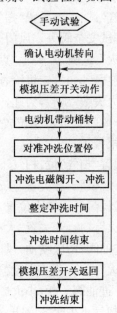

图 4-4-2 自动清洗滤器
试验程序

(1)手动试验,启动、停止,确认电动机转向。

(2)模拟试验,拆开压差开关盖,模拟开关动作,自动进行后续操作。

(3)电动机运转,带动滤器桶转动。

(4)转至对准冲洗位置、停转。

(5)冲洗电磁阀通电、开启,压缩空气进入冲洗。

(6)整定时间继电器,冲洗时间 1min～2min。

(7)冲洗时间结束,在压差开关仍动作的情况下,电动机再运转,带动滤器桶转动。

(8)滤器桶轮流清洗。

(9)模拟压差开关返回,冲洗结束。

滤器一般在燃油或滑油系统(配合主机)投入运行后一段时间才会发生堵塞引起的压差增高。因此,试验和提交一般以模拟的方式进行。

二、空气压缩机

空气压缩机简称空压机,是用来吸入常压的空气,压缩成高压的空气输出。柴油主机、柴油发电机的启动都需要借助压缩空气。汽笛、压载水舱测量、压力水箱充气和排污设施等也需要压缩空气作为气源。

1. 工作简介

压缩空气系统如图 4-4-3 所示。电动机驱动空压机吸入空气进行压缩,排出高压进入空气瓶储存,并输出给用户。空气瓶中储存的空气增加,压力升高至上限设定值,压力开关输出信号给起动器,停止电动机运行。随着压缩空气使用,空气瓶压力下降至下限设定值,压力开关输出信号启动电动机。

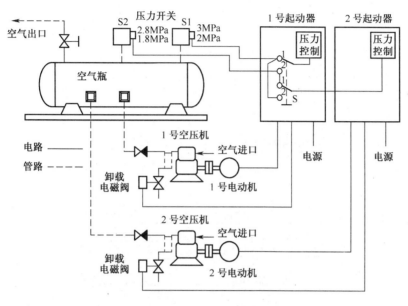

图 4-4-3　压缩空气系统

(1)卸载。受交流鼠笼电动机启动转距的限制,空压机在启动运转过程中如果进行空气压缩工作,将无法启动。必须让电动机在空载的状态下启动,待启动结束达到正常转速后,才能进行正常压气工作。为此,在空压机的压缩空气出口处设有卸载电磁阀。卸载一般是制作成断电泄气。电动机停止,卸载电磁阀断电,把出口管道中的高压空气排出到大气中去,为下一次启动作好准备。空压机通过止回阀进入空气瓶,电磁阀断电排气,瓶中的压缩空气不会返回。为了使启动时汽缸中的空气不因被压缩而形成负载,启动时电磁阀延时一段时间通电,启动运转后通电,停止卸载。

(2)疏水。空气在压缩的过程中会产生水汽和油雾凝聚,在汽缸出口处装有疏水器,盛接凝聚的油水,每隔一段时间打开疏水器下面的阀,泄放。疏水器与卸载泄气在同一位置,除大容量的空压机外,一般电动机停止,电磁阀断电泄气同时泄油水。

(3)冷却水。活塞在汽缸中往复运动,产生大量热,需要水冷却。有的空压机自带水泵供水,有的需要外部水泵供水。用外部水泵供水的空压机,电动机启动需要提供供水(压力)信号。

(4)滑油。空压机各运动部件工作需要润滑。用外部油泵提供滑油的空压机,需要提供滑油压力正常的信号,如果供油有故障,滑油压力低,应停机报警。

一般设置两台主空压机,如图 4-4-3 所示。空气瓶设置两只压力开关,采用不同的上、下限设置。例如:压力开关 S1 设置低压 2.0MPa 启动、高压 3.0MPa 停止;压力开关 S2 设置低压 1.8MPa 启动、高压 2.8MPa 停止。两台空压机自动运行,构成"跟随控制"

的方式。

1号起动器的控制开关 S 置于"1"位，1号主用、2号跟随；于"2"位，2号主用、1号跟随。处于"跟随控制"的自动运行方式，平时主用机运行，低压2.0MPa 启动、高压3.0MPa停止。如果主用机在低压2.0MPa 启动运行，由于使用量大，压力仍下跌，跌至低压1.8MPa，跟随机启动，两机同时运行，当压力上升至高压2.8MPa 时，跟随机停止，主用机单机运行。

2. 试验

试验与轮机配合进行。

试验前检查、测量电动机和设备的绝缘，检查接线、正确。试验程序如图 4-4-4 所示。

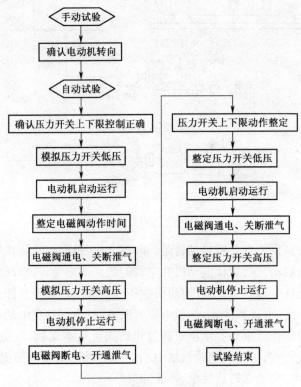

图 4-4-4 空压机试验流程

(1)手动试验，启动、停止，确认电动机转向。

(2)手动、自动选择开关置自动位，主、从选择开关置任意位置，按所选择的位置，确认起动器所选择的压力开关上、下限控制(和接线)的正确性。

(3)打开压力开关的罩壳，模拟(拨动)低限压力动作，电动机启动运行。卸载电磁阀处于卸载、泄气的状态。

(4)整定控制卸载电磁阀动作的延时继电器，如5s，即电动机启动运行5s后电磁阀通电动作，关断泄气，电动机正常运行、压缩空气。

(5)模拟(拨动)高限压力动作，电动机停止运行。卸载电磁阀断电卸载、泄气。

(6)主、从选择开关置一个位置确认后再转另一位置。

(7)压力开关上下限动作值，在空压机运行使空气瓶压力上升时整定高限值，电动机停止;泄放空气瓶压力下降时整定低限值。这种试验较原始,很费时,浪费电能。拆下压力开关,接在压力试验设备的带压力表的手压泵上,手泵压力上升,整定高限值,泄放阀控制压力下降,整定低限值。整定好再装回空气瓶,做实效试验。

(8)不同型号的空压机,设置的控制和报警可能不同,例如:有滑油低压报警和保护(停机)。采用外部水泵供水的,有冷却水压力才允许运行。这些压力开关的动作值需要整定,功能需要试验。

第五节 机舱报警系统的试验程序和方法

一、报警系统试验程序

监测报警系统的试验是以报警装置为主体,对输入的各检测点和输出各报警部位进行检查、试验。各种报警装置采用的器件、结构、原理不同,特别是采用计算机处理器的需要预先配置。通常请制造厂派人到现场进行配置和预调试。船厂的主要工作是保证外部连接的正确性;对各报警点的传感器(主要是压力和温度)进行模拟试验。

试验需准备压力试验设备和加热器具。压力试验设备一般是可携带的成套器件,配有带压力表的手压泵和与被试管路连接的各种转换接头。100℃以下的温度试验,一般用类似电热水壶的热水器皿,水中插入温度计。

试验程序如图 4-5-1 所示。

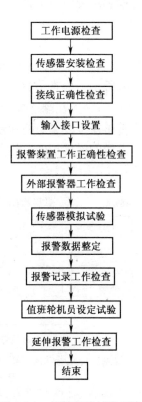

图 4-5-1 报警系统试验程序

二、试验

(1)工作电源检查。监测报警系统一般采用两路电源供电,或采用不间断电源供电,即整流电源与外部蓄电池连接供电。正常由整流电源供电,整流电源失电由蓄电池供电。如图4-5-2所示。外部蓄电池输入的直流电源在正极上串联一组二极管,平时蓄电池处于浮充状态,电压高于蓄电池电压,用二极管正向压降降压。供电的交流电源失电还未转换时,直流电源经二极管降压供电。电网失电,蓄电池不充电,不需要降压,电网电压信号的常闭触头短路二极管,直接供电。

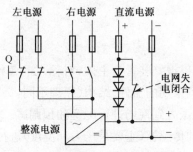

图 4-5-2 电源输入连接方式原理

检查电源的电压正确,如24V;检查(直流)电源的极性正确。手动转换或自动不间断电源供电试验。某路电源故障应报警的试验。

(2)传感器安装检查。检查各检测点传感器是否已安装;型号、规格是否正确;接线是否正确。

(3)报警装置接线正确性检查。一般报警装置的各检测点传感器直接输入;如图4-5-3(a)所示。采用计算机处理器的,各检测点传感器输入各部位的数据采集箱,再通过数据总线输入处理器,如图4-5-3(b)所示。检查传感器与报警装置接线端子板或数据采集箱端子板接线是否正确,需两人操作,一人在端子板处用校线灯或万用表电阻档测量被检查的传感器的接线端子,一人在传感器接线端短路和断路连接线(或对地),如果灯或表的指示对应的短路和断路,说明该电缆的连接正确。热电阻传感器采用3芯线,应逐一检查。

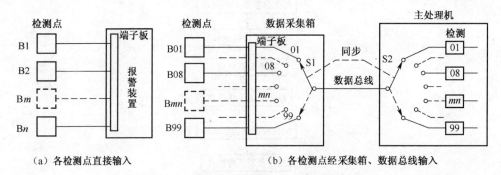

(a) 各检测点直接输入   (b) 各检测点经采集箱、数据总线输入

图 4-5-3 检测点传感器输入连接方式原理

(4)报警装置或数据采集箱的各输入接口,一般有:热电阻、热电偶、4mA~20mA和开关量等。是制造时已固定配置,还是到根据实际连接的传感器输出现场配置,需与制造

厂来人配合检查。

（5）报警装置工作正确性检查。装置接通电源工作。无数据显示的一般报警装置，模拟各检测点报警动作，应发出声光报警。有数据显示的，对各显示页面进行检查，显示的图标和图块以及模拟图形应正确。在进线端用模拟信号输入，例如：热电阻用电位器、4mA～20mA 用电流发送器、开关量用短路或断路等，检查报警和数据显示，并整定报警动作值。

（6）外部报警器工作检查。报警装置发出报警，安装在集控台上的声报警器应动作，呼叫显示器应有相应的声、光信号。

（7）传感器工作模拟试验。传感器工作试验在主辅机运行时才能进行，系统的完整性检查试验的传感器工作只能模拟试验。

分别在各检测点处，拆下压力或温度模拟量传感器，压力传感器接在压力检测设备上，手泵压力，在显示器上有与压力表相应的指示，达到动作整定值发出报警；温度传感器的温包插入加热器水中，温度上升或下降，在显示器上有与温度表相应的指示，达到动作整定值发出报警。

分别在各开关量检测点处，拆下压力或温度开关量传感器，用泵压力或加热方法，整定动作值。流量和液位开关量传感器用拨动或托动模拟开关动作。

（8）报警数据整定。传感器工作模拟试验时，在传感器或显示器上整定动作值。

（9）报警记录工作检查。根据所设置的报警记录要求，例如：重要报警点报警动作，报警历史记录页面应存档记录，记录器，如打印机应记录等。

（10）值班轮机员设定试验。集控台上"值班轮机员"选择开关，逐一设定，试验报警的无应答传递。例如：设定大管轮报警动作，大管轮室的延伸报警器应发出相应的重要或非重要报警，按应答，应消音；如不应答，经设定的时间（如 1min）报警应转至二管轮室；如不应答，经设定的时间（如 1min）报警应转至三管轮室；如不应答，经设定的时间（如 1min）报警应转至轮机长室。

（11）延伸报警试验。检查除轮机员室以外的延伸报警处所，如驾驶室、阅览室、餐厅等的延伸报警的声光报警动作和应答。

复 习 题

1. 发电机做发热试验为什么不采用船上的负载，这样不是一举两得吗？
2. 发电机做发热试验是否可以把电能送到陆地电网上去，不至于浪费能源？
3. 发电机组如果在制造厂做过负载试验，船上是否不必再做？
4. 发电机负载试验用电阻消耗电能，你认为干电阻好还是水电阻好？
5. 发电机做试验，主配电板的主汇流排为什么要更改连接方式？
6. 发电机输出电压的性能指标，静态与动态的试验方法有什么区别？
7. 发电机输出频率的性能试验，是考核发电机还是原动机？
8. 发电机并联运行的有功功率分配试验，是考核发电机还是原动机？
9. 发电机并联运行的无功功率分配试验，是考核发电机还是原动机？

10. 发电机负载试验前已测量冷态绝缘电阻,试验后为什么还要测量热态电阻,热态比冷态电阻高还是低,为什么?

11. 应急发电机是否要做并联运行试验? 如果解除主配电板和应急配电板的联锁,应急发电机和主发电机可否并联?

12. 码头试验阶段,应急发电机不进行试验提交,柴油机控制箱的控制方式开关是否可以置于遥控位置,为什么?

13. 锅炉的水位是自动控制,试验前为什么必须先做手动试验?

14. 试验水位自动控制的电路动作是否必须在锅炉水位升降的情况下进行?

15. 锅炉每次进行燃烧试验,都有费时的"扫气"程序,反正不是正式使用,是否可以跳过去,待正式提交试验时再接进去?

16. 点火是电极放电使喷出的燃油燃烧,做试验是先做喷油试验再做点火试验,还是先点火再喷油?

17. 为什么必须先模拟压力开关的低压和高压动作,调试起动器的动作,是否可以直接用空气瓶的实际压力进行调试,省得重复试验?

18. 如果卸载电磁阀动作不正常,不能正常卸载,对电动机的启动运行有影响吗?

19. 为何机舱报警系统试验前必须检查工作电源?

20. 机舱报警系统如果有 100 多个报警点,你认为先逐个检查连接正确后再调试,还是直接调试,哪个点有问题再检查? 为什么?

第五章　船舶电工安全生产

　　船舶电工要参与船舶建造的全过程,要经历车间内的配套准备、分段和船台上的钳工准备、电缆敷设、切割接线、码头试验、出海试航和返修交货等阶段。每个阶段的作业内容不同,环境条件不同,安全生产要求的重点也不同。每个参与生产的人,要从爱护自己、爱护他人、爱护企业和爱护国家财产的角度来对待安全生产。

　　各类事故的发生主要源于生产者的违章操作、麻痹大意和无知。从违章的心理来看,年轻人容易产生下意识的自我表现心理,年长的容易产生凭经验办事的心理。

　　一个劳动者对安全生产的态度,体现了他的文化素质,表现在遵章守纪上。要搞好安全生产,首先要提高自己的安全文化素质,培养自己的安全心理意识。

　　船舶电工的安全技术有两个主要内容:人身安全和设备安全。人身安全要牢记三不伤害原则,即不伤害自己、不伤害他人、不被他人所伤害。设备安全要牢记不要违章操作。

一、配套设备

　　在车间要进行安装件的预制和预安装、设备的配套工作,有时还要进行某些设备的通电调试工作。

　　配合电焊、气割工作时,首先应协助清理场地,清除周围的易燃物,如抹布、棉纱团、纸屑、油等。待装的设备也应远离作业场所,以免火星飞溅损害设备表面。配合工作时要戴帆布手套(不要戴纱布手套),穿高绑鞋,头应尽量避开。电焊或气割时眼不要直视火光,否则容易犯电光性眼炎。

　　进行钻孔作业,切勿带手套。

　　设备配套,要注意设备安全。要保持设备的完好。小设备不要乱堆,大设备不要乱叠。预装安装脚的设备,切不要把装好脚的设备骑在其他设备的面上。配套完成后应清理场地,把不用的螺丝、螺帽、垫圈和安装脚等归类放好。养成"工完料清"的好习惯。

　　配套的安装件和设备应尽量分类装托盘运送上船。安装件与设备无法分开装盘时,要采取分隔措施,以避免运输振动相互碰撞损坏设备。用电瓶车运输时,人尽量不要站在车上跟送,以避免刹车或急转弯引起坠车事故。

　　配套件吊上船,要请起重工配装起吊索具。作业人应事先在甲板上选择合适地方,清理出足够安全着落卸料的场地。在吊车指挥员的指挥下安放就位。卸吊后应尽快组织人员,把配套件送到需安装的部位。特别是舱内设备,要尽快搬离露天场所,以免遭日晒、雨淋。

二、钳工准备

　　电气安装的钳工准备工作,大部分是在船台或分段上进行的。进入船台区域必须戴好安全帽、带好安全带。

这个阶段经常要与电焊、气割打交道,出车间前应作好自身防护准备。除戴好安全帽外,颈上要围毛巾,袖口要扎紧,穿好高绑鞋。

几个人同走特别是走扶梯,应尽量前后走,不要平排走,更不要搭肩走。

钳工准备工作中的电焊和气割作业,原则上应由电焊工操作。尽管有些船舶电工也会一般性操作,但未经电焊、气割培训合格的,不要随便动火。配合焊、割作业,应在作业部位的上下、前后、左右进行检查。例如:往上(朝天)焊电缆导架,要到上面甲板上看,往下或往隔舱壁上割孔,要到下面或对面的舱室去看,是否有可燃物,是否有人在作业。进行割、焊时,必须在对面舱室或甲板有人看护的情况下才允许作业。

案例:一位电工准备从上甲班往下割穿线管孔,下去检查,室内无人,就往下气割,他没有注意到舷窗上挂有气割刀皮管,这是装配工休息时,把割刀塞出窗外,皮管挂在窗上。上面气割吹出的铁水喷射在皮管上,皮管被烧断,割刀从船上掉到船台上摔坏,皮管喷出乙炔气伴以氧气熊熊燃烧,幸好装配工正好休息,见状立即拦腰对折气管,阻止燃气喷出才制止了燃烧。

如果在焊、割的场合有木质或易燃物品,应向消防员申请明火作业。消防员在场监护时才允许作业。配合作业前,应对电焊线和气割皮管的来源和路径进行查看了解,以便在事故的情况下能采取必要的、阻止事故扩大的措施。

钳工准备工作阶段,船舶建造处于很不完整的状态。有时道门未加盖、有的工艺孔未加栏杆、有的扶梯还未装好、有的舱室还未拉行灯等。电工安装工作是全船性的,经常要在上下、前后、左右走动,必须集中思想、看清道路,不要进入光线暗淡的舱室。已有过多起因行走不当心掉入道门的事故案例。

登高作业要先检查脚手架的牢固性,脚手板一般应有两块板平排组成,使作业人员在上面有一定的活动余地。在脚手板上工作,即使头顶上是甲板,没有东西掉下来,也不能脱下安全帽,而且一定要系紧。

有过这样的案例。有个电工在脚手板装电缆导架,因行走距离较长,未系防护带,不慎后仰跌下去,头着地,幸好安全帽扣紧,未伤及头部。

安装电缆导架和设备,通常是采用先用电焊点焊"搭牢",然后目视、校准、确认平直再烧牢。有时图快,把所有的安装件都搭牢,让电焊工去烧,自己去做别的事。这种方法有时会出现漏烧焊现象,从安全上看也不够妥当。搭牢的物件在外力的作用下有可能脱落。

案例:有位电工把几排电缆导架都搭牢后让电焊工去烧,自己准备去做其他事,下脚手板时一手借力拉住一段导架,由于自身重量和拉力使点焊处脱落,导架随人掉下去,幸好高度不高,人只被导架敲痛。

机舱是一个立体作业环境。钳工准备阶段,上面可能在装格栅,中间可能在装电缆架,下面可能在装辅机。电工除了注意"不伤害自己"外,还要特别注意,不要让物件掉下去"伤害他人";也不要让上面掉下的物件"被他人所伤害"。

有过这样的案例。有位电工在机舱上层围壁的下段工作,左手伸出扶着电缆导架,上面装格栅的装配工不慎让一根1m多长的角铁滑下来,直插电工伸出的手腕,角铁插在手表上滑出去,手表撞坏只剩下钢背壳,还好有钢壳保护了手腕,手虽疼痛但未造成伤害。

进入无人作业的舱室,特别是通风不良的狭小舱室,必须采用双人监护制。进行焊、割作业,要使用手提通风机排风。进入舱室前如果发现已有气割皮带进入,要特别注意,里面是否有异味,是否有乙炔气或氧气泄漏。

案例:有位气割工人在一间通风不良的舱室里作业后,把割刀留在室内,由于氧气未关严,氧气泄漏,长时间泄漏使室内氧气浓度大增,进去的电焊工并未察觉,电焊作业时,火星溅落在衣服上,在氧气助燃下,衣服烧起来,既无法挣脱也无法扑灭,以致身亡。

三、电缆敷设

电缆敷设有主干和局部。主干电缆是全船性的。

组织敷设的电工应检查所有电缆路径的安装件是否齐全、贯通,贯通件是否有快口、漏焊,避免和减少电缆临时悬挂损伤电缆护套。舱壁电缆如无依托,应设置临时托架。

机舱和货舱等处登高作业多、流动性大。工作前要检查脚手板的牢固和贯通。穿电缆时人要在脚手板上来回走动,如果不贯通容易发生"踏空"跌下的危险。

穿主干电缆的路径上应配备足够的人员。舱壁和甲板贯穿件口、成束电缆转弯处至少应安排有经验的老师傅,避免和减少电缆直接在贯穿件洞口和电缆导架脚上摩擦。

终端的电缆要圈起来,捆好、挂好。不要妨碍别人行走,也不要让人踩踏。

用铁丝捆扎电缆束,铁丝端头要弯进去,以免尖头戳伤手或脸。

紧固电缆使用的扎带应安放在不易散落的位置。特别在机舱,掉入舱底的物件很难拾检,既浪费又产生大量工业垃圾。

拆下的临时捆绑铁丝或绑带,尽量集中堆放,不要乱扔。

制作浇灌式电缆贯穿件,应及时揩净溢出的填料,多余的填料不允许倾倒在船上。

四、切割接线

这个阶段电工出的垃圾最多:切割下的电缆余量、剥出的金属蔽壳和橡皮护套、多余芯线和各种填充材料等。有的设备如主配电板、应急配电板、区域配电板和集控制台等的切割垃圾会堆很多,妨碍别人走路,甚至绊脚摔跤。一个有素养的船舶电工,要想到不妨碍他人、不伤害他人,应及时处理切割出的垃圾。把长的电缆余量圈好、捆好,把剥出的废料捆扎好,堆放在不妨碍他人工作和行走的地方,下船时带下去丢入垃圾箱。

大量的接线工作都是在无电的情况下进行的。局部开始通电后,接线前要确认所要接线的设备,它所涉及的系统是否有电。如果进入通电阶段,应通知该系统的有关人员拆去相关的接线,并把端头包好。不管是否有电,剪断芯线要养成一根一根地剪,特别是2芯线作为电源线,通电情况下用钢丝钳或剪刀剪,短路会把刀口烧出缺口。

有时要在设备通电的情况下补做切割接线工作。例如:配电板在供电的情况下要加一路负载线,断电必然影响有关设备的工作,通常采用不断电,先切割、进线、做头,然后在可以断电时,断电接线,使停电时间最短。在通电的情况下进行切割、进线、做头,要注意尽量在设备外操作,不要让金属物件伸入设备。

案例:建造某艘客货轮时,在主配电板通电的情况下,电工要为增加的设备接线。工艺要求电缆芯线套塑料管。芯线很长,用来穿引的铁丝也很长,随着塑料管的套入,外露的铁丝长度在增加且开始弯曲,结果铁丝伸进汇流排,引起相间短路,高温产生的铜雾喷射和空气的电离,使临近的八只开关进线端短路烧坏,岸上的供电开关在短路电流的作用下跳闸。

五、码头试车

码头试车阶段,大部分设备都处于通电状态,调试工作大多是在通电情况下进行。安全用电是这阶段最主要的安全工作内容,它涉及人身安全和设备安全。

码头试验经常要做拉"临时线"的工作。很多临时线都属于电源线,电源线处理得不好可能引起人身触电事故,也可能因短路造成设备事故。

码头试车时用的接岸电缆和发电机试车电缆是功率最大的临时线。

采用水负载筒,这些电缆从下面码头拉到上面船舷,从船舷下到机舱。在码头上,电缆要留有足够船涨、落的长度,这段电缆的提升和搁放应在码头上,不要落入江中和夹在码头之间。在船舷处,应用麻绳捆绑、紧固,使电缆的下垂的重力作用在绳上,不压在船舷钢板上。在电缆和钢板可能碰擦的地方,应在电缆束外包以橡皮。电缆在船上部分应尽量往高处捆绑,以避免行人踩踏,沿电缆束应拉红白旗以视警告。

采用干电阻负载,可以放置在甲板上。必须设置护栏和明显的警示标致。发电机电压为高于1000V的高压,如6600V,发电机输出经降压变压器降为低压(400V)接入干电阻。临时(高压)负载电缆应选择专用的通道,电缆采用防护措施,避免人触及和机械损伤。

有的设备在试车时,本身的电源还无法接通,要从别的配电板拉临时电源。选用的临时线必须采用电缆。因它有两层绝缘,即使发生短时短路,紧贴导体的内层绝缘不与空气接触,不会被损坏。如果当时手头只有一般(胶质)导线,两根线不要特意绞合一起,因它只有一层绝缘,短路会使表面绝缘融化,两根导体碰在一起使短路事故扩大。接线应先接负载端然后再接电源端,拆线则相反。拿来做临时线的电缆,要估计它的芯线截面能足够承受负载电流。在接出的配电板中要找一个容量合适的开关,最好从备用开关上接出。用开关可以对可能发生的短路起到保护作用,严禁从电源端或汇流排上直接接出。

案例:一位工程师在某船的应急配电板参加做发电机保护试验,试验由一台自耦变压器供电,该变压器需要接入电源,这时应急配电板正在供电,一时找不到备用开关,正在供电的开关又不好随便关,图方便他把作电源线的导线端头弯个钩,往汇流排上挂,不当心导线的毛头碰到临近相引起短路,电弧使裸露的汇流排大片短路,事故扩大,喷出的铜雾灼伤了他的头、面和手部,配电板内部的汇流排和绝缘都被破坏,尽管主配电板的供电开关因保护动作,切断了电源,但人身伤害和设备事故都已酿成。

带电作业必须实行双人监护工作制。

监护人应事先观察环境条件,确定自己应站立的位置,这个位置既便于切断电源,又能在事故的情况下,把操作者向无阻挡的方向推开。

操作者应确定自己的工作位置,这个位置在事故的情况下是有利于挣脱的。尽量避免双手操作。被操作的带电器件,如果前面有立柱,用右手作业的人,手应从左侧进入,以免万一触电手收缩,手臂钩住立柱。

案例:某船进入码头试车阶段,主配电板已通电,有位电工下午一上班就一人独自上船工作,在主配电板后面调试内部器件,右手从隔壁屏伸过来,作业过程中手臂下垂,赤裸的手臂碰到下面带电的接线端子,触电使手臂收缩钩在中间的立柱上,无法挣脱,旁边又无人监护救助,以致触电身亡。

通电试验阶段,有的电工习惯带一个灯头灯泡,引出两根导线,称为"校火灯头",用来测试器件是否带电。灯泡最高电压只有220V,而我们的电力系统是380V或440V,因此不能随便使用,只有在做照明系统时才能使用。很多电工年轻时都有过这种经历,为了检测电源是否有电,不注意用随身带的校火灯头去测380V,结果灯泡炸掉,有的引起电光性眼炎,有的被碎玻璃划破脸。有人认为三相相线对地(船壳)是220V,可以用校火灯头测,而且有的实际证明这也是可行的。需要注意,码头试验如果接岸电(即市电),市电是三相四线制,船舶周围的水与地相连,相对地是220V(250V),是可以用校灯的。船上发电机供电是三相三线制,发电机中点不出线也不接地。系统绝缘好的时候,在发电机和系统电缆对地电容的作用下,船体成了一个人为中点。对负载很小的灯泡来说,相对地是220V(250V)。系统绝缘不好的时候,特别是在有一相碰地的情况下,另外两相对地就是380V(440V)。在这种情况下用校灯量就会炸灯泡。因此要养成用万用表测量电压的习惯。

试验电动机械,必须在有关人员在场配合且得到允许时才能启动机械。第一次通电前必须测量绝缘电阻,以免在绝缘不良的情况下通电引起设备损坏。第一次启动电动机,最好用夹线电流表监视电流,且一启、即停,检查转向是否正确,是否有异常现象。如果要更换电动机接线改变转向,必须切断电源,以避免电动机意外地被启动。

参加冷藏机械试验,首先要确认冷藏舱门开启、关闭的可靠性,试验紧急呼叫按钮的有效性。参与试验的人员应事先商量好,万一出现人员被关在舱内而无法从内部开门时,应采取的呼叫措施。

案例:有位检验员在开始做"打冷"试验时进入冷藏库查看风机的工作情况,为保持打冷,进库后随手把门关上,准备出来时才发现内部开门机构失灵,门开不开,外面的人又不知道,陆续下船准备吃中饭去了,舱内的温度一点点地在下降,他只得不听地跳动,忽然发现从外部穿进来的一根小电缆还未密封,就拉着电缆拼命摇动,后来有位晚下船的木工下楼梯发现电缆在摇动,查看原因时从外面打开库门,检验员已冻了快1h。事后这位检验员非常感谢这位老师傅救命之恩。这也说明进入狭小舱室或特殊舱室必须双人工作制的重要性。

六、出海试航

这个阶段电工的主要任务是保证可靠性地供电和设备正常运行。

要做好这项工作需要保持清醒的头脑。在这期间我们正常的生活规律被打乱,有的人要三班轮流值班,有的人要应付随时需要的修理,有的人要配合各种航行试验。这就要求电工休息时好好睡觉。如果在应该休息睡觉时打牌,值班或做试验时就会打瞌睡,操作就会出现差错。

案例:试航时有位电工,值班下来老是找人打牌,不好好休息,上班时打瞌睡。前面锚机做试验打电话来要求送电,他睡眼惺忪地把绞盘开上去,前面等了很久还不见有电,打电话来询问,他才发现送错电。还好绞盘设备无人工作,没有出现意外。

风浪大的时候要尽量避免到露天甲板上去走动。其他船厂有过大浪把人卷下海的事故案例。

七、返修交货

试航结束要进行缺陷修补工作。这个阶段船舶已处于近乎完整的状态。特别注意修补工作的明火作业。作业不慎，轻的会破坏完整性，重的会引起火灾或人身事故。动火前除了清场、对附近的设备加遮盖防护外，必须申请明火作业，请消防员检查环境并在场监护。

某船厂曾经发生一起严重的伤亡事故。一艘快艇试航结束，油舱中的油还未抽出，装配工在油舱的一侧加焊机座，电焊加热使舱内油汽化，强大的爆炸力把在油舱另一侧的电工打成几块飞出去，当即死亡。

年轻一代的船舶电工，既要学习好生产操作技能也要学习好安全生产规程，要学会从过去的事故中吸取教训，从自己生产实践中积累和掌握安全生产技术，使自己成为一个遵章守纪的劳动者。

复 习 题

1. 我们的主要工作是安装，"工完料清"的工作让清洁工去做，这种想法对吗？
2. 配电板在通电的情况下需要更改接线，不切断电源，带上手套是否可以操作？
3. 为什么电气设备通电试验前都要求测量绝缘电阻，这与安全有什么关系？

参 考 文 献

[1] 李堃. 现代造船工程. 哈尔滨:哈尔滨工业大学出版社.1998.
[2] 镇江船舶工业学校《船舶概论》编写组. 船舶概论. 北京:国防工业出版社.1978.
[3] 谢祚水. 船舶与海洋工程概论. 北京:国防工业出版社.1999.
[4] 林华峰,李华,赵克威. 船舶电站及电力拖动. 哈尔滨:哈尔滨工业大学出版社.2006.
[5] 林华峰,赵克威,陈胜林. 船舶电气设备. 哈尔滨:哈尔滨工业大学出版社.2005.
[6] 陈胜林,智成道,刘世杰. 船舶电气工程概论. 哈尔滨:哈尔滨工业大学出版社.2007.